Occupational Status Attainment
among Highly-educated Women
and its Educational Implication

知识女性职业地位获得及其教育意蕴

——基于企业女性管理者的质性研究

田 蕊 ◎著

天津出版传媒集团

天津人民出版社

图书在版编目（ＣＩＰ）数据

知识女性职业地位获得及其教育意蕴：基于企业女性管理者的质性研究 / 田蕊著. -- 天津：天津人民出版社，2024.3
ISBN 978-7-201-20167-2

Ⅰ.①知… Ⅱ.①田… Ⅲ.①女性－知识分子－社会地位－研究－中国 Ⅳ.①D669.68

中国国家版本馆 CIP 数据核字(2024)第 035641 号

知识女性职业地位获得及其教育意蕴：
基于企业女性管理者的质性研究
ZHISHI NVXING ZHIYE DIWEI HUODE JI QI JIAOYU YIYUN:
JIYU QIYE NVXING GUANLIZHE DE ZHIXING YANJIU

出　　版	天津人民出版社
出 版 人	刘锦泉
地　　址	天津市和平区西康路35号康岳大厦
邮政编码	300051
邮购电话	(022)23332469
电子信箱	reader@tjrmcbs.com
责任编辑	佐　拉
装帧设计	汤　磊
印　　刷	天津新华印务有限公司
经　　销	新华书店
开　　本	710毫米×1000毫米 1/16
印　　张	22
插　　页	2
字　　数	280千字
版次印次	2024年3月第1版　2024年3月第1次印刷
定　　价	89.00元

前　言

在教育界，随着女性受教育人数和水平的提升，人们普遍认为教育领域已经实现了性别平等，因此很少有人关注教育过程中男性和女性在发展条件、状况、结果等层面的差异。此外，已有的教育理论很少触及性别差异问题，同时，也基本局限于学校教育层面，在"教育的框架"之中探讨教育问题。本书尝试跳出这个框架，从知识女性的视角，真正建立起"教育与职业"之间的联系。希望读者阅读此书之后，能够引起对教育过程中性别差异问题的关注，更重要的是将本书中的观点在你所处的领域中指导具体的实践。

本书最核心也是最具挑战性的一个概念来自"教育"的观点。在以往的传统中，我们对教育的探讨多集中在某一个时空维度下，如家庭教育、学校教育等，尤其在本书中，笔者通过在知识女性所经历的不同教育时空与其职业地位获得经历之间来回穿梭，不断探寻教育对知识女性职业地位获得所产生的影响，从而对"教育、职业与性别"的关系有了更深入的理解和新的思考。

首先，21世纪的教育应是面向未来的教育。本书通过全面呈现真实的职业世界中知识女性如何一步步获得高层次职业地位的经历，反观她们所经历的不同时空的教育并剖析教育所产生的影响;同时,这样的思路和设计可以更好地避免教育研究者将自己局限于教育世界中思考"教育如何培养人""培养什么样的人"等方面的现实问题。

其次,教育对人的职业发展具有正向和负向两种功能,同时,教育又是立体的——从教育过程到教育结果,从家庭教育到学校教育,再到职后教育,本书对教育的分析更注重其整体性和多维性。本书为了更加全面、深入地剖析知识女性职业地位获得的"教育意蕴",选择从广义教育的视角,将知识女性成长发展所经历的教育视为一个"整体"——挖掘各个时空中对女性发展影响较大的教育动力要素和教育阻力要素。

最后,教育是带有"性别"的,主流的性别价值观念在无形中影响着教育者的态度、人才培养方式以及具体教育实践等。本书所提出的具体教育观念和教育行动力求突破已有的传统女性人才培养框架,期望构建融入现代社会性别观念、符合女性自身特点、关照女性发展需求的教育行动路径。

于我而言,同样重要的是,与读者分享本书特殊的写作方式。本书主要采用的是多案例研究与跨案例分析的方法,选取来自不同行业、职位以及不同企业性质的管理层的知识女性为案例,通过一对一深度访谈获取了近26万字的一手资料,通过对访谈资料的三级编码,建构了"知识女性职业地位获得的'4A'模型"并提炼出教育动力和教育阻力。我期望的读者群是多元化的,不局限于学术研究者、学校教育者、企业管理者等,并且我期望将研究成果展现给不同教育时空的群体,不同领域的人可以展开一场跨界对话,助力女性群体获得更高层次的发展。此外,书中引入了许多受访者的原话表述,通过"他者"的真实声音和反馈,进一步使读者有更加直观和真切的感受。从某种意义上说,读者对于本书中提及的受访者的职后经历以及受到的教育动力和阻力能够感同身受,而要真正掌握本书所提及的教育提升路径并付诸于实践却是比较困难的。

本书的写作不仅局限于某些事实的呈现和解释，还有一种运用于实践的强烈愿望。本书的研究并没有停留于理论层面的剖析或单纯的学理性解释，很重要的原因是想通过真实案例提炼出理论，然后用所建构的中观理论反哺实践，这也意味着本书的最终目的是推动不同时空的教育者在教育过程中做出真正的"行动改变"。鉴于此，本书在第三章建构的"知识女性职业地位获得的'4A'模型"的基础上，接下来的三章从教育实践的层面展开剖析——分别涉及生活时空、学习时空、职业时空中的教育动力和阻力，以及从教育观念到教育行动的具体教育提升路径。我最大的希望在于，读者阅读时带着自身的生活、学习以及职业发展经历，在与我的观点相互碰撞中产生共鸣，甚至创造出新的火花。

在我看来，一本著作的出版并不意味着这项研究的完结，同样，本书也留下了一个开放的写作空间。本书力求突破已有的教育分析框架，从广义教育的视角，建立起"教育、职业与性别"之间的联系，同时，期望为那些关心女性发展、女性教育问题的人们提供一定的解释、经验和有价值的信息。当今数字时代对女性教育和她们自身发展的挑战是亟待关注的。人工智能、大数据、物联网等新一轮的数字技术革命，既为个体发展带来了新的机遇，也在无形中制造了新的不公与不均，如数字性别鸿沟。数字时代会出现哪些新的性别偏见和"不平等"阻碍？如何在数字时代为女性的卓越发展创造更多新机会和更好的发展平台？如何利用新技术赋能教育以更好地服务女性教育和女性人才培养？未来研究需要结合新的时代背景，对上述新出现的女性发展与教育问题进行持续关注和思考。

田 蕊

2023 年 5 月

于中国民航大学千禧湖畔

目录
CONTENTS

第一章 绪论

第一节 问题的提出

一、研究背景与缘起

从 1995 年我国正式提出并实施男女平等基本国策，到 2022 年党的十三届全国人大常委会第三十七次会议审议通过新修订的妇女权益保障法，我国对"实行男女平等是国家的基本国策"赋予了法律地位；从党的十八大报告首次将"坚持男女平等基本国策"写入党的执政纲领，到党的二十大报告提出，"坚持男女平等基本国策，保障妇女儿童合法权益"①，男女平等基本

---

① 习近平：《高举中国特色社会主义伟大旗帜 为全面建设社会主义现代化国家而团结奋斗——在中国共产党第二十次全国代表大会上的报告》，https://www.gov.cn/xinwen/2022-10/25/content_5721685.htm。

国策的理念逐步深入贯彻实施。根据《平等 发展 共享:新中国70年妇女事业的发展与进步》白皮书的大量事实和数据显示,新中国成立70年来,在男女平等基本国策的实践推进下,中国妇女事业取得了历史性成就,包括妇女政治地位显著提高、妇女受教育水平显著提升、妇女在经济社会发展中的半边天作用日益彰显。①此外,世界经济论坛发布的《2020年全球性别差距报告》显示,在教育、职场和政治等领域的全球整体性别差距有所缩小。②从整体来看,女性地位发生了翻天覆地的变化,特别是在教育领域和职场领域取得了举世瞩目的历史性成就。

在我国,女性获得与男性平等的受教育权之后,教育领域发生了性别比例逆转,特别是最近十年,女性在学校教育中的优势越来越明显,高等教育中女生数量的增长已经超过男生。③④据教育统计年鉴的数据显示,2009年,全国女大学生的人数比例(50.48%)第一次超过男生;2010年,全国女硕士研究生的人数比例(50.36%)第一次超过男生;2018年,全国女博士研究生的人数比例也达到40.37%。

从世界范围来看,基础教育、中高等教育中女性人数比例也在持续增长。根据联合国教科文组织2009年的一份报告显示:"全世界小学教育中女性的人数比例在持续增长,其增长率甚至超过男性。"⑤世界很多国家的男性

---

① 国务院新闻办公室:《平等 发展 共享: 新中国70年妇女事业的发展与进步》,http://www.gov.cn/xinwen/2019-09/19/content_5431510.htm。

② World Economic Forum,Global Gender Gap Report 2020,http://reports.weforum.org/global-gender-gap-report-2020/dataexplorer.

③ 李春玲:《"男孩危机""剩女现象"与"女大学生就业难"——教育领域性别比例逆转带来的社会性挑战》,《妇女研究论丛》,2016年第2期。

④ Treiman D. J.,Trends in Educational Attainment in China,*Chinese Sociological Review*,2013。

⑤ 根据Michaela(2010)的研究可知,从1999年至2006年,全球有超过20个国家在初等教育和中等教育中实现了性别平等;有116个国家实现了初等教育入学率的性别平等。(资料来源:Michaela M. Achieving gender equality,UNESCO International Institute for Educational Planning iiep newsletter,http://www.iiep.unesco.org/fileadmin/user_upload/Info_services_Newsletter/pdf/eng/2010/2010_1En.pdf.)

不会选择继续进入中等教育(Secondary level education)学习,这也意味着女性参与中等教育的人数比例也将超过男性。①当代年轻女性参与高等教育的人数比例远远超过 30 年前获得大学文凭的女性。此外,从高等教育学业完成率来看,根据 OECD 对 27 个成员国的调查显示,其中有 21 个国家的女性大学毕业生比例与男性相等,甚至超过男性。由此可见,世界各国在教育机会上基本实现了性别平衡;同时,在职场女性中,本科以上学历的女性比例超过男性,呈现出"高知"②的特征。

知识女性作为整个女性群体的榜样和领袖,随着规模、数量的持续增长,她们自身的主体意识也在逐渐增强——在职业选择上不再囿于传统的"女性工作",而勇于尝试进入男性主导的行业,甚至敢于挑战男性长期主导的管理层岗位。根据皮尤研究中心(Pew Research Center)的总结,在 1995 年到 2014 年《财富》世界五百强企业的首席执行官(CEO)中,女性人数从无到有,缓慢增加,至 2014 年上升为 5.2%。③尽管女性在管理层岗位的比例很小,却向世界表明,企业界已有少数女性打破"玻璃天花板",担任了高级别领导职务。此外,美国国务院政策规划司负责人安妮·玛丽·斯劳特研究发现:"你越早成为'老板',你就越容易兼顾事业与家庭。"④因此,高层次职业地位是现代知识女性获取工作场所议价的资本,也是她们获得更好的社会

---

① 根据联合国 2009 年的一项调查显示,21 世纪的第一个 10 年中,以下国家女孩参与中等教育的人数比例超过男性:阿尔及利亚、阿根廷、巴哈马、孟加拉国、巴西、芬兰、哥伦比亚、冰岛、艾尔兰、荷兰、菲律宾、葡萄牙、泰国、西班牙、南非、墨西哥、马来西亚、巴巴多斯、博茨瓦纳、萨尔瓦多、斐济、洪都拉斯、牙买加、黎巴嫩、蒙古、纳米比亚、突尼斯、委内瑞拉、尼加拉瓜、巴拿马、圣卢西亚、萨摩亚。(资料来源:UN. World Statisic Pocket Book,updated Dec,2009)

② 《2020 中国女性职场现状调查报告》,http://qd.ifeng.com/a/20200307/12055596_0.shtml。

③ Michael S.,Women CEOs in Fortune 500 Companies,1995-2014,http://www.pewsocialtrends.org/chart/women-ceos-in-fortune-500-companies-1995-2014/.

④ [美]安妮·玛丽·斯劳特:《我们为什么不能拥有一切》,何兰兰译,文化发展出版社,2016 年,第 15 页。

支持系统的保证。虽然女性开始在企业管理层占据一席之地,但总体来看,女性的职业发展前景仍不容乐观。

实际上,包括知识女性在内的所有职业女性在职业地位获得、职业流动等方面依然与男性存在较大差距,特别是女性在各行业高层的比例仍低于男性。根据麦肯锡(Mckinsey)和领英(LeanIn)发布的《职场女性2018报告》显示,尽管初入职场的女性比例与男性几乎均等,但女性的职业地位获得过程如同一个"渗漏的管子"(Leaky pipe)——职位等级越高,女性的比例越低(如图1-1)。此外,全球第五大会计事务所——致同会计事务所(Grant Thornton)2016年公布的《国际商业调查报告》显示,全球企业管理层中女性所占的平均比例不到25%,中国大陆地区的企业女高管平均比例增加至30%,排名全球第九;[1]同时,企业中普遍存在"女性更倾向于在金融和人力资源部门中任职"的现象,在领导岗位上仍存在较大的性别分野。由此可见,不论在工作领域还是教育领域,虽然女性参与高等教育和劳动力市场的程度显著提高,[2]但在这象征着男女平等的一系列数字背后,仍然存在着诸多"不平等",如行业的性别隔离、工作组织中的第二代性别偏见等,直接导致了高层管理岗位中女性比例始终较低,男性在职场中的主导地位依然十分牢固,最终使得男女在职业地位成就上仍存在显著的性别差异。[3]

---

① 该报告针对全球36个国家和地区的5520家企业进行了国际问卷调查。http://www.xin-huanet.com/world/2016-03/10/c_128786671.htm.

② U.S. Department of Labor, Women in the Labor Force: A Datebook, Women & Work, 2004.

③ Byars-Winston A., Fouad N., Yao W., Race/ethnicity and sex in U.S. occupations, 1970-2010: Implications for research, practice, and policy, *Journal of Vocational Behaviour*, Vol.87, 2015.

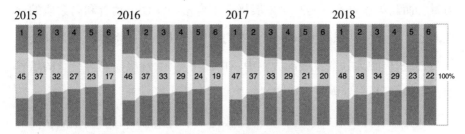

图 1-1　2015—2018 年间女性在企业不同职位级别中的人数比例(%)①
（注：图中的 1—6 分别代表不同的职位级别：1 代表普通职员（Entry level），2 代表经理（Manager），3 代表高级经理（Senior manager），4 代表副总裁（Vice president），5 代表高级副总裁（Senior vice president），6 代表最高管理层（C-suite））

　　基于上述分析可知，女性在职业地位获得过程中仍面临严峻形势和挑战。我国在推进男女平等的进程中，强调国家、政府通过法律手段，出台并完善相关政策法规，以对传统性别观念进行变革，最终提升女性在社会中的地位。这既是推动性别平等的重要因素，也是社会主义制度优越性的重要表征之一。然而在现实中，人们往往忽视了作为型塑人格与培养价值理念的教育的重要作用。②女性接受教育对社会发展和女性自身的职业发展都具有重要价值，因此一系列国际性公约将女性教育与基本人权、社会发展和人类进步紧密相连。③从服务社会发展来看，自 20 世纪 70 年代以来，越来越多的国家将"对女性的培养与教育"视为国家或地区发展政策的中心议题。女性接受教育，特别是高等教育，可以为整个社会带来经济价值和社会价值。相关数据表明，高等教育中女性比例不足 20%的国家，其经济一定不发达，属于贫穷国家。④在我国，实现中华民族的伟大复兴需要各行各业女性人才的贡献

---

　　①　数据来源：Mckinsey & Company，Women in the work place 2018，https://www.mckinsey.com/featured-insights/gender-equality/women-in-the-workplace-2018。

　　②　闫广芬：《大学在推进妇女解放进程中的历史地位与作用》，《南开学报（哲学社会科学版）》，2007 年第 2 期。

　　③　详细资料参考：UNESCO，*1995 World Education Report*，Oxford University Press，1997。

　　④　UNESCO，*1995 World Education Report*，Oxford University Press，1997.

力量，而高等教育不仅为社会发展培养了合格的女性劳动者和高素质的女性人才，而且使知识女性具有更强烈的社会责任感——将自己视为社会的一员，并积极融入社会发展的大潮中。由此可见，女性接受高等教育的培养对国家经济、社会发展具有重要战略影响。

从女性自身的发展来看，女性受教育水平直接影响到女性生活状况的改善和女性社会地位的提升。良好的家庭教育使得女性冲破传统性别观念的束缚，从而具备较强的主体意识，而独立自主的意识和精神又会引导她们清晰地规划自己的职业生涯。系统的学校教育有助于进一步提升了女性的自我意识和平等意识，进而促使她们在竞争激烈的职业世界中不断追求更高的自我价值和更大的自我突破。此外，教育除了使知识女性树立正确的现代社会性别观念和主体意识外，还培养了她们合理的职业价值观——职业不仅是实现自我经济独立的途径，更是助力自己实现更高层次自我价值的重要渠道。第三期中国妇女社会地位调查的数据显示，86.6%的女性对自己的能力有信心，接近九成的高校女大学生拥有较高的职业发展抱负，她们可以从工作中发掘独特的价值和意义，进一步促进她们"主动付出艰辛的努力，追求事业上有所作为"[①]。总之，在男性主导的行业中，女性要想突破职业生涯中的"玻璃天花板"，除需具备必要的外部条件之外，女性还需具有较高水平的教育素养、良好的心理素质、实现自我价值的强烈愿望和坚定的职业责任心等，而教育在这些素养的培养中发挥着重要作用。

尽管教育在消除性别偏见上已经迈出了重要的一步——女性已经享有与男性同等的受教育权，女性接受高等教育的人数比例也逐年增加，但是在不同的教育时空中，仍存在着诸多隐性的性别不平等。在家庭教育中，父母对女孩的发展期望值偏低，如很多家长以培养女孩子成为举止得体、温文尔

---

① 数据来源：2015年全国妇联六省市城乡男女平等价值观课题。

雅的大家闺秀为目标,特别是在偏远落后的地区,有很多家庭甚至仍在向女孩灌输"干得好不如嫁得好"的观念——他们认为女孩只需要接受一定的文化熏陶,具备基本的文化知识和技能,将来可以成为一位好妻子或好母亲即可。然而这种对女性教育和发展的低期望会进一步弱化女性自身的主体意识,从而降低她们对未来职业生涯发展的目标定位。由此可见,家庭教育以一种潜移默化的形式,通过父母的言语和行为直接影响着女孩自身性别意识、职业价值观等。在学校教育中,女性和男性在表面上平等地接受着相同形式、内容、方法的教育,但是隐性的学校文化仍然缺乏对女性经验、感受、体会及发展需求的关注,也缺乏对女性自身潜能的开发和培养,最终使得女性被局限于有限的发展空间中。

总之,教育在知识女性职业地位获得中扮演着重要角色,教育文化氛围决定了女性发展的程度,教育文化水平则决定了女性发展的质量,因此教育是决定女性职业生涯的起点和职业发展水平的重要因素之一。然而在当今提倡男女平等的教育文化氛围中,女性获得了与男性平等的受教育机会,学历层次也不断提升,但是女性在劳动力市场中的职业发展水平并没有显著提升,特别是在不同行业领域的高层管理岗位中,女性仍处于缺位状态。由此可见,受教育水平的提升并没有直接促使女性职业地位层次的提升。因此,在分析"教育对女性职业地位获得影响"的研究中,第一,有必要从"教育结果"(关注女性受教育比例和学历层次)走向"教育过程",从教育内部探寻"激发女性主体意识、树立发展进取意识、培养女性各种能力和个人品质"的教育动力和提升路径,最终助力更多职业女性获得更高层次的职业地位。第二,不论是教育的开展还是女性的成长发展,都具有连续性,我们很难割裂地分析某一种教育类型或教育活动对女性某一方面发展所产生的影响。因此,本书对"教育"的解析期望走出了传统研究的思维框架(局限于学校教育),将其拓展至知识女性成长发展所经历的多维教育时空,审视不同时空的教育对知识女性职业地位获得的"意蕴"。第三,教育对个体或社会的发展具有双向功能,即正向功能和负向功能,同时,从女性所接受的教育现状以及已有的相关文献研究可清楚地发现,教育对女性成长发展既存在促进作用,又隐藏着诸多阻碍因素。因此,本书期望从正反两个视角,解析教育对知识女性职业地位获得的影响,从而为不同时空的教育者开展女性人才培养提供更有价值的参考。

二、研究问题的产生与发展

笔者最初的研究兴趣是"职场女性的职业生涯发展",这一研究兴趣最早源于笔者与导师参加的一次妇女研究工作论坛,通过多场关于女性发展的报告发现,学者们对女性职业发展相关问题的关注度很高。随着我国"男女平等"国策的纵深推进,"男主外,女主内""女子无才便是德"的传统观念已经逐渐淡化,女性已经实现了从家庭私人领域进入职场公共领域的关键一步;同时,女性通过获得与男性平等的教育权、工作权、参政权等,自身的社会地位也获得了显著提升。随着越来越多的职业女性走出家庭、跳出"低端的"职业领域并放弃所谓的"女性工作","争取工作机会"已不再是她们职业生涯中追求的终极目标;特别是对于现代知识女性而言,"向各行业的顶端领域发起挑战,并努力跻身管理层"成为她们更高层次的职业理想。从"有一份工作"到"追求卓越发展",充分展现出现代女性职业价值观的转变以及主体意识的进一步增强。然而在当今职场中仍存在诸多隐性的性别歧视和偏见,女性的职业发展面临着重重阻碍,"如何进一步突破各种职场阻力、获得更高层次的职业地位"自然成为现代知识女性追求卓越职业发展过程中亟待解决的重要问题。

对于上述问题的有效解决,除了依靠政策、制度、法律等保障外,教育尤为重要——"有教育,而后知识生;知识生,而后可以谋经济独立;经济独立,即可以脱离各种束缚"①,教育不仅是促进女性独立解放的重要途径,而且是助力女性获得更高层次职业地位的有力武器,它对女性的品格塑造、能力提升、性别观念和职业价值观的养成等具有重要的奠基作用。为此,本书的研究问题逐步聚焦到"教育与女性职业地位获得的关系"上。

基于以上分析,本书最终形成的核心研究问题是:教育与知识女性职业地位获得具有怎样的关系? 子问题产生的逻辑是:本书在深入剖析知识女性职业地位获得的全过程基础上,反观教育在知识女性追求自身职业地位过程中所产生的具体影响,并进一步探索不同时空开展女性人才培养的教育提升路径。具体包括以下四个子问题:(1)企业管理层知识女性如何获得自身的职业地位?(2)教育在企业管理层知识女性职业地位获得中发挥了怎样的促进作用?(3)教育在企业管理层知识女性职业地位获得中产生了哪些阻力?(4)为了更好地助力女性获得高层次职业地位,教育应做出哪些提升?

三、核心概念界定

(一)职业地位

传统意义上的职业地位是指一个人在劳动力市场上的相对位置,包含了这一地位所产生的声望、权力和财富,②本书将其界定为客观职业地位。在此基础上,通过对知识女性职业地位获得经历的质性分析,从女性视角,本

---

① 朱信庸:《妇女怎样可以做到真正的解放?》,《解放画报》,1920 年第 4 期。

② Deary I.J.,Taylor M.D.,Hart C.L.,Wilson V.,Smith G.D.,Blane D.,Starr J.M.,Intergenerational social mobility and mid-life status attainment:Influences of childhood intelligence,childhood social factors,and education,*Intelligence*,Vol.33,2005.

书提出了"主观职业地位"的概念,对职业地位的内涵做了进一步的丰富。具体包含四个层次:物质性职业地位,即知识女性通过职业获得的财富、权力和声望;精神性职业地位,即知识女性通过工作获得的个人成就感和实现的自我价值;集体性职业地位,即知识女性通过工作促进团队成员、合作伙伴等获得利益和发展;社会性职业地位,即知识女性通过个人行动、资源等进一步服务百姓和推动社会发展。

(二)知识女性

目前,学界对知识女性的界定主要从学历水平、个人能力水平、工作性质等方面进行界定。从学历水平来看,知识女性泛指那些在当今时代受过现代文明的熏陶、接受过高等教育的女性。[①]从个人能力水平来看,知识女性是指具有较高认知能力、独立思考和判断能力,并且有一定社会地位的职业女性群体。[②]从工作性质来看,知识女性主要从事脑力劳动,通过自己的创意、分析、判断、设计等为组织带来较大的知识资本增值;在工作内容方面,她们从事与知识或信息相关的工作;在工作领域方面,一般集中于研究设计、项目开发与管理、财务管理、市场营销、金融和管理咨询等。[③]

基于以上研究,本书将从以下三个方面界定知识女性:第一,从女性角色定位上看,现代社会角色是知识女性的突出特点,即成为事业上有自己追求并获得了一定社会地位的职业女性;第二,从个人受教育水平来看,知识女性是指比较系统地接受过高等教育的女性。第三,从工作本身来看,知识女性是从事研究设计、项目开发与管理、市场营销、管理咨询等脑力劳动的

---

① 蓝劲松、吴丽丽、刘蓓:《知识女性社会角色定位的调查——以部分重点大学女生为例》,《青年研究》,2001年第12期。

② 周艳丽:《论经济变迁中知识女性精神索求的历程》,《河南大学学报(社会科学版)》,2010年第4期。

③ [加拿大]赫瑞比:《管理知识员工》,郑晓明等译,机械工业出版社,2000年,第30页。

职业女性。鉴于本书关注的是企业工作的知识女性,因此本书将知识女性界定为:比较系统地接受过高等教育、在企业中从事脑力劳动的职业女性。

(三)企业管理层女性

鉴于企业管理层的概念与传统的职业地位概念相联系,因此本书将企业管理层界定为在企业工作组织中拥有一定的财富、权力和声望的岗位,而这里的"一定程度"具体到操作层面上体现为拥有"主管及以上职位"的工作。从而本书将企业管理层女性界定为在企业工作的、具有主管及以上职位的职业女性。

(四)教育

本书对"教育"的界定是基于广义的教育概念,即女性成长发展过程中所接受到的一切增进个人知识、技能、身体健康以及形成或改变个人思想意识的活动。[①]此外,本书将"教育"进一步还原为知识女性成长发展所经历的"生活时空的家庭教育、学习时空的学校教育和职业时空的终身教育"。其中,生活时空的家庭教育是一种以父母作为主要教育者,基于日常言语和互动行动,对女性展开的直观性教育形式;学习时空的学校教育是一种发生在学校的"秩序化学习时空"和"非秩序化学习时空"中的教育形式,前者主要针对女性所接受的课堂教学或专业教育,后者指向女性所参与的各种形式的第二、三、四课堂活动,包括学生组织、社团活动、实习实践等;职业时空的终身教育是指女性进入工作以后所接受到的各种形式教育,具体包括"工作环境"和"环境中的他人"对女性给予教育的影响以及女性主动参与的各种继续教育活动。此外,本书将"教育意蕴"解构为教育动力、教育阻力以及教

[①]　南京师范大学教育系:《教育学》,人民教育出版社,1984年,第25页。

育提升的路径。

第二节　研究目的与意义

一、研究目的

　　本书选择"企业管理层知识女性"为研究对象，以"教育与知识女性职业地位获得的关系"为核心研究内容，主要基于以下研究目的。以往研究倾向于将女性作为弱势群体，着重于全面搜集妇女就业现状的整体数据，揭示并分析她们在职业领域遭遇的性别歧视、行业隔离等问题。确实，当今职业女性依然会面临各种职场阻力，如囿于"特殊现象"而造成晋升困难、困于角色冲突而造成生涯发展波动大等。我们同样必须意识到，女性在获得了平等的工作权之后，"如何扩大在各个领域顶端的参与问题"才是今天推进男女平等的关注重点，也是真正实现性别平等的关键所在。因此，本书期望通过对职业女性中的卓越群体——企业管理层知识女性的研究，将研究视角从"将女性视为弱势群体"转向从更为积极的视角，揭示女性职业地位获得的成功经历，从而为广大仍遭遇着职场性别歧视或身处职业生涯迷茫期的女性树立更好的学习榜样，同时，为她们获得高层次的职业地位提供更多的可借鉴经验。

　　此外，教育在女性追求更高层次职业地位中发挥着重要作用，特别是女性在教育领域基本获得了与男性平等的受教育权之后，"如何促进女性走向卓越"，自然成为当代女性人才培养与教育的重要使命。然而学者们对教育领域的男女平等或女性发展问题缺乏深入分析，同时，多数研究集中在分析学校教育对女性职业地位获得的影响上，鲜有研究关注女性成长发展过程中所经历的其他教育形式。因此，本书期望探索知识女性所经历的不同时空中的教育与其职业发展的关系，进而建构出关于"教育与女性职业地位关系"的理论模型，为女性教育的改革实践提供有价值的参考依据。

在此需要说明的是，本书以"企业管理层知识女性"为研究对象，因此对女性职业发展和女性人才培养与教育的反思具有一定局限性。事实上，本书并不奢望研究结论能够推广到所有女性群体，同时穷尽与女性成长发展有关的所有教育要素，更不敢宣称对女性教育的解读是绝对公正、客观、中立的；我们只期望展现出女性成长发展所经历的不同教育时空中，对女性职业地位获得影响较大的教育要素，并尝试探索如何从教育理念和教育行动两个层面提出具体可行的教育提升路径，从而更好地助力女性在职业生涯中获得更高层次的职业地位。

二、研究意义

本书运用案例研究方法，通过对企业管理层知识女性进行深度访谈以及对访谈资料的三级编码分析，对知识女性职业地位获得的全过程进行了动态深描；同时，深入分析了教育在这一过程中的动力作用和阻力作用，并结合已有文献和所建构的理论模型，进一步提出助力女性获得高层次职业地位的教育提升路径，具有理论和实践双重意义。

（一）理论意义

在过去几十年的女性研究过程中，由于理论框架和分析方法的单一和贫乏，我国学者关于妇女问题和性别问题的研究还有很大提升空间。此外，关于女性职业地位的研究多采用实证调查的方法，对女性职业地位的现状进行描述以及原因分析,鲜有研究从理论建构的角度,构建女性职业地位获得的理论模型。鉴于此,本书通过探寻知识女性在职业地位获得过程中的主观意义建构,对现实困境、行动策略以及所达到的不同层次职业地位进行深描和解析,并以此为基础提炼出知识女性职业地位的获得路径。

此外,本书走进知识女性成长发展所经历的不同教育时空内部,将关注的焦点从对"教育结果"的分析,转向不同时空的"教育过程"之中,通过挖掘对知识女性职业地位获得具有重要影响的教育要素,不仅关注到教育对知识女性个人发展的正向功能,更重要的是关注到教育与知识女性职业地位获得之间的失谐乃至冲突状态,通过揭示各个时空的教育在女性成长发展过程中的阻力作用,真正挖掘出教育过程内部所存在的、被人忽视的性别不平等。总之,在理论层面上,本书所提炼出的"知识女性职业地位获得路径以及教育动力和教育阻力"为今后更多学者开展"女性、教育与职业发展"关系的实证研究提供了重要的理论参考框架,也为深化中国的性别研究、拓宽女性研究的领域以产生新的学术增点进行了探索。

(二)实践意义

目前,我国劳动力市场虽然在落实"男女平等"国策过程中对女性员工给予了一定的保护和尊重,但仍在入职、晋升等方面存在着诸多隐性歧视和偏见。本书基于企业管理层知识女性职业地位获得的真实经历,生动、全面地呈现了知识女性在职场中所遇到的发展困扰以及她们是如何突破困境获得高层次职业地位的,这不仅有助于增强众多女性员工抵抗外界阻力的信心,而且为她们追求高层次职业地位提供了重要的学习榜样。

此外,本书通过揭示不同教育时空内部存在的性别偏见或不利于女性发展的教育要素,深刻认识到教育过程中存在的性别不平等问题,并从教育观念和教育行动两个层面,探寻了助力女性职业地位获得的教育路径,为更加科学合理地开展女性人才培养提供了重要的指导。

第三节 文献综述

一、关于职业地位的研究

通过梳理职业地位的相关文献资料,已有研究主要分为两个方面:关于职业地位类型和测量的研究、关于职业地位影响因素的研究。

(一)职业地位类型和测量的研究

职业地位获得一直以来是诸多研究领域重点关注的问题。职业地位是指社会对某一职业的综合性价值评价,反映了从业者在劳动力市场上的相对位置。[①]一般而言,学术界对"职业地位"有两种理解:一种是"功能论",认为不同的职业依据其本身的结构功能,占据着不同的社会位置;另一种是"资源论",不同职业由于它们所占据的资源存在差异,而使得它们处于不同的社会位置。不论是"功能"还是"资源",都包含着"资本""权力""声望"等因素,这些因素共同构成了职业地位最基本的内在要素。

职业地位本身包含多层次结构,总体上可概括为两种类型,即客观职业地位和主观职业地位。客观职业地位是指对不同职业类别的收入、声望和从

---

① Deary I.J.,Taylor M.D.,Hart C.L.,Wilson V.,Smith G.D.,Blane D.,Starr J.M.,Intergenerational social mobility and mid-life status attainment: Influences of childhood intelligence,childhood social factors,and education,*Intelligence*,Vol. 33,2005.

业者受教育水平等方面进行的职业评价，①比如建筑工人的收入和教育水平通常低于在职业等级分类中具有较高职业声望的律师，因此建筑工人的职业地位低于律师的职业地位；同时，客观职业地位也与个体所具备的技能水平、自主管理程度、所肩负的责任大小等相关联。由此可见，客观职业地位包含了不同职业所拥有的权力、财富、声望，也反映了个体在工作组织中所处的不同位置、所从事工作的专业技能水平或者管理等级。此外，在中国，特别是新中国成立以后，中国社会确立了阶级、城乡、干部与工人以及不同所有制等身份系列，"身份"从此作为标明个体社会（职业）地位的重要类别标志。新中国成立以后，社会所建立的人事管理制度与劳动用工制度既把招工与招干分开，也把工人和干部的管理与调动分开，并通过固定干部来源确立了两种身份系列，②从此，"干部"身份与"工人"身份成为城镇在业者的职业地位表征。

对于客观职业地位的测量，研究者们开发了一系列职业地位评价量表，比较有代表性的评价量表有：Siegel 量表——以单纯的职业声望作为评价指标，Duncan 量表——以社会经济地位预测职业声望，Nam-Powers-Boyd 量表——以社会经济地位作为评价指标。③④目前，最新的客观职业地位测量标准是由甘泽姆（Ganzeboom）和特雷曼（Treiman）基于《2008 年国际标准职业分类》(Standard International Occupational Prestige Scale，ISCO08)构建的，具体包含三类职业地位测量标准：标准国际职业声望量表（Standard Internation-

---

① Fujishiro K.，Xu J.，Gong F.，What does "occupation" represent as an indicator of socioeconomic status：exploring occupational prestige and health，*Social Science & Medicine*，Vol. 12，2010.

② 孙立平、王汉生、王思斌等：《改革以来中国社会结构的变迁》，《中国社会科学》，1994 年第 2 期。

③ Miller D.C.，Salkind N.J.，Scales Assessing Social Status，In Handbook of Research Design and Social Measurement，*Sage Publications*，2002.

④ Nam C.B.，Boyd M.，Occupational status in 2000 over a century of census-based measurement，*Population Research and Policy Review*，2004(23).

al Occupational Prestige Scale,SIOPS-08）、国际职业地位社会经济指数（International Socio-Economic Index of Occupational Status,ISEI-08）和国际社会经济阶层（International Socio-Economic Class,ISEC-08）。①上述提到的客观职业地位测量工具,基本出于相似的设计理念,即依据一定的标准对不同职业进行排名,最终区分出高低不同的职业地位。比如基于职业声望进行职业地位测量的工具,通过选取一定数量的笔试,让他们对一系列职业的相对声望或社会地位进行排名,然后计算出不同职业所得排名的平均分数,并将其视为被评价职业的相对职业地位。丁颖和王存同在对我国代际职业地位传递的研究中,以职业地位指数（ISEI）衡量被访者家庭的职业地位,它是基于职业的平均受教育水平和收入计算而来的。此外,除了通过使用上述职业地位测量工具计算职业分数而进行客观职业地位的评价和测量外,艾瑞克森（Erikson）和戈德索普（Goldthpore）指出,以工作场所中的权威等级、技术能力、职业性质等几个维度测量客观职业地位。②国内学者对职业地位的实证研究中,通常以职业大类或职位作为职业地位等级评价的标准,这些标准本质上也反映了客观职业地位所蕴含的财富、权力和声望。李卫东在对本科毕业生职业地位获得的研究中,将职业地位分为"管理者、专业技术人员、办事人员、创业/回自家企业、未就业"③五个等级;陈煜婷以职业大类（党政机关企事业单位负责人管理者、中高级专业技术人员、一般专业技术人员、办事人员、自雇自办者、技术工人、一般工人和农民）作为评价职业地位的标准。④

---

① Ganzeboom H.B.G.,Treiman D.J.,Occupational status measures for the new international standard classification of occupations ISCO-08;With a discussion of the new classification,http://www.harryganzeboom.nl/isol/isol2010c2-ganzeboom.pdf.

② Erikson R.,Goldthpore J.H.,*The Constant Flux：A Study of Class Mobility in Industrial Societies*,Clarendon Press,1992,p. 23.

③ 李卫东:《性别、阶层背景与本科毕业生职业地位获得》,《妇女研究论丛》,2010 年第 3 期。

④ 陈煜婷:《职业流动、收入回报与性别不平等的实证研究——基于社会发展与社会建设全国调查样本的实证分析》,《甘肃行政学院学报》,2016 年第 5 期。

主观职业地位是指从业者对其所从事的职业的主观心理体验及评价。[①]目前,关于主观职业地位的研究相对较少,同时,也没有专门测量主观职业地位的工具;鉴于职业地位不仅反映了个人的权力、财富和社会声望,也是社会分层的指示器,因此主观社会地位在一定程度上可以反映主观职业地位。主观社会地位在一定程度上弥补了客观职业地位测量的不足,为分析个体职业地位提供了一个新视角,有助于进一步分析个体的职业行为和相关职业发展经历。汤普森(Thompson)和苏比克(Subich)发现具有较高主观社会地位的大学生更容易在职业决策中表现出高水平的职业自我效能感;[②]汤普森(Thompson)和达林(Dahling)发现主观职业地位对提升与工作相关的学习经验具有正向预测作用。[③]此外,学者们通常使用麦克阿瑟(MacArthur)主观社会地位量表测量主观职业地位,该量表以十级阶梯的梯子代表社会阶层,被调查者主观评定自己属于哪一等级,该等级即视为主观职业地位的评价等级。[④]

本书通过对客观职业地位和主观职业地位内涵、测量等相关研究进行分析发现,研究者们通常以"客观标准",如收入、受教育水平、权力等,作为评价个体职业地位的参考,这是一种来自外部、客观的评价方式,但始终将从业者置于"被评价"状态,缺乏对从业者内心主观体验的关照。此外,从主观职业地位的测量工具来看,也依然是基于社会阶层的判断——梯子的底

① Autin K.L.,Douglass R.P.,Duffy R.D.,England J.W.,Allan B.A.,Subjective social status,work volition,and career adaptability: a longitudinal study,*Journal of Vocational Behavior*,Vol. 99,2017.

② Thompson M.N.,Subich L.M.,The relation of social status to the career decision making process,*Journal of Vocational Behavior*,Vol.69,2006.

③ Thompson M.N.,Dahling J.J.,Perceived social status and learning experiences in social cognitive career theory,*Journal of Vocational Behavior*,2012(2).

④ Adler N.E.,Epel E.S.,Castellazzo G.,Ickovics J.R.,Relationship of subjective and objective social status with psychological and physiological functioning:Preliminary data in healthy,White women,Health Psychology,Vol.19,2000.

层代表了最低的收入、最低的受教育水平;梯子的顶层则代表了拥有较多财富、较高的受教育水平。从表面上看,将评价者从他者转向从业者个人,但本质上对职业地位评价的标准仍参考上述客观的外在标准。因此,未来研究应从主观职业地位建构的视角,深入剖析职业地位对个体更丰富的内涵,进而从更深层次了解个体对职业地位的主观感知。

(二)职业地位影响因素的研究

关于职业地位影响因素的研究可以分为两个取向: 个人化取向和社会化取向,其中个人化取向是学者们关注较早、研究比较深入的方面,主要涉及影响职业地位的先赋性因素和后致性因素; 社会化取向的研究者们集中分析了结构性因素和非结构性因素对职业地位获得的影响。

1. 个人化取向

学界对职业地位的关注最早可以追溯到索罗金所著的《社会流动》,他指出社会流动率与社会发展之间存在正相关, 为研究职业地位获得奠定了基础。20 世纪 60 年代, 美国开始广泛关注社会公平问题。1967 年, 布劳(Blau)和邓肯(Duncan)合著的《美国职业结构》一书,详细描述了职业地位获得的过程。他们利用多元线性回归方法建立了地位获得因果模型,将影响个体职业地位的因素分为先赋性因素——父亲职业地位和受教育水平, 后致性因素–本人受教育水平和初职。[①]该模型开创了职业地位获得研究的个人化研究取向,明确指出了个人的社会起源(先赋性因素)对职业地位获得的影响,也强调了个人的后天努力(后致性因素)在其起源和目标状态之间的重要作用。继布劳–邓肯模型之后,西威尔、费瑟曼、豪瑟等学者在该模型基

---

①　Blau P.M.,Duncan O.D.,*The American occupational structure*,John Wiley & Sons,1967.

础加入新的变量进行研究,对其不断完善和发展。[①②]

　　关于先赋性因素对个体职业地位获得的影响,学者们提出以下研究假设:社会是一个封闭性系统(或传统社会),大多数社会成员在这个系统中处于等级有序的阶层,其自身的社会位置主要由阶级出身和家庭背景所决定,即父亲的阶级位置会传给子女。[③]这一假设与社会地位的"再生产"理论相吻合,该理论认为社会上层总是要通过建立和维护一整套社会维持和转换体系,采取相应的技术策略,限制社会下层人民获得优质社会资源的机会,从而使自己群体的优势地位得以最大限度的保持和继承。[④]在中国古代社会,也有"士之子常为士,农之子常为农,工之子常为工,商之子常为商"的说法,其实也反映了社会阶层的固化。这类研究假设强调了先赋因素将个体地位获得禁锢在封闭的系统之中,体现了职业地位获得的"先天性"。

　　此外,布尔迪厄的文化资本理论将"文化资本"[⑤]看作通过抽象劳动可以实现价值转移、创造新价值,从而使自身增值的资本,它包括个人的文化能力、文化习性、文化产品在内的文化资源总和。个体文化资本的积累通常是以再生产的方式进行,"文化再生产"主要通过早期家庭教育和学校教育实现,[⑥]

---

　　① Sewell W.,Hauser R.M. *Education,Occupation and Earnings:Achievement in the Early Career*, Academic Press,1975.

　　②Bowles and Gintis,*Correspondence and Contradiction in Educational Theory*,The Falmer Press, 1988,pp.85-93.

　　③ 朱生玉、白杰:《教育与职业获得研究综述》,《现代教育管理》,2011 年第 3 期。

　　④ 顾辉:《再生产抑或循环:女性的职业阶层不平等与社会流动研究》,《人口与发展》,2012 年第 5 期。

　　⑤ 文化资本包含三种形态,即个体化(通过家庭环境及学校教育获得并成为精神与身体一部分的知识、素养、技能等文化产物)、客观化(以文化商品的形式、图书、书籍、词典、工具等体现出的文化遗产或文化商品)、体制化的文化资本(将个体掌握的知识与技能以某种形式(通常是以考试形式)正式予以承认并授予合格者文凭和资格认证书等)。这里与文化资本理论的对话,笔者旨在分析家庭和学校教育对个体文化资本积累的影响,因此不对客观化文化资本进行分析。

　　⑥ [法]P. 布尔迪厄、[法]J.C. 帕斯隆:《再生产:一种教育系统理论的要点》,邢克超译,商务印书馆,2002 年。

布尔迪厄尤其关注早期家庭教育的决定性作用。在充分反映父母文化素养和兴趣爱好的家庭环境中,父母的言行举止都将成为子女模仿的对象,而且子女会将"以这种无意识模仿行为继承的文化资本"加以身体化,并表现在具体的行动中。由此可见,父母的文化资本可以被子代继承,并由子代关系转化为教育文凭,而教育文凭在不断发展的社会中又是社会再生产的最重要机制。①按照这个逻辑,父母的受教育水平造成了家庭文化资源的差异,在一定程度上导致了子女教育获得的差异,以父代的受教育程度为标准的文化资本越丰裕,子代未来越有可能获得更多的职业发展机会、拥有更高的职业预期并获得更高层次的职业地位。豪特(Hout)通过对美国职业流动的分析发现,父亲的教育、职业会影响子代职业地位获得,父亲的"工作部门"通过对儿子"工作部门"的作用而影响儿子的初期职业地位获得。②我国学者通过对职业地位代际传递的研究也发现,职业地位的代际继承主要是父母将自身拥有的优势资源,如文化资本、政治资本、经济资本,以某种方式传递给子代,使其获得较高层次的职业地位。李煜通过分析1949—2003年的纵向数据,证实了"不同历史时期,优势阶层的子女在初职地位获得上具有的显著优势",这一优势主要表现为两种能力的发挥——"保底"和"跳级"。③方长春通过对南京市1885个样本的抽样调查数据进行分析发现,先赋因素以一种内隐的作用方式,影响个体的教育获得和初职选择。④丁颖和王存同利用2010年中国家庭动态跟踪调查数据,也发现父亲的职业地位对子女的初职

① Sullivan A., Cultural Capital and Educational Attainment, *Sociology*, Vol.4, 2001.

② Hout M.C., More Universalism, Less Structural Mobility: The American Occupational Structure in the 1980s, *American Journal of Sociology*, Vol.6, 1988.

③ 李煜:《家庭背景在初职地位获得中的作用及变迁》,《江苏社会科学》,2007年第5期。

④ 方长春:《趋于隐蔽的再生产——从职业地位获得看阶层结构的生成机制》,《开放时代》,2009年第7期。

有一定影响。①孙明利用 2003 年 CGSS(中国综合社会调查)数据分析了家庭背景影响子代干部地位获得的机制，研究发现军人子弟凭借良好的家庭出身和入党中的优势最有可能成为干部。②李卫东通过"阶层背景与本科毕业生职业地位获得"的抽样调查也发现，来自优势权力阶层的女性本科毕业生在劳动力市场中拥有较好的机会结构，而底层的女性本科毕业生则会受到弱势阶层地位和弱势性别的双重挤压。③由此可见，社会经济地位较高的家庭，基于利己动机的驱使或者政策安排，父代总是倾向于将自己所占有的优势资本转化为子代在职业地位获得中所需要的资源。值得注意的是，已有实证研究发现先赋因素对个体职业地位的影响通常局限于"初职"，从个体整个职业生涯发展来看，这种影响是否会随着个体工龄的增加和职业经历的丰富而逐渐弱化，是一个需要进一步探索的问题。未来研究可以选取不同工作年限的个体作为研究对象，深入分析先赋因素与个人后期职业发展相关要素(如工龄、职业经历等)之间的相互作用以及对个体职业地位获得的影响。

此外，学者们最初对职业地位影响因素的研究仅关注了以父辈为核心的先赋性因素，但忽视了母亲对子代的影响。国内外学者发现以单亲为变量的研究方法可能会导致研究结论有所偏差，因此进一步探究了母亲的职业、受教育水平等对子代职业地位获得影响。研究发现父亲和母亲对于子代地位获得均有显著影响，但是研究结论并不一致，有研究发现母亲受教育水平的影响要大于父亲受教育水平的影响；④而田志鹏和刘爱玉基于第三次全国妇女地位调查数据，采用路径分析法对父母教育和职业对子代职业地位获得的差异性影响进行分析发现，父亲受教育水平和职业对男女两性职业地

①　丁颖、王存同：《流动与固化：我国代际职业地位传递分析》，《当代财经》，2017 年第 2 期。

②　孙明：《家庭背景与干部地位获得(1950—2003)》，《社会》，2010 年第 5 期。

③　李卫东：《性别、阶层背景与本科毕业生职业地位获得》，《妇女研究论丛》，2010 年第 3 期。

④　李春玲：《社会政治变迁与教育机会不平等——家庭背景与制度因素对教育获得的影响》，《中国社会科学》，2003 年第 3 期。

位获得的总效应均高于母亲的影响。[①]

值得注意的是,学者们发现不论在资本主义国家还是在社会主义国家,随着社会现代化的发展,先赋因素的影响逐渐减弱。甘泽布姆等人提出的工业化假设也印证了这一点:越是工业化水平高的社会,职业地位的代际继承性越低;工业化增强了个人后天努力在地位获得过程中的重要性,削弱了先赋性因素的影响。白威廉在其著作《中国的平均化现象》一书中,选取从1930年到1978年的五个代际群体的2865名中国城市居民,分析了他们如何获得职业地位,研究发现父亲地位的影响在子代职业地位获得方面已经微乎其微。[②]在这以后,一些学者通过实证研究也进一步证实了"工业化假设"。1985年,林南和边燕杰通过在天津的调查发现,在改革开放之前和改革开放之初,父亲的职业地位并不会影响子女的初职获得;同时,他们通过与匈牙利和波兰收集的数据进行对比发现,这两个社会主义国家的数据也显示父亲的职业地位对子女职业地位获得也不存在直接影响。[③]张冀的研究也发现,自20世纪90年代以后,家庭背景因素在个体职业地位获得中的作用不断减小,个人所获得的后天教育的作用力有所加强。[④]

关于后致性因素对个体职业地位的影响,学者们提出的研究假设是:社会是一个开放性系统,大多数社会成员通过个人后天努力获取自己在这个系统中的阶层位置,而家庭背景对子女地位获得的影响主要通过"教育"这个中介发生作用,因此子女的社会地位主要由自己努力取得的人力资本所

---

① 田志鹏、刘爱玉:《中国城市居民职业地位获得的性别差异研究——父母教育和职业对男女两性教育和职业获得的影响》,《江苏行政学院学报》,2015年第5期。

② 白威廉:《中国的平均化现象》,边燕杰主编:《市场转型与社会分层》,生活·读书·新知三联书店,2002年。

③ 边燕杰:《市场转型与社会分层——美国社会学者分析中国》,生活·读书·新知三联书店,2002年。

④ 张翼:《中国人社会地位的获得——阶级继承和代内流动》,《社会学研究》,2004年第4期。

决定。[①]这一假设与社会地位的"循环"理论相呼应，该理论认为个体的社会地位获得体现了社会流动，而社会阶层的上升、下降或水平流动是在"精英"（高级阶层）和"大众"（低级阶层）之间不断循环的。职业地位获得的第二类研究假设表明了个体职业地位并非"天生获得"，在一定程度上强调了后致因素对个体职业地位的影响——后天努力可以解开先天固化地位的枷锁，实现自身职业地位的向上流动。李欣和王曦影采用质性研究方法对44名来自不同行业的"80后"专业技术人员进行焦点小组访谈发现，"80后"新中产阶层会通过个人努力、学习、人脉等策略实现职业地位的提升。[②]由此可见，随着经济不断发展以及社会的开放性提高，后致性因素逐渐成为助力个体获得更高层职业地位的重要因素。

通过对以往研究的梳理发现，学者们对后致因素的探讨集中在"教育"这一变量上。美国社会学家特纳（Turner）1960年发表的《赞助性流动与竞争性流动：教育使社会地位升迁的两种模式》一文可视为"教育与职业地位获得的关系"这一研究领域中的经典之作。[③]教育作为重要的职业流动机制，使得劣势群体在一定程度上凭借教育，不断克服自身的阶层劣势而实现向上的职业流动。关于教育对职业地位获得影响的研究可归纳为理论和实践两个方面。首先，从理论层面来看，很多理论都认识到个体的受教育水平对职业地位的正向促进作用：功能主义指出教育程度反映了不同职业所需的技能水平；[④]人力资本理论认为，教育成就在一定程度上可以帮助个体在劳动力市场中获得较高质量的工作；[⑤]文凭理论指出教育文凭是劳动回报的重要

---

① 朱生玉、白杰：《教育与职业获得研究综述》，《现代教育管理》，2011年第3期。

② 李欣、王曦影：《"80后"新中产的向上流动之路》，《当代青年研究》，2015年第3期。

③ 陈彬莉：《教育：地位生产机制，还是再生产机制——教育与社会分层关系的理论述评》，《社会科学辑刊》，2007年第2期。

④ Davis K, Moore W.E., *Some principles of stratification*, *American Sociological Review*, Vol. 10, 1945.

⑤ Becker G.S., *Human Capital*, University of Chicago Press, 1975, p.58.

决定因素。①

其次,在实践研究中,研究者们通过实证分析进一步探索了教育对个体职业地位获得的影响,已有研究发现大学前教育对个体职业地位的作用力弱于高等教育的影响。在对大学前教育的研究中,杰克斯(Jencks)扩展了布劳和邓肯的地位获得模型,引入了认知技能、教育证书、学习成绩和家庭背景等变量,分析它们对个体职业获得和收入的影响,结果发现,学校政策、资源和教师对学生职业获得没有显著影响。②西威尔(Swelle)等人在威斯康星模型(Wisconsin status attainment model)中引入了能力变量,并将高中成绩、重要他人的影响、职业期望等社会心理变量作为中介变量,利用1957年在威斯康星州抽取的939名高三年级男生样本进行分析,其研究结果与杰克斯的一致,即学校类型和学业成就对个体后来的职业地位获得没有显著影响。③其他研究也得到了类似的研究结论,即控制了社会经济背景和个体能力因素后,中学教育在个体职业获得过程中作用非常小。王水珍和王舒厅通过对2011年中国社会状况综合调查数据的统计分析发现,教育对于工资收入、职业选择和职位晋升三方面的职业地位获得都具有促进作用,特别是在高等教育阶段呈现出跨越式提升。④因此,高等教育经历成为个人职业地位获得的分水岭。

大学作为个体进入社会前重要的过渡阶段,学者们逐渐将研究目光转向大学教育,进一步探究了大学教育对个体职业地位获得的影响。斯佩斯

---

① Collins R.,Functional and conflict theories of educational stratification,*American Sociological Review*,Vol. 36,1971.

② Jencks C.,*Inequality:A reassessment of the effect of family and schooling in America*,Basic Books,1972,p.89.

③ Sewell W.H.,Hauser R.M.,Causesand consequences of higher education:Models of the status attainment process,*American Journal of Agricultural Economics*,Vol.12,1972.

④ 王水珍、王舒厅:《人力资本失灵与马太效应:教育对职业分层的两极分化》,《华中科技大学学报(社会科学版)》,2017年第2期。

(Spaeth)和格里历(Greeley)利用国家民意调查中心收集的 4868 名大学生毕业 7 年后的有关数据进行分析发现，不同类型的大学对学生早期的职业获得或收入会产生较弱的影响。[①]除了分析大学类型的影响外，学者们还分析了大学质量对毕业生收入和职业获得的影响，研究结果显示大学质量在其中具有显著影响。[②]尽管不同研究结论之间存在差异，但基本可以得到一致的结论：个体职业地位获得极大地依赖于他是否上过大学，而大学本身的影响力比较弱。然而仍有很多学者对这一看似已经取得一致的结论表示怀疑。科克霍夫(Kerckhoff)指出，在分析教育对个体职业地位获得的影响中，不仅使用一个或两个单一测量指标，如大学的声誉、学生的成绩(GPA)等，因此他在研究中从四个维度对教育进行了测量——教育年限、学校类型、学业成绩和最后获得的证书，同时将职业地位获得也分为四个层面——声望、权威、控制和收入，研究结果发现，教育对职业地位获得的影响程度依据职业不同维度而存在差异。[③]这项研究启发我们：为了了解教育对职业地位获得的真实影响，需要从不同的维度测量教育和职业。在此基础上，斯玛特(Smart)进一步将职业分为专业职业与非专业职业，同时引入了更多与教育相关的变量，如大学学习经历、学校特征等，研究结果显示，大学特征、大学的学业成就和大学经历在获得专业和非专业职业地位过程中都有重要影响，并且大学的认知特征和学业成就对专业领域的职业地位获得影响更大；而非专业职业领域的地位获得则更多地受到大学经历的影响。[④]

[①]　Spaeth J.L., Greeley A.M., *Recent alumni and higher education*, McGraw-Hill, 1970, p.90.

[②]　Wachtel P., The returns to investment in higher education: Another view, F.T.Juster.*Education, Income, and Human Behavior*, McCraw-Hill, 1975.

[③]　Kerckhoff A.C., Campbell R.T., Trott J.M., Dimensions of educational and occupational attainment in Great Britain, *American Sociological Review*, Vol.3, 1982.

[④]　Smart J.C., College Effects on Occupational Status Attainment, *Research in Higher Education*, Vol.1, 1986.

通过梳理后致性因素对个体职业地位影响的研究可以发现，学者们普遍关注"教育"在个体职业地位获得过程中的作用。一方面，从整体上将"教育"作为自变量，以连续变量即受教育年限，或以定序变量即文化程度衡量教育水平，分析"教育"对职业地位的影响；另一方面，学者们进一步分析了与"教育"相关的诸要素，如学习成绩、学校经历、学校类型、所获证书等对个体职业地位获得的影响。而是以往学者为了便于进行实证调查，都将"教育"简化为某些定量的评价指标，这就导致无法全面反映整个教育体系对个体职业地位获得的影响；同时，教育对个体职业发展的影响并不局限于教育结果，因此未来研究应深入教育过程之中，分析多元化教育要素对个体职业地位获得产生作用的具体机制。

2. 社会化取向

在个人化研究取向的基础上，结构主义学派将结构（制度）性因素引入职业地位获得的模型中，进一步修正了"先赋-自致"二元研究范式，具有重要影响的是分割理论，如劳动力市场分割、部门分割、单位分割等，这些因素构成了职业地位研究的社会化取向。本书进一步将影响个体职业地位获得的"社会性因素"区分为两个方面：一是制度性因素，包括社会变迁和单位体制；二是非制度因素——社会关系网络的影响。

第一，制度性因素的影响。国内学者将布劳-邓肯的地位获得模型置于中国背景进行分析发现效果并不理想，他们认为不能仅以收入和教育来衡量职业地位，还应考虑社会变迁、单位性质、权力等因素的影响。首先，学者们在职业地位获得模型中引入"社会变迁"这一要素，将计划经济向市场经济体制转型作为中国改革开放以来社会变迁的一条主线。研究者们发现，改革开放以前，在国家早期制度安排下形成的阶层结构再生产是影响职业地位的主要规则。费瑟曼、琼斯和豪瑟等人的"FJH"假设也支持了职业地位的再生产机制，该假设指出：职业地位的代际继承性在市场经济的国家里是相似的,也是一个普遍存在的社会现象。泽林尼(Szelenyi)在对东欧社会主义国家进行研究时也发现,在计划经济时期,拥有再分配权力是获得高层次职业地位的必要条件。①改革开放之后,随着市场经济体制的引入,社会分工日益精细,新的社会阶层出现;在劳动力市场中,竞争制度逐渐形成,原有的职业体系壁垒日渐消失,使得以传统的阶层结构再生产为核心的职业地位代际传递发生改变,家庭背景对个人职业地位的影响进一步弱化,后致因素在职业地位获得中的作用日益凸显。王存同和龙树勇基于2010年中国家庭动态追踪调查数据(CFPS)的分析发现,个体的受教育水平、父亲的职业地位对个体职业地位获得具有显著的正向效用,且个体能力的影响比家庭出身更为明显;改革开放后,个人能力对职业地位获得的影响作用较改革开放前有所增强。②陈恢忠对市场过渡期中国大城市居民的调查也发现,个体职业地位获得以后致因素为主、先赋因素为辅,并且随着市场化程度的提高,与个人能力、努力、教育有关的后致因素的作用在持续上升。③

　　除了"社会变迁"对个体职业地位获得产生影响外,学者们在研究职业地位获得机制时,也将"单位性质"作为重要的制度性因素引入模型中。在中国的20世纪50年代至70年代,城市劳动力大多隶属于单位,因此父母"单位性质"对子女职业地位获得尤为重要。中国的经验研究表明单位性质和单位级别影响着中国人职业地位的获得,④父辈处于核心单位,其子女也更容易获得好的职业地位。林南和边燕杰率先提出再分配逻辑下的职业地位获

①　Szelenyi I.,Social Inequalities in State Socialist Redistributive Economies: Dilemmas for Social Policy in Contemporary Socialist Societies of Eastern Europe,*International journal of Comparative Sociology*,Vol.19,1978.

②　王存同、龙树勇:《能力与出身:个体职业地位获得的机制分析》,《江淮论坛》,2016年第2期。

③　陈恢忠:《市场过渡期中国大城市居民职业地位获致中的先赋因素与自致因素》,《管理世界》,2005年第1期。

④　李路路:《再生产的延续:制度转型与城市社会分层结构》,中国人民大学出版社,2003年。

得模式,他们不仅通过对 1985 年天津调查数据的分析发现,在计划再分配体制中,个体职业地位的差异主要通过单位等级差别反映出来,而且父母的单位性质显著影响子代的单位性质。[1]此外,单位性质的差异也会影响职业地位的评价,如私营企业与国有企业、政府机关相比,尽管收入较高,但职业地位较低。[2]余红和刘欣通过理论分析指出,在社会转型期,单位性质与个人职业地位获得密不可分。[3]然而,"单位性质"对个体职业地位的影响也随着社会变迁发生变化。边燕杰等人通过对 2003 年 CGSS(中国综合社会调查)的数据进行分析发现,单位壁垒效应在个体职业地位获得过程中仍然存在,但随着市场经济的发展,这种作用正在弱化。[4]总之,在未来进行职业地位获得的本土化研究中,研究者们需要结合我国社会经济文化背景,将"单位性质"作为重要因素,在已有的将"单位性质"作为分类变量进行量化分析的基础上,运用质性研究方法,进一步深入分析不同单位性质的个体职业地位获得机制的差异性。

　　第二,非制度性因素的影响。自 20 世纪 70 年代起,以格兰诺维特、林南为代表的社会学家提出个体的职业地位是嵌入社会网络和社会关系之中的,劳动力市场内部的就业信息和就业机会的传递更多地通过社会关系网络得以实现,因此不能仅考察以教育水平为核心的人力资本,也应关注社会资本对职业地位获得的影响。社会关系网络作为非制度因素,为研究职业地位影响因素提供了新视角。在社会关系网络解释职业地位获得的研究中,存在着三种不同的理论观点:一种是弱关系理论,格兰诺维特、林南等指出非

---

　　[1]　Nan L.,Jie B.Y.,Getting Ahead in Urban China,*American Journal of Sociology*,Vol. 3,1991.

　　[2]　李春玲:《当代中国社会的声望分层——职业声望与社会经济地位指数测量》,《社会学研究》,2005 年第 2 期。

　　[3]　余红、刘欣:《单位与代际地位流动:单位制在衰落吗?》,《社会学研究》,2004 年第 6 期。

　　[4]　边燕杰、李路路、李煜、郝大海:《结构壁垒、体制转型与地位资源含量》,《中国社会科学》,2006 年第 5 期。

正式的社会网络(弱关系)所连接的社会资源在个体职业地位获得过程中起着至关重要的作用,[①]这一理论更适用于以欧美为代表的西方国家。第二种是强关系理论,边燕杰所著的《找回强关系》开创了运用社会网络分析中国人职业地位获得的先河。他通过实证研究发现在计划经济体制中,社会网络中的强关系为个体获得职业地位提供了最大限度的帮助。[②]边燕杰和张文宏也证明了强关系假设在市场转型过程中持续的作用力。[③]该理论更适合以中国为代表的东亚地区,学者们对日本、新加坡等东亚国家或地区所做的研究都支持了"强关系假设"。第三种是中关系理论,邹佳青从边燕杰的强关系概念出发,提出更适合华人社会的中关系概念。[④]如果说强关系主要满足个体的情感需要,弱关系是基于工具性目的而建立的,中关系则介于强弱关系之间,属于混合型需要,它是最有可能广泛接触、比较稳定和持久的社会网络关系,对于职业地位的获得影响也比较大。

此外,关于社会关系网络对个体职业地位获得的影响效应,有两个影响较大的理论观点:一是倪志伟的"市场转型论",他指出市场机制的引入弱化了再分配权力的作用。[⑤]因此,人力资本、文化资本等对个体职业地位获得的促进效应不断增大,政治资本、权力资本等相对贬值。二是边燕杰和罗根的"权力维序论",他们认为由于规则尚不完善、单位制的延续以及改革的渐进性等因素, 社会关系网络成为通过权力运作而帮助个体获得职业地位提升

---

① [美]格兰诺维特:《找工作:关系人与职业生涯的研究》,张文宏等译,格致出版社,2008 年。

② Jie B.Y.,Bringing strong ties back in: Indirect Ties,network Bridges,and job searches in China,*American Sociological Review*,Vol.3,1997.

③ 边燕杰、张文宏:《经济体制、社会网络与职业流动》,《中国社会科学》,2001 年第 2 期。

④ 邹佳青:《华人社会中的社会关系网络——社会网络中的中等关系与本土化解释》,《当代青年研究》,2003 年第 4 期。

⑤ Nee V.,A theory of market transition: From redistribution to markets in state socialism,*American Sociological Review*,Vol.5,1989.

的稀缺资源。①林聚任和向维将上述"市场逻辑"和"权力逻辑"相结合,同时将单位类型分为体制内(党政机关、国有企事业单位)和体制外(私企、外企、合资企业等),通过对2014年八个城市的社会网络与职业经理调查数据建立回归模型发现:关系资本对个体职业地位获得的正向效应仅体现在体制内的单位中;而人力资本的正向效应在体制外比体制内更明显。②

(三)小结

通过对职业地位相关文献的梳理和分析可以发现,从研究方法来看,以往关于职业地位的研究通常采用量化研究方法,基于大样本的问卷调查或基于大型社会调查数据库对数据资料进行数理统计分析,验证不同变量之间的关系。量化研究可以为人们提供一种直观认知,但无法对统计数据背后所蕴含的意义建构进行深度解析。因此,未来研究可以通过质性研究方法,从更深层意义上剖析个体职业地位获得背后的意义建构,展开一种关于职业地位获得的"过程性分析"。

从研究内容来看,一方面,基于个体客观职业地位的研究已比较丰富,但是对主观职业地位的研究相对较少。客观职业地位使个体在职业地位获得过程中,始终处于一种"被评价"状态,而主观职业地位作为对客观职业地位的补充和延伸,不仅反映了个体对自身职业发展状况以及在职场中所处位置的内心体验,而且对个体职业决策效能感、工作满意度等方面的提升以及积极主动地积累相关工作经验均有显著影响。③因此,未来研究应深入,进

---

① See Jie B.Y., Logan J.R., Market transition and the persistence of power: The changing stratification system in urban China, *American Sociological Review*, Vol.5, 1996.

② 林聚任、向维:《职业地位获得机制的体制内外差异分析——基于2014年八城市社会网络与职业经历调查数据》,《吉林大学社会科学学报》,2017年第3期。

③ Thompson M.N., Dahling J.J., Perceived social status and learning experiences in social cognitive career theory, *Journal of Vocational Behavior*, Vol.2, 2012.

一步挖掘并建构主观职业地位的深层内涵并全面展现个体职业地位获得的具体过程。

另一方面，已有研究通过对个体职业地位影响因素的相关研究进行分析发现，"教育"是影响个体职业地位获得的重要因素，但大部分研究仅以个体的受教育水平、教育年限、学习成绩、所获证书等作为评价"教育"的指标，尽管可以证明教育对个体职业地位获得具有正向效应，但仍未能展现"教育"在职业地位获得过程中真正的驱动机制，即教育过程中的各要素如何对个体职业地位获得产生积极的促进作用。因此，未来研究应深入到不同时空的"具体教育过程"中进行分析。此外，已有研究集中分析了"教育对职业地位获得的单向影响"，但鲜有研究从职业地位获得的视角反观个体的教育经历。任何教育的重要目标之一都指向为个体未来职业生涯发展而服务，因此未来研究有必要基于已经获得较高职业地位的个体职业经历，反观教育，为进一步完善教育的人才培养职能提供有价值的参考。

二、关于女性职业地位获得的研究

职业地位获得过程中存在着明显的性别差异，在对职业地位相关研究进行梳理分析的基础上，本书进一步聚焦女性群体，从"职业地位获得中的性别差异""女性职业地位获得的阻碍""高层次职业地位女性——女性管理者"等几方面，对已有研究进行系统地梳理和总结。

（一）职业地位获得的性别差异研究

通过对以往职业地位研究的梳理和分析发现，早期关于职业地位获得的研究多以中产阶级白人男性为蓝本，以他们的工作场所经验、价值目标为前提进行研究，并没有独立考察女性职业地位获得的特点。持社会性别观点的学者们提出，传统的、以男性为中心的职业地位获得理论不足以解释和反映女性职业发展状况，因此，学者们逐渐对职业地位获得的性别差异展开深入分析，以期在工作场所和职业发展研究领域赋予女性更多的"话语权"。

学者们通过对职业地位获得的性别差异进行研究，基本得出一致结论，即男性在职业地位获得上更具有优势。中国社会科学院针对当代中国社会阶层进行的调查显示：当前中国社会存在着明显的性别阶层分化现象，各阶层性别比例呈不均匀分布，现代社会分层结构中出现女性群体边缘化、弱势化的现象。①王富百慧使用 2008 年 CGSS（中国综合社会调查）调查数据，分析了新中国女性职业地位的变化，研究发现，中国女性的职业地位有了大幅提升，但与男性的职业地位相比，仍处于中下水平。②此外，学者们进一步探讨了职业地位获得过程中先赋性因素和后致性因素对男女职业地位获得的影响，但是研究结论并不一致。有研究指出女性职业地位获得更多地依赖先赋因素，如李春玲等通过对全国调查数据的分析发现，家庭背景对女性职业地位获得的影响大于男性；③顾辉利用"第三期中国妇女地位抽样调查"安徽数据库进行分析发现，男性的职业地位更多地依靠以教育为核心的后致因素，而女性职业地位获得还受制于家庭背景和年龄的影响，体现出诸多"再生产"特征。④但是也有学者通过大规模社会调查发现，教育对女性职业地位获得的影响大于男性，林南和边燕杰利用 1985 年天津数据⑤、戴维斯利用

① 武中哲：《职业地位的性别差异与形成机制——体制内与体制外的比较》，《上海行政学院学报》，2008 年第 4 期。

② 王富百慧：《新中国女性职业地位变迁研究——基于生命历程理论视角》，《河北大学学报（哲学社会科学版）》，2012 年第 5 期。

③ 李春玲、石秀印、杨昱：《性别分层与劳动力市场》，中国社会科学出版社，2011 年。

④ 顾辉：《女性的阶层沉浮与命运羁绊——两性社会分层地位差异及地位获得研究》，《福建论坛（人文社会科学版）》，2012 年第 9 期。

⑤ Nan L., Jie B.Y., Getting Ahead in Urban China, *American Journal of Sociology*, Vol.3, 1991.

1987 年和 1990 年上海数据进行分析，①均发现女性的职业地位获得主要受后致因素——受教育水平的影响，而男性则受先赋因素——父亲的单位性质与职业地位的影响。

除了对先赋因素和后致因素的分析之外，学者们还从制度性和非制度性因素的视角，分析了劳动力市场中职业地位获得的性别不平等现象。一方面，从经济体制改革和社会转型视角出发，学术界对职业地位获得的性别差异存在两种观点：一种观点认为市场经济体制下，女性可以获得更多的职业选择权，收入差距进一步缩小，从而促进了女性职业地位的提升。同时，市场化程度提高，使得女性在职业地位获得过程中受家庭背景因素的限制减少，人力资本和工作经验在职业地位提升中发挥了更重要的作用。王毅杰和李娜利用 2013 年 CGSS 数据进行分析发现，工作经验会对两性在体制外获得管理地位产生正面影响。②吴帆基于第三期中国妇女地位抽样调查数据，运用序次 logistic（数理逻辑）回归分析了 18~35 岁青年职业女性的个人禀赋和家庭禀赋与职业地位之间的关系，研究表明个人禀赋，包括受教育程度、是否担任班干部、政治面貌和接受培训等，对城镇青年女性职业地位获得具有显著影响。③由此可见，我国劳动力市场日趋成熟，竞争性不断提高，性别分割性不断减弱。

另一种观点则认为以经济效率为目标的劳动力市场会淘汰技能低、受教育水平低的女性劳动者，从而造成女性劳动者实际职业地位的下降。陈煜婷通过对全国六省市实施的"社会发展与社会建设"大型数据调查发现，男性职业地位提升的可能性高于女性。④其原因在于，大部分男性在工作组织

---

① Davis D.,Job mobility in post-maocities: increases on the margins, *Cnina Quarterly*, Vol. 132, 1992.

② 王毅杰、李娜：《体制内外、管理地位获得与性别差异》，《社会学评论》，2017 年第 5 期。

③ 吴帆、王琳：《孰强孰弱：个人禀赋与家庭禀赋对城镇青年女性职业地位的影响——基于第三期中国妇女社会地位调查数据的实证研究》，《中国青年研究》，2016 年第 12 期。

④ 陈煜婷：《职业流动、收入回报与性别不平等的实证研究——基于社会发展与社会建设全国调查样本的实证分析》，《甘肃行政学院学报》，2016 年第 5 期。

中从事机械操作等技能水平较高的工作,而女性更多地从事人事、行政等非技术性工作;①排队理论进一步指出,在工作组织中,特别是国有企业中,雇主会尽可能从劳动力队列中挑选表现出色的人,即技术能力水平高的人进行职位提升,从而导致男女在工作组织中的分层和工资差异等。

另一方面,除了刚性制度因素会造成职业地位的性别差异外,学者们还发现非制度性因素在一定程度上也影响着职业地位获得的性别差异,其中社会网络关系是重要非制度因素之一。总体来看,学者们发现个体职业地位获得与资源拥有具有正相关,而社会网络关系在一定程度上反映了个体所拥有的资源,通常情况下女性在工作组织的社会关系网络中处于弱势地位,进而造成她们无法获得有利于职业地位提升的重要信息。为此,坎特(Kanter)提出信息隔离会造成职业地位获得过程中性别不平等的再生,女性被隔离在那些有助于职业晋升的主流信息之外,从而影响其职业地位的提升。②特别是很多工作组织内部存在"男性圈子"现象,由于大部分管理者都是男性,他们倾向于将资源和权力维持在这个同质性的小圈子中,从而切断了女性在组织内部建立有利于职位提升的社会网络关系,最终造成女性比男性更难获得管理职位。通过对高职业地位女性的人际关系网络进行分析发现,职业地位越高的女性,社会网络关系建立与维持的方式越多样化,不仅同时兼具情感性和工具性特征,而且社会交往方式倾向于男性化。

尽管社会关系网络是造成男女职业地位获得差异的重要非制度因素,但是有关"社会网络关系在男性和女性职业地位获得过程中所发挥的作用"的研究结论并不一致:张文宏和刘琳通过对中国 8 个城市"社会网络与职业经历"的调查数据进行分析发现,社会网络能有效提高个体现职地位获得的

---

① 边燕杰:《市场转型与社会分层——美国社会学者分析中国》,生活·读书·新知三联书店,2002 年。

② Kanter R.M.,*Men and women of the corporation*,Basic Books,1980.

可能性,且对女性的影响较大。①但周玉对干部职业群体的调查显示,职业地位获得过程中男性比女性更多地使用了社会网络资源,社会关系网络对男性干部职位升迁发挥了显著的正向作用,但对女性干部升迁无明显影响。②总之,已有研究集中分析了女性职业地位获得过程中所建立的社会关系网络类型和特征,但鲜有研究深入职场女性所展开的人际互动过程中,剖析女性社会关系网络的具体内涵以及影响职业地位获得的机制,这也是学者们未来需要进一步深入研究之处。

除了社会网络关系因素外,意识形态层面的社会文化、性别规范等支配着性别角色的社会化,也是造成职业地位获得的性别差异的原因之一。武中哲研究发现,社会文化因素是阻碍组织中的女性职员获得职位晋升的重要原因,但在不同类型的工作组织中,传统文化的作用机制存在差异。③尽管社会性别文化在短时间内无法改变,但学者们发现,可以通过提升女性的受教育水平,使她们具备现代化的性别观念,进而弱化带有偏见的传统性别文化对女性的影响。④

总之,职业地位获得过程中的性别分割受到雇主偏好、经济压力、人力资本、性别角色的社会化、机会结构等多重因素的影响,这决定了性别结构的挤压是弹性的,而不是刚性的。其中,制度性因素将个体囿于固有而稳定的结构空间中,使其无法绕开既定的规程行事,为职业地位获得中性别差异和不平等的产生创设了制度化机制;非制度性因素则在个体追求职业地位

---

① 张文宏、刘琳:《职业流动的性别差异研究——一种社会网络的分析视角》,《社会学研究》,2013 年第 5 期。

② 周玉:《性别差异:地位获得中的非制度机制》,《福州大学学报(哲学社会科学版)》,2009 年第 5 期。

③ 武中哲:《职业地位的性别差异与形成机制——体制内与体制外的比较》,《上海行政学院学报》,2008 年第 4 期。

④ 杨昱:《劳动力市场的性别不平等:职业性别分割与两性收入差距——性别分层与劳动力市场研讨会综述》,《妇女研究论丛》,2009 年第 1 期。

过程中形成了一个能够自主建构、弹性隐蔽的结构空间,并形成了普遍认同和遵从的潜规则,为产生职业地位获得的性别不平等提供了非制度化机制。霍斯金(Reskin)认为,尽管男性群体具有性别结构优势,但是对于追求更高层次职业发展的女性而言,性别挤压程度则会减弱。[1]由此可见,未来研究可以进一步聚焦高层次职业地位的女性群体,深入她们的职业地位获得过程中,揭示造成两性各类社会资源拥有量差异的原因和机制,并分析她们的自身特质、主观能动性等因素如何影响其职业地位的获得,进而为女性在劳动力市场的性别结构挤压下获得更高层次职业地位,提供有效应对策略。

(二)女性职业地位获得的阻碍因素研究

在对职业地位获得的性别差异分析基础上,学者们又进一步以女性作为研究对象,独立考察了女性职业地位获得的特点。国外研究更多地将女性作为一个整体,侧重分析种族、性别对女性职业地位获得的双重影响;国内学者则比较关注女性群体间的分化与差异,选取不同类型的女性群体进行深入研究。不同女性群体之间的职业地位获得虽有差异,但在她们追求高层次职业地位过程中也遇到很多相似的阻碍因素。从理论层面上,国外学者建构了一系列女性职业发展理论,如法默(Farmer)的女性职业动机模型[2]、哈克特(Hackett)和贝茨(Betz)的女性职业自我效能理论[3]、阿斯汀(Astin)的女性职业选择与职业行为的社会心理模式理论[4]以及贝茨(Betz)和菲茨杰拉德

① Reskin,Sex Segregation in the Workplace,*Annual Review of Sociology*,Vol.19,1993.

② Farmer H.S.,Model of career and achievement motivation for women and men,*Journal of Counseling Psychology*,Vol.3,1985.

③ Betz D.C.,Hackett G.,The relationship of career-related self-efficacy expectations to perceived career options in college men and women,*Journal of Counseling Psychology*,Vol.28,1981.

④ Astin H.S.,The meaning of work in women's life: a sociopsychological model of career choice and work behavior ,*The Counseling Psychologist*,Vol.12,1984.

（Fitzgerald）的女性职业选择模型[①]等，这些理论模型系统分析了阻碍女性职业地位获得的多重因素，具体涉及社会环境因素、个人心理因素以及重要他人等。具体地，在个人心理因素方面，个人的性格特征（如竞争性、合作性、独立性等）、个体基本内驱力（生存、快乐、贡献）等对于提升女性自身职业地位具有至关重要的作用。此外，个人的工作经验和学术成就对女性自身的职业自我效能、职业选择和职业期望具有重要影响，从而间接影响到女性在工作领域的职业地位获得与提升。在社会环境因素方面，女性所承担的家庭责任、性别角色社会化和机会结构的限制等是女性追求高层次职业地位的隐性障碍，直接影响了女性对工作、自身以及性别角色的态度，也影响到女性的生活方式、职业选择以及工作模式等。在重要他人方面，父母、老师、配偶等对女性的支持态度、对女性从事非传统职业的鼓励以及角色榜样的示范作用等，对女性主动追求高层次职业地位具有积极促进作用。

在实践研究中，学者们分别从社会文化、组织环境以及女性自身三个角度，深入探讨了影响女性职业地位获得的阻碍。

第一，既定的非劳动力市场因素，即长期形成的男权文化与社会和家庭中的父权制等传统职业性别观念，[②]使职业女性必须面对"家庭–工作平衡"问题和生育带来的职业惩罚效应，进而阻碍了女性在劳动力市场中职业地位的提升。首先，关于"家庭–工作平衡"问题以及由此引发的女性双重角色冲突。对于家庭和工作，在时间花费和精力投入上的平衡是横亘在所有职业女性面前的难题。"家庭–工作平衡"作为一个专门术语最早是在 1996 年由马克思和麦克·德米德提出，被定义为：个体能将时间和精力等个人资源平衡分配，对工作和生活角色的投入和产出达到均衡满意的状态，在这种状态

---

① Betz N.E.,Fitzgerald L.,*The career psychology of women*,New York Academic Press,1987.

② 宋丽君、林聚任：《职业地位取得的社会性别差异》，《安徽农业大学学报（社会科学版）》，2003 年第 2 期。

下个体有最小的角色冲突。①这种平衡可以归纳为三个方面:时间平衡,即在工作和生活上投入的时间量相当;心理投入平衡,即在心理上对工作和生活角色的投入程度相当;满意平衡,即关于生活和工作的满意度相当。②万特(White)采用质性研究方法,通过深度访谈建构了成功女性职业地位获得阶段性模型,进一步探讨了女性职业发展的不同阶段所遇到的"工作-家庭平衡"问题,如生育、家庭和事业冲突等,这些问题使得女性职业发展会经历"稳定、反思、变化、再稳定"的循环过程。③在美国进行的一项有代表性的样本时间日志研究发现,妇女承担的家务量在下降,男性承担的部分在上升。④尽管男性逐渐分担了更多的家务劳动,并且有迹象表明这种趋势还将继续,但是目前妇女仍然承担大多数家务事,这无疑会牵扯和消耗女性更多的时间和精力。孙琼如从社会性别视角,通过对"流动人口职业发展"专题调查收集的数据进行分析,构建了流动女性职业地位获得的理论模型,模型中家务责任与流动女性职业地位获得成反比关系。⑤由此可见,女性在职业地位获得过程中所必须面对的双重角色困扰与冲突,使她们无法像男性一样拥有充足的时间和精力,追求更高层次的职业发展,也决定了女性职业生涯发展的不稳定性和波动性。

其次,关于女性生育带来的职业惩罚效应。已有研究发现,女性职业发

① 陈彦、刘耀中:《工作——生活平衡策略与组织绩效关系研究述评》,《未来与发展》,2010年第7期。

② Hill E.J.,Ferris M,Märtinson,Vjollca,Does it matter where you work? A comparison of how three work venues (traditional office,virtual office,and home office)influence aspects of work and personal/family life,*Journal of Vocational Behavior*,Vol.2,2003.

③ White B.,The career development of successful women,*Women in Management Review*,Vol.3,1995.

④ 蒋莱:《领导力发展视角下的职业女性工作-生活平衡策略研究》,《妇女研究论丛》,2012年第2期。

⑤ 孙琼如:《社会性别与流动女性职业地位获得》,《学术研究》,2015年第10期。

展呈现出 M 型特征,即两个高峰和一个低谷,其中"一个低谷"则指向女性生育和抚养孩子的 8 年左右时间,其职业生涯几乎处于停滞或下跌状态。[1]生育所带来的职业惩罚效应长期存在于劳动力市场,也同样是一个全球性问题。有学者用西方国家数据进行研究发现,职业女性每生育一个子女,其工资率下降 10%左右,并且该负面影响随着生育孩子数量的增加而递增。[2]因此,很多女性甚至在求职之初就由于生育而遭遇到很多隐性歧视,即便是突出重围获得一份好工作,还会面临着"生"孩子还是"升"职位的难题。可见,职业女性所面临的"母性围墙"会严重影响其职业地位的获得与提升,由于女性生育的最佳时期与事业拼搏上升的关键期相重合,经历生育的职业女性势必会面临着职业中断、职业流动等波动起伏的职业发展路径。国云丹通过对上海市 21 位高知女性的深度访谈发现,"生育"对女性职业地位获得会产生客观和主观两个层面的影响,从客观层面来看,"生育"使职场女性从关键性岗位被调离至重要性程度较低的岗位,有的女性甚至直接放弃工作;从主观层面来看,生育女性的职业体验、职业理想等精神层面的状态也发生了很大变化,很多职业女性在生育之后对自身的职业发展规划变得更加"现实",对职业成功的欲望大大降低,表现出一种妥协——"工作自由度更大一些"或"工作可以兼顾家庭"成为她们最迫切的理想。[3]

第二,工作组织中的晋升机制,使职场女性陷入"死巷"之中,或受到"玻璃天花板"的阻隔而无法获得职业地位的进一步提升。尽管女性的受教育水平在逐渐提高,越来越多的职业女性拥有高水平的专业技能、丰富的知识储备、出众的职业能力,但身处各行业的女性仍然在跻身高位过程中面临着重

---

[1] 邓子鹃:《近 10 年国内女性职业生涯发展研究综述》,《妇女研究论丛》,2013 年第 3 期。

[2] Michelle B.,Paula E.,The wage penalty for motherhood,*American Sociological Review*,Vol. 66,2001.

[3] 国云丹:《高知女性、生育与职业发展——以上海市 21 位女性为例》,《妇女研究论丛》,2009 年第 2 期。

重阻碍。2018 年麦肯锡对全球 279 家公司的职场调查报告显示：几十年来，虽然获得学士学位的女性多于男性，但是女性晋升到中高层管理岗位的可能性远远小于男性，其中管理层岗位上男性比例为 62%，女性仅占 38%。①在中国，人才结构也存在较严重的性别比例失调现象，女性人才不足 30%，高层女性人才不足 20%。②由于女性聚集在晋升机会较少的岗位上，如技术含量低的初级岗位、工作内容简单的行政服务岗位等，她们的升迁几率自然小于男性；很多职场女性即使拥有远大的职业抱负和超凡的工作能力，也因被分配完成技术含量低的、非重要性工作而陷入职业发展的"死巷"中。此外，即使女性具备与男性一样的人力资本、在工作任务上获得了同样的成功，女性的能力和绩效也仍会被低估。莉尼斯（Lyness）和朱迪希（Judiesch）通过对 3 万名管理者的晋升过程进行追踪研究发现，具有相似人力资本投资状况的女性被提升的可能性远远低于她们的男性同事。③

　　然而对于那些已经从"死巷"中突出重围、晋升到中层管理职位的女性而言，她们依然会面临获得更高层次职业地位的阻碍——"玻璃天花板"。"玻璃天花板"是由《华尔街日报》记者海莫维茨（Hymowitz）和舍尔哈特（Schellhardt）在 1986 年 3 月 24 日"企业女性"专栏文章中首次提出，④最初用于分析企业工作的女性在职位晋升过程中遭受的某些向上移动障碍，这些障碍"透明且不易察觉"，就像是无色透明的玻璃天花板。之后，学者们对女性在职业地位获得过程中面临的晋升不平等问题展开了一系列深入研

①　Mckinsey & Company, Women in the work place 2018, https://www.mckinsey.com/featured-insights/gender-equality/women-in-the-workplace-2018.

②　佟新：《职业生涯研究》，《社会学研究》，2001 年第 1 期。

③　Lyness K.S., Judiesch M.K., Are women more likely to be hired or promoted into management positions, *Journal of Vocational Behavior*, Vol.54, 1999.

④　Hymowita C., Schellhardt T., The Glass Ceiling: Why women can't seem to break the invisible barrier that blocks them from top jobs, *Wall Street Journal*, 1987.

究,提出多种描述女性在工作组织中不平等地位的术语:李英桃在考察布隆迪和利比里亚妇女参政、工作情况时提出"橡木地板"的比喻,①即具体可见、摸得着、突破难,它始终阻挡普通职业女性职业发展的前端;在教育和科学领域,学者们使用较多的是"渗漏的管道"(Leaky pipeline),②描述女性在职业地位获得过程中,在级别较低的阶段,女性人数比例较高,而向上的职业流动过程中很多女性逐渐被"渗漏出去",仅有极少的女性能都到达顶层。在众多比喻中,"迷宫"对女性职业地位获得过程的描述最具代表性。伊格力(Eagly)和卡里(Carli)在 2007 年出版的《走通迷宫:关于妇女成为领导者的真理》一书中指出:"妇女在权力职位上的缺乏状态总被归因于玻璃天花板,但这种解释已经不再适用了。"③为此,她们提出"迷宫"的概念,用此象征女性在追求权力职位过程中所面临的严峻形势。"迷宫"更加形象地说明了女性追求更高层次职业地位的道路是存在的,但它既不简单也不直接,进一步暗示了女性在职业晋升中会面临比男性更多的、不可预见的曲折与艰险。此外,在工作组织中,男性维持了自身在管理层的主导地位,在工作过程中有意低估女性的贡献,从而制造出一种暗含性别偏见的晋升机制。王存同和余姣通过对 2006 年 CGSS 的数据分析,进一步证实了上述观点,研究显示,在当下中国社会语境中,性别因素仍对晋升与否有重要影响,性别歧视在一定程度上阻碍了女性获得向上流动的职业发展机会。④

　　第三,影响女性职业地位获得的个人障碍。女性自身的主观认知、对职

① 李英桃:《和平进程中的非洲妇女安全——以布隆迪和利比里亚为例》,《国际安全研究》,2014 年第 3 期。

② The "leaky pipeline" of women in science,http://www.telegraph.co.uk/education/educationopinion/10637941/The-leaky-pipeline-of-women-in-science.html.

③ Eagly A.H.,Carli L.L.,*Through the labyrinth:The truth about how women become leaders*,Harvard Business School Press,2007.

④ 王存同、余姣:《"玻璃天花板"效应:职业晋升中的性别差异》,《妇女研究论丛》,2013 年第 6 期。

业发展的态度以及处理各种矛盾的方法等，成为影响其获得更高层次职业地位的个人阻碍。武中哲通过案例研究法，基于对两家国有企业的女工部长、工会主席、任务负责人的访谈，分析了国有企业女性群体职位晋升困难的原因和机制。①该研究显示女性对自身的消极评价和存在偏离的自我定位构成其职业地位获得的主观障碍，如许多女性满足于安稳的工作、女性在工作中将自己定位于男性的从属位置等。女性内心这种较低水平的职业抱负在一定程度上源于她们潜意识中的弱者心态，她们始终处于"追求职业人生价值的实现"和"担心失败给自己带来失落感"的摇摆中，这是影响女性获得高层次职业地位的心理障碍。霍纳(Horner)将这种女性逃避成功的心理障碍称为"成功恐惧"(the fear of success，FOS)，她假设：在成就指向情景中，女性比男性更焦虑，因为女性还要面对成功的消极结果；同时，她通过故事投射的研究方法，用语言故事线索对178名测试者进行测试，验证了她提出的女性"成功恐惧"假设。②女性的这种"成功恐惧"在很大程度上受到她们对其家庭角色和工作角色的认知和态度影响，加之传统性别文化和角色刻板印象的消极影响抑制了女性对职业成功的追求，她们唯恐超越既定的角色模式，进而造成对自身职业发展的低期望。陆慧通过对上海、浙江、江苏三地职业女性的实证调查发现，职业女性追求成功的动机随其自身家庭角色认定态度增强而下降、随工作角色认定态度增强而提高。③

由此可见，女性对自身角色的正确定位，特别是勇于冲破家庭角色对自身追求高水平职业发展的束缚，有助于她们形成积极的职业态度和远大的职业抱负。沙姆堡(Shambaugh)在其所著的《不是玻璃天花板，而是粘地板》

① 武中哲：《职业地位的性别差异与形成机制——体制内与体制外的比较》，《上海行政学院学报》，2008年第4期。

② Horner M. S.，Femininity and successful achievement：A basic inconsistency，In J. Bardwick，E. Douvan，M. Horner，& D. Gutmann(Eds.)，*Feminine personality and conflict*，Belmont，Brooks-Cole，1970.

③ 陆慧：《职业女性性别角色认定态度与成就动机研究》，《经济论坛》，2009年第22期。

一书中也指出，女性为了获得更高层次的职业地位，应当采取行动了解自己、成为更好的自己、明晰自己的职业发展目标等。①这些方法集中指向改变女性自身的认知和行动，进一步强调了女性自身的主观能动性在追求高水平职业地位中的重要性和积极作用。未来研究者可以将研究视角从关注外部环境对女性职业地位获得的阻碍，转向探讨女性自身的主体意识、自我定位以及主观能动性的重要作用，深入挖掘女性自身能够采取的积极行动策略，真正帮助职场女性在职业地位获得过程中变被动发展为主动追求。

（三）高层次职业地位女性——女性管理者的研究

上述关于"职业地位获得中的性别隔离"与"女性职业地位获得的阻碍因素"研究都是将女性视为职业地位获得中的弱势群体，分析女性在职业地位获得过程中的困境与影响因素。为了更全面地了解女性职业地位的获得，有必要进一步梳理和分析"已获得较高层次职业地位的女性管理者"的相关研究，从而为本书深入分析企业女性管理者提供一定参考。

1.关于管理者性别刻板印象的研究

学者们主要从"性别差异"视角，分析了男性和女性管理者的性格特征、领导风格、领导效能等方面的差异。首先，在管理者性格特征方面，伊格里（Eagly）和卡劳（Karau）提出的角色一致性模型（Role Congruity Model）指出"男性化性格"（而非男性）更容易成为领导者，与男性化性格相联系的行为、态度、能力等方面的特征构成了女性领导力发展的障碍。②在角色一致性模型基础上，学者们进一步形成了三种研究范式，它们均强调了文化因素的重

---

① Shambaugh R., *It's not Glass Ceiling, It's a Sticky Floor: Free Yourself from the Hidden Behaviors Sabotaging Your Career Success*, McGraw Hill, 2008.

② Eagly A.H., Karau S. J., Role congruity theory of prejudice toward female leaders, *Psychological Review*, Vol.109, 2002.

要影响。第一种范式是由施恩（Schein）提出的"经理人-男性"范式（The manager - male paradigm）[1]，该范式通过对不同领导者类别、一般女性和一般男性的大量性格特征进行评分，以此计算领导者平均分与男性、女性各自平均分的相关性，研究结果表明领导者所具有的特征与男性所具有的特征显著相关，而女性特征相似性较低。该研究范式所提供的相关性分数直接检验了伊格里和卡劳的"角色一致性模型"，但是它并没有提供关于男性、女性和领导者刻板印象的具体内容。第二种范式是由鲍威尔（Powell）和巴特菲尔德（Butterfield）提出的"代理人-交流者"范式（The agency - communion paradigm）[2]，该范式对管理者刻板印象的具体内容进行了深入分析。以该范式展开的一系列研究主要让参与者根据男性和女性性别刻板印象量表对领导者特征进行评分，并对两个量表的平均分进行比较，进而确定领导者刻板印象是更男性化还是女性化。该研究范式直接分析了领导者角色的具体特征，是对"经理人-男性"范式的重要补充。第三种范式是由希纳（Shinar）提出的"男性化-女性化"范式（The masculinity-femininity paradigm）[3]，以该范式展开的研究通过对不同职业进行"男性化-女性化"两极评分，进一步分析了不同职业类型的领导者角色所存在的男性化特征和女性化特征。该研究范式的不足是仅进行两极化评分，无法对中间状态进行分析，因此研究者不再将这种范式作为主流的研究范式。总之，基于上述三种范式的研究基本一致地发现"高层次管理者特征与男性特征更相似，而与女性所具备的特征关联度较低"。

其次，在管理者性格特征的研究基础上，学者们进一步研究了领导风格

---

[1] Schein V. E., The relationship between sex role stereotypes and requisite management characteristics among female managers, *Journal of Applied Psychology*, Vol.60, 1975.

[2] Powell G. N., Butterfield D.A., The "good manager": Masculine or androgynous, *Academy of Management Journal*, Vol.22, 1979.

[3] Shinar E.H., Sexual stereotypes of occupations, *Journal of Vocational Behavior*, Vol.7, 1975.

的性别差异。以往研究显示,男性管理者的领导风格倾向于任务导向和指令型;[1]而女性管理者更倾向于关系导向、参与型和变革型领导风格。[2]尽管以往研究发现"管理者特征与男性化特征更匹配",但有些研究者发现"在不同类型的团队中,所需要的领导者性格特征存在差异,某些女性特征对领导和管理团队也具有促进作用"[3],例如在亲和力和凝聚力较高的团队中,相对温和的女性领导者采用柔性的管理方式更适合。[4]随着现代工作组织扁平化、柔性化的特点日益凸显,优秀领导者应该具备男性化特征的传统观念逐渐弱化,[5]科尼格(Koenig)等人对"领导风格的性别差异"研究进行的一项元分析也发现,同时具备男性化和女性化性格的人,与男性化性格突出的人拥有相同的成为领导者的机会。[6]因此,优秀领导者应注重和员工的关系质量,兼具男性化和女性化特征的领导方式是更有效的领导方式。[7]

此外,还有些学者提出,变革型领导风格是最有效的领导方式,并呈现出较高的领导效能。[8]变革型领导风格与上述提到的优秀领导者特征是相吻合的,伊格里(Eagly)等人的研究认为变革型领导包含了利他性,尤其是个体关怀维度,如对下属的指导和赋权,使得这种领导方式与女性的性别角色特

---

① Helgesen S., *The Female Advantage*: *Women's Way of Leadership*, Doubleday, p.103, 1990.

② Eagly A.H., Johnson B.T., Gender and Leadership Style: A Meta-Analysis, *Psychological Bulletin*, Vol.2, 1990.

③ 郭爱妹:《性别与领导力研究的范式转变》,《妇女研究论丛》,2016 年第 3 期。

④ 舒丽丽:《性别视角下领导者的产生与发展》,《理论与改革》,2009 年第 5 期。

⑤ Paustian-Underdahl S.C., Walker L.S., Woehr D.J., Gender and Perceptions of Leadership Effectiveness: A Meta-Analysis of Contextual Moderators, *Journal of Applied Psychology*, Vol.4, 2014.

⑥ Koenig A. M., Eagly A. H., Mitchell A.A., et al., Are leader stereotypes masculine? A meta-analysis of three research paradigms, *Psychological Bulletin*, Vol.4, 2011.

⑦ Kark R., Waismel-Manor R., Shamir B. Does Valuing Androgyny and Femininity Lead to a Female Advantage? The Rrelationship between Gender-Role, Transformational Leadership and Identification, *The Leadership Quarterly*, Vol.3, 2012.

⑧ Judge A., Piccolo R.F., Transformational and Transactional Leadership: A Meta-Analytic Test of Their Relative Validity, *Journal of Applied Psychology*, Vol.5, 2004.

征相关性更高。①中国学者李鲜苗等采用横断历史数据对性别、性别特征与变革型领导风格关系的 47 篇研究进行元分析发现,女性化特征与变革型领导风格相关性较高。②由此可见,女性具备成为优秀管理者的潜质和能力,而且在未来也具有向变革型领导风格转变的趋势,即不再被框定于男子气或女子气行为之中,而是形成一种同时符合领导角色和性别角色的领导风格。未来研究应在已有的关于变革型领导风格的特征描述基础上,进一步分析女性所具备的变革型领导者特征与其职业地位获得之间的内在关系与作用机制等,为助力职场女性获得更高层次职业地位提供有效的策略。

2.关于女性管理者进一步发展的阻碍

在领导地位方面,对全球 279 家公司的 1300 多名员工进行的一项调查显示,虽然男性和女性基础职位的比例相同,但在高级管理层上,女性的比例下降到 22%。③导致高层管理职位中女性缺位现象的原因可以归纳为以下四个方面:

第一,社会因素,主要指向传统文化观念对女性管理者的偏见。女性管理者通常表现出较强的事业心和进取心,而这与传统性别观念中的女性特质相背离,由此引发了人们对女性管理者的诸多非议和责难。加之公共政策、舆论等社会环境以及大众媒体并没有对女性管理者给予充分的支持,如影视作品中对"女强人"负面形象塑造等进一步造成了社会公众对女性管理者的排斥。上述这些消极的社会文化观念、不良的社会舆论和媒体环境不仅对女性管理者职业生涯发展"雪上加霜",而且使广大职业女性对领导者角

---

① Eagly A.H.,Johannesen-Schmidt,Mary C. The Leadership Styles of Women and Men,*Journal of Social Issues*,Vol.4,2001.

② 李鲜苗、罗瑾琏、霍伟伟:《基于 Cross-Temporal Meta-Analysis 方法的性别特征与领导风格及跨文化比较研究》,《科学学与科学技术管理》,2012 年第 5 期。

③ Mckinsey & Company,Women in the work place 2018,https://www.mckinsey.com/featured-insights/gender-equality/women-in-the-workplace-2018.

色望而生畏,严重削弱了她们追求事业成功的信心,进而将个人发展的重心转向家庭。

第二,组织因素,主要指向工作组织中的支持、文化以及人际关系网络。对于已经突破"玻璃天花板"的女性管理者而言,她们往往被搁置于"玻璃峭壁"。"玻璃峭壁"是指女性被任命到领导职位后,会遭遇到比男性领导者更多的挑剔、不信任甚至排斥,时刻处于充满危险、不确定性且岌岌可危的职场边缘中。学者们进一步对"玻璃峭壁"产生的原因进行了深入分析,[1]主要涉及三个方面:一是源于女性管理者无法获得有助于职业地位进一步提升的组织支持和资源。[2]很多工作组织不愿意给女性管理者更多的培训和深造机会,致使她们的知识更新相对滞后,从而导致她们在高层竞争中处于劣势地位。二是工作组织中的人际关系网络,使得女性管理者在领导职位的"玻璃峭壁"上举步维艰。女性管理者身居男性占主导的职位上,则必须要面对领导层中的"政治斗争"、小团体斗争、"同质性社交"等对她们不利的人际社交,维茨(Witz)和赛维智(Savage)指出整个科层组织结构如同男性世界,以男性为主导的组织更倾向于将重要资源和信息输送给同性,致使女性无法融入这个关系网络中。[3]因此,为了获得更多的组织资源和外部支持,女性管理者需要花费更多的精力维系男性占优的领导层人际关系网络,进而增加了女性在管理层生存和发展的难度。三是组织文化中隐藏着不易察觉的"管理者性别刻板印象",这种职场性别偏见认定女性不具备胜任管理者的基本特征,直接导致工作组织对女性管理者的工作结果预期降低,进而对女性管理者的职业认知、态度、情感等造成负面影响。

---

① 邓子鹃、林仲华:《国内企业女性管理者研究回顾与展望》,《妇女研究论丛》,2015 年第 4 期。

② Haslam S. A.,Ryan M. K.,The road to the glass cliff: Differences in the perceived suitability of men and women for leadership positions in succeeding and failing organizations,*Leadership Quarterly*,Vol.5,2008.

③ Savage M.,Witz A.,Gender and bureaucracy,*Sociological Review Mongragh*,Vol.39,1992.

第三,个人因素,主要来自女性管理者自身的职业角色认同危机以及主观认知偏差,这是大部分中高层女性管理者经常会面对的危机。[1]中西方的组织文化观念都期待领导者拥有决断力、远见、勇敢的品质并能够鼓舞人心,这些特质又同时是传统性别观念中典型的男性特征。因此,对于女性管理者而言,她们通常会面对职业角色认同危机并陷于"双重约束"(Double Bind)之中。威廉姆斯(Williams)和邓普西(Dempsey)所著的《职业女性需要知道的四种工作模式》中详细阐述了管理层女性所遭遇的"双重约束"困扰:当女性管理者为了争取与男性平等的机会,并且要想在领导层站稳脚,她们需要表现出更多的男性化特征,但是这样的女性管理者会被认为无法完成需要高情商的工作,同时被视为缺乏社会技能;[2]如果她们展现过多的女性特征,则会被认为能力不强、不够决断、缺乏自信、过于柔弱等,[3]进而无法获得更多的晋升机会。这种两边拉紧的绳索使得女性管理者不断平衡自己的男性化和女性化气质,如果她们无法适时地展现"合适的气质",会使自己陷入无限循环的职业角色认同危机之中。此外,相关研究也表明,员工对那些具有男性化领导风格的女性管理者的满意度都比较低,而且认为这样的女性管理者是冷酷的,将其形容为"铁娘子""悍妇"等。[4][5]

除了职业角色认同危机外,女性管理者的主观认知偏差也会阻碍其获

---

[1] Stivers C., *Gender Images in Public Administration*: *Legitimacy and administrative state*, Thausand Oaks, Sage, 2002.

[2] Williams J.C., Dempsey R., *What works for women at work*: *Four Patterns Working Women Need to Know*, New York University Press, 2014.

[3] Ryan M.K., Haslam S.A., The glass cliff: exploring the dynamics surrounding the appointment of women to precarious leadership positions, *Academy of Management Review*, Vol.2, 2007.

[4] Jago A.G., Vroom V.E., Sex differences in the incidence and evaluation of participative leader behavior, *Journal of Applied Psychology*, Vol.67, 1982.

[5] Hagan R.L., Kahn A., Discrimination against competent women, *Journal of Applied Social Psychology*, Vol.5, 1975.

得更高层次的职业地位。有的女性管理者虽然已经走上了重要的管理岗位，但由于自身缺乏主动性，使得自己在复杂多变的组织环境中被边缘化。[①]一方面，她们对职业成功的认知仅停留在"拥有一定的权力和财富"上，使得她们对职业地位的追求止步于当下的成功；另一方面，她们内心畏惧与更高层职位相伴的复杂任务、重大责任以及风险压力等，进而导致这些女性管理者始终无法突破头顶的那层"玻璃天花板"。

第四，家庭因素，主要来自双重角色冲突的困扰。女性管理者虽然在安排时间的自由度、经济实力等方面优于普通职业女性，但她们也会面对几乎所有女性都会面临的共性问题——如何平衡工作和家庭，处理好自身的双重角色。张妙清和贺戴安所著的《登上巅峰的女性》一书，通过对 62 位中美女性领导者进行访谈，深入分析了女性领导者如何有效平衡家庭内外的问题。[②]但对于身居要职的女性管理者而言，成功的事业势必要求她们在工作中付出更多的精力和时间，也由此会让她们错失陪伴孩子和家人的机会。此外，长期存在的"男尊女卑"和"男主外、女主内"的传统思想也使得女性管理者更难平衡传统性别角色分工和自身职业角色的双重要求，因此很多女性管理者会遭遇更严重的角色冲突，甚至出现家庭破裂等问题。

3.关于不同领域女性管理者现状的研究

目前学者们集中研究了以下几个领域中女性管理者的发展现状。在政治领域中，以党政机关的女干部为研究对象，学者们重点分析了她们参与政治管理的情况。目前我国政治参与中的女性领导者与男性领导者相比，呈现出"数量少，正职少、副职多，实职少、虚职多，政治、经济、人事等重要岗位人少，工、青、妇等群众团体岗位多，高层领导少、基层领导多"的特点。从这些

---

① 李静：《女性领导力提升的非制度性障碍及对策分析》，《妇女研究论丛》，2012 年第 4 期。

② 张妙清、贺戴安：《登上巅峰的女性》，张妙清、陈雪飞译，三联书店（香港）有限公司，2009 年，第 23 页。

特点可以看出,目前我国女性政治参与水平仍比较低。

在经济领域中,以企业中的女高管为研究对象,学者们重点分析了她们参与企业管理的情况。随着女性自身发展意识和进取意识的增强,越来越多的女性跳出传统"女性行业",尝试进入男性占主导的行业领域,并开始进入企业工作。企业中的职业女性凭借自身的不懈努力、坚定的职业理想和追求自我价值实现的目标,使得企业管理层出现了越来越多的女性身影。然而在企业中的女性管理者同样会面临巨大的压力和前进的阻碍,传统性别文化观念的偏见、不恰当的媒体宣传、多重角色冲突等成为企业女性管理者职业发展道路中的主要阻力。康宛竹采用施恩的"经理人-男性"研究范式,对中国 243 名企业不同部门的管理者进行实证调查发现,中国企业的男性和女性管理者都存在着明显的管理者性别刻板印象,只是女性管理者的刻板印象在程度上略低于男性的。[①]由此可见,尽管在企业管理中女性的参与程度不断提高并且职业地位也明显上升,但女性管理者的性别刻板印象却没有随之消失。

在教育领域中,以高校中的女领导为研究对象,学者们着重分析了她们参与教育教学管理的情况。近年来,中国女性在高等教育界就职的人数不断增多,但人数的增加,并不必然导致职位层次的提高,与其他行业领域相似,高等教育体系中女性所从事的工作分布同样不平衡:从事基础行政和教学工作的较多,从事高层管理工作的较少;在教学科研工作中,具有高级专业职务、主持大型科研攻关项目的女性比例偏低。总体上,女性在高等教育体系中的职业发展如同一个"渗漏的管子",即随着职位层级的提升,女性人数比例逐渐减少。此外,也有学者分析了女性在教育领域从事管理工作所具备的优势特征:在工作目标上她们更富有责任心与进取心;在具体事务中,她

---

① 康宛竹:《管理者性别刻板印象及其性别差异研究》,《华南师范大学学报(社会科学版)》,2009 年第 5 期。

们更加肯干且身体力行；在处理人际关系方面，则更具协调能力、交往能力和亲和力。①

(四)小结

在已有的关于女性职业地位获得的研究中，一方面，研究者们试图探究性别与职业地位获得之间的关系，并且得出了比较一致的研究结论，即男性的职业地位普遍高于女性，且女性职业地位获得过程中存在多重阻碍；另一方面，学者们进一步对拥有较高职业地位的女性管理者展开深入研究，并发现女性具备成为优秀管理者的潜质和特征，同时也指出女性管理者为了获得更高层次的职业地位，也同样需要面对各种阻力。本书通过仔细审视这些研究观点以及具体的研究过程，进一步发现已有研究存在以下两方面的不足：第一，已有研究缺乏对女性职业地位获得过程的分析。大部分研究属于实证调查类研究，因此将"女性职业地位"仅作为一个结果变量，以职业大类、职位等级、收入、职业声望等作为衡量职业地位的指标。第二，目前关于女性管理者的研究仍集中在静态分析阶段，即从性别差异的视角，对比分析男女管理者在领导力、管理风格等方面的差别；从外部环境的视角，分析阻碍女性管理者职业发展的因素。

总之，上述分析视角只是从结论层面对女性管理者的现状进行静态呈现。目前，鲜有研究从动态视角，生动地揭示女性管理者获得自身职业地位的过程。实际上，女性管理者的职业发展是一个动态、复杂的过程：她们获得初级职位时遇到了哪些性别偏见、机会不均等阻力？在职位晋升过程中，她们所面临的障碍并非是单一性和同质性的，这些复杂、多样的外界阻力如何相互作用？面对各种内外部交织在一起的阻力时，她们采取哪些有效的行动

---

① 刘利群：《高等教育中女性管理者的角色透视》，《教育探索》，2002 年第 6 期。

策略?还有哪些其他因素在女性管理者职业发展过程中起到促进作用?未来研究可以结合不同行业领域的发展现状和特点,深入女性管理者职业发展过程中,挖掘不同行业女性管理者的优势特征,全面剖析其动态的职业地位获得过程,探究她们获得高层次职业地位的行动策略、个人所具备的特质和能力等,进而提炼出帮助更多职业女性获得高层级职业地位的有效路径。

三、关于教育对女性职业地位获得的影响研究

女性从教育中的"缺席者"到享有与男性平等的受教育机会,在这个漫长而坎坷的过程中,教育在推动女性解放、促进女性发展中发挥了至关重要的作用。在前面分析后致性因素对职业地位的影响时,本书已经深入梳理和分析了有关"教育在个体职业地位获得中的作用"的研究;但基于本书从广义的教育视角分析知识女性所经历的不同时空的教育,因此这一部分主要从学校教育、家庭教育以及工作场所的教育三方面,进一步梳理有关"教育对女性职业地位获得的影响"研究。通过查阅和整理已有的、关于这个主题的文献发现,学者们集中分析了女性所接受的学校教育,却鲜有研究专门分析生活时空和职业时空中教育作用,因此本书着重对前者进行详细梳理分析,对后者进行简单的总结分析,以期进一步寻找本书的生长点。

(一)学校教育对女性职业地位获得影响的研究

学校教育在对女性独立自主意识的培养、现代社会性别观念的形成、专业知识技能的储备、服务社会意识的建立等方面具有重要的作用。然而大部分研究只提及不同时期女性参与各级各类教育的人数比例,这一系列数字只能反映出女性接受各级各类教育的人数逐渐增加、女性的受教育水平呈现出上升趋势等;但并没有进一步呈现学校教育的具体过程对女性自身的

发展如何产生影响。鉴于此,本书结合女子学校和女性教育中设立的女性人才培养目标、设置的专业课程、开展的教学实践以及学校的隐性文化等,全面分析学校教育对女性职业地位获得的影响。

在培养目标上,中西方对女性人才的培养目标既存在差异,也有一定的共性。西方女性教育的人才培养目标始终围绕"女性发展"而设定,强调女性自身能力的提升、专注培养女性领导力、促进女性自身全面发展等。以美国高等女子学院为例,他们的办学理念是为女性的发展提供教育基础和成功机会,为女性在社会生活中担任各种角色做准备。以这个办学理念为核心,学校进一步围绕"女性发展"确立了具体的人才培养目标:强调女性领导力的培养,包括培养女性的领袖气质、领导才能等,培养她们对于全局的掌控能力和与他人合作、交流的能力[1];教育女性深入思考、体面地生活,为投身于时代和社会的挑战做准备[2];培养女性"自信、自尊、自重"[3]的品质等。中国学校教育对女性的培养目标具有明显的外部指向性:一方面,指向家庭,近代中国女子教育非常注重"女德"的培养,强调"保持母性之特质、建设良好之家庭生活"的"母性主义"教育目标[4];另一方面,指向中国革命,近代中国女性教育将中国革命与女性人才培养联系在一起,旨在培养具有昂扬斗志、为国奉献的"女战士"。尽管如此,在中国女子教育过程中,也同样注重女性自身的发展。梁启超在推进新式女子教育中主张"既要养成女子一定的道德,更要教给女性科学文化知识和谋生技能"[5],他鼓励女性追求经济、政治、

---

① 牟冰颖:《美国威尔斯利女子学院女性领导力教育研究》,《吉林省教育学院学报》,2014年第10期。

② Mission,http://www.agnesscott.edu/about/mission-values/index.html.

③ George,D.K.,The national survey of student engagement,Indiana University. http://nsse.iub.edu/html/pubs.cfm.

④ 宋恩荣、张咸:《中华民国教育法规汇编:1912—1949》,江苏教育出版社,1990年,第45页。

⑤ 杨红辉、黄正泉:《论梁启超的女子教育思想》,《船山学刊》,2004年第2期。

人格的独立以及争取职业平等。改革开放以后许多女子学校以"培养精英女性人才"为目标,通过提升女性综合素养,致力于将女性培养成为具有独立人格、社会责任感的精英女性人才。金陵女子学院以"厚生"为校训,人才培养目标凸显"精英人才"的理念:"培养适应社会发展需要,具有深厚的人文素养、扎实的专业基础知识、宽广的学术视野、较强的实践能力和创新思维,强烈的'厚生'情怀和社会责任感,凸显人格独立、气质优雅,富有科学精神和生活情趣的女性精英人才。"①

上述所提到的中西方女性教育人才培养目标对女性追求职业地位都产生了积极影响。第一,激发了女性自身强烈的主体意识,促使她们勇于追求经济、思想、人格等方面的完全独立,为她们在职业生涯发展过程中追求自我价值实现以及更高层次的职业成功做了充分准备。第二,以"精英女性"为核心的人才培养目标使女性通过教育全面提升自身的综合素养、获得精尖专的知识技能储备以及更强的领导力,这为女性跻身各行业顶层奠定了良好的基础。

在专业选择上,高等教育中学科与专业性别隔离现象仍比较严重。许美德在《中国大学 1895—1995》一书中指出,"高等教育中存在明显的'女性主导'和'男性主导'的专业之分,特别是在医学、数学、外语以及社会科学方面比较严重"②。国际成人技能调查技术报告(PIAAC)也显示,被调查国家中,科学、数学和计算机专业上的男性比例是女性的 2 倍;③此外,根据 OECD 公布的《女性数据》(*She Figures*)报告显示,2012 年女性在科学、数学和计算领域的代表性不足,欧盟 28 国女博士在这些专业上的平均人数比例为 42%,其

---

① 金陵女子学院,http://jny.njnu.edu.cn/info/1019/1002.htm。

② [加拿大]许美德:《中国大学 1895—1995(一个文化冲突的世纪)》,许洁英等译,教育科学出版社,2000 年,第 80 页。

③ OECD. Survey of Adult Skills 2015(PIAAC),www.oecd.org/skills/piaac/publicdataandanalysis.

中有些国家比例低于40%,如马耳他(25%)、希腊(33%)和荷兰(33%)等。[①]从整体来看,中西方高等教育中,女性普遍倾向于选择人文社科性质的专业,如语言、文学、教育等,对工科性质的专业,如工程、数学、科学等兴趣偏低。在OECD发布的《弥合数字性别鸿沟》报告中明确指出,"高等教育中专业性别隔离在一定程度上由于社会和父母的性别偏见以及他们对女性未来的发展期望所致,父母认为工科专业具有男性属性,这些专业对个人的能力要求决定了女孩子不适合学习工科;同时,父母也不支持女孩子从事工科专业领域的工作"[②]。这些社会文化观念的限制严重削弱了女性选择自然科学专业的信心和兴趣,这种明显的专业性别隔离也会直接影响女性未来的职业选择,甚至造成劳动力市场中的职业性别隔离。

在课程设置方面,中西方传统女性教育普遍凸显女性特色,很多女子学校都开设了家政课、手工艺课,涉及领域主要局限于旅游管理、服装设计、幼教、家政等;[③]同时,在课程内容上也存在明显的性别差异,女生看似接受与男生一样的课程学习,但在具体内容上仍有差别,如在化学专业上,金陵大学对男生主要教授工业化学,而金陵女大则偏重于家庭化学知识和生理化学。[④]学者们通过分析课程设置上的性别差异,进一步揭示了学校课程以一种"隐性教育"的方式,向女性传播着传统的性别文化观念,通过培养她们更好地履行未来角色(妻子和母亲)所需的技能,更加强化了性别角色的刻板印象。此外,研究者基于对传统女性教育课程的分析还发现,女性所接受的

① European Commission. She Figure 2015: Research in Innovation,https://www.genderportal.eu/sites/default/files/resource_pool/she_figures_2015-final.pdf.

② OECD. Bridging the digital gender divide: Include,upskill innovate,https://www.researchgate.net/publication/329144162_Bridging_the_digital_gender_divide_Include_upskill_innovate/download.

③ 覃红霞:《求异与趋同:中国女性高等教育的变迁与反思》,《江苏高教》,2009年第3期。

④ 朱峰:《基督教与近代中国女子高等教育——金陵女大与华南女大比较研究》,福建教育出版社,2002年,第54页。

很多课程,如家庭经济课,并不益于提升自身的就业能力,特别是对于申请较高声望的工作更无益处。为此,女权主义的教育家还主张增加课程的学术含量,不支持将课程限定在生活领域,或者开设培养女性气质的专门课程,而是主张开展中性教育,帮助女性学生树立"学好数学、物理等自然课程"的自信。很多国家已经逐渐重视学校课程设置中的性别差异问题,例如 1988年,英国和威尔士颁布了《教育改革法案》(*Education Reform Act*),这一法案最主要的是提出在学校中开设国家课程(National Curriculum),所有学生可以平等地选择一系列课程学习,这是对传统课程性别隔离的重要改变。此外,现代欧美国家的女子学院也对女性所接受的课程进行了调整和改革,他们的课程设置更加关注女性领导力、综合素养、思维习惯等方面的培养。李巧针通过对美国韦尔斯利女子学院的分析发现,"该校开设的文理课程必须确保女性学生掌握几种必备技能、确保她们熟悉远古文化中较为成熟的人道主义特征、确保她们理解人类社会生活的复杂性"[①]。

在教学过程中,老师角色对构建真正平等的学习环境、促进学生个体的性别化以及提升学习表现至关重要。然而教师的态度和行为仍然带有性别偏见,具体表现在以下三方面。首先,在对待学生的期望上,斯坦沃思(Stanworth)的研究发现,在教学过程中,男孩表现出需要更多的关注并且他们确实会受到更多的关注;同时,老师对男性取得成功的期望高于女性,并在男性达到期望后给予更多的奖励。[②]其次,在对学生的评价上,教师认为学生天资具有性别差异:女孩的学习天赋较差,在学习过程中她们会比男孩表现的更刻苦,这样的评价观会直接影响到个体的学业成就。不过,随着女性在学

---

① 李巧针:《坚守与超越:美国女子学院的发展之道——以韦尔斯利学院为例》,《比较教育研究》,2013 年第 3 期。

② Stanworth M.,*Gender and Schooling: A study of sexual divisions in the classroom*,Hutchinson,1983.

业表现和学习成就上逐渐超越男性,教师的期望已经开始发生转变,[①]教师对女学生的期望水平逐渐提升,同时,在进行教学评价时,加入形成性评价(Continuous assessment),更有利于对女学生的学习表现进行评价。最后,在课堂中的师生互动上,教师与男生和女生的互动形式存在差异。基于对美国和英国的调查研究显示,至少在 20 世纪 80 年代,男生会花费老师更多的时间和精力,不仅是对他们进行纪律处分,而且教师在教学过程中对男生的提问更多、与他们的讨论更频繁、为他们设置的问题更难。但是在有些国家,教师表现出与上面相反的态度,英格利(Ingrid)和玛利亚(Maria)对瑞典教师的一项研究发现,教师将男生视为过于调皮且身体行为活跃的人,会占据更多的空间;而将女生视为不会让老师过分操心的人,并且对女生的要求更加严格且对她们会给予更多关注。[②]总之,教师给予女生更多的关注、提升对女生的期望水平、增加对女生的积极评价等,都会对女生的学习投入度、自信心养成、学习兴趣的培养产生积极影响。

学校中的性别文化或性别化过程(Gendered process)以一种更加隐蔽的形式通过学校教育,影响着男女同学性别观念的建构。例如,将科学类课程视为更加"难学"的课程且更符合男子气质,而且这类极具挑战性的课程也更适合男性学习。在这样观念指引下,导致很多女性对数学、物理、工程等自然科学课程或专业的选择望而却步,这种隐性的性别文化对女性在自然科学领域的学习产生了深远影响。有些国家通过建立一些鼓励女生学习具有典型男子气质课程的国家项目,如 GIST 项目(Girls into Science and Technol-

---

① Machin S.,McNally S.,*Gender and achievement in English Schools*,London School of Economics,Center for the Economics of Education,2006.

② Ingrid K.,Maria S.,Gender sensitive pedagogy—an analysis of gender–related work in the Swedish preschool,Paper presented at the European Conference on Educational Research,University of Geneva 13–15 September 2006 available from Education–line http://www.leeds.ac.uk/educol/documents/158671.html.

ogy），尝试消解学校中长期存在的性别偏见文化；[1]但是在对待诸如 ICT（Information and Communication Technology）等"男性课程"（masculine subject）时，女生仍然表现出对技术的排斥。一项对欧洲校园的调查显示，意大利、波兰、英国、法国和荷兰学校的女生对于学习 ICT 表现出积极的态度，但是她们仍然认为这一领域更适合男生。[2]此外，学校文化还会通过学习方式、教学组织、学校管理、教师态度等多种形式，潜移默化地影响学生性别观念的形成，如教师在教育过程中按照性别将学生分成不同的学习小组、学校中设置男女不同的娱乐空间等。[3]随着教育改革的深入和现代男女平等观念的传播，很多国家已经逐渐意识到通过学校的隐性文化传播现代社会性别观念的重要性。

综上，通过从培养目标、专业选择、课程设置、教学过程、学校文化五个方面梳理学校教育对女性职业地位获得影响的相关研究可以发现，在教育起点、教育过程和教育结果等方面均存在性别歧视：在学科和专业上存在着性别隔离和性别分流现象，在教学资源分配和享有上存在性别差异，在教材和教学活动中存在性别歧视，在学生组织和活动中不断复制着定型的传统角色，校园文化中隐含着对女性的规诫和限制等。[4]尽管通过学校教育使女性获得了专业的知识和技能、更多的发展机会，女性自身的主体意识得到增强、思想觉悟得以提升，为女性职业地位获得奠定了基础，但是以上学校教育中的性别歧视也通过显性教学和隐性文化两种方式对女性发展产生消极

---

① Arnot et al.，*Recent research on gender and educational performance*，London：OFSTED（Office for Standards in Education），1998，p.93.

② Gras-Velazquez et al.，Women and ICT，why are girls still not attracted to ICT studies and careers？，http://blog.eun.org/insightblog/upload/Women_and_ICT_Final.pdf.

③ Marchbank J.，Letherby G.，*Introduction to Gender：Social Science Perspectives*，Routledge，2014，p.113.

④ 刘伯红、李亚妮：《中国高等教育中的社会性别现实》，《云南民族大学学报（哲学社会科学版）》，2011 年第 1 期。

影响——专业性别隔离间接造成劳动力市场中的职业性别隔离，学校的隐性课程影响女性性别观念的形成、削弱了女性的主体意识等。然而已有的分析学校教育对女性人才培养和发展影响的研究基本上将学校教育与女性自身置于对立的两极，仅从学校教育视角分析了女性教育的现状、存在的问题以及对女性发展的单向度影响；鲜有研究从女性主体的视角，深入分析学校教育过程中面对外部的教育作用，女性自身如何进行互动与反馈，这也是未来研究应进一步深入探讨之处。

(二)家庭教育对女性职业地位获得影响的研究

家庭教育是个体实现初级社会化的重要途径，特别是父母的教育观念和教养方式对个体性格、观念、情感发展等会产生重要影响。学者们在分析"家庭教育"时，主要从客观家庭环境和主观家庭环境两方面展开研究。客观家庭环境主要指家庭的社会经济地位(Social economic status,SES)，如父母的职业、受教育水平、收入等。已有研究发现社会经济地位低的家庭无法为子女的教育提供充分的实践支持，如基本或额外的教育开支(书本、课外活动)、优质的教育资源、宽敞的家庭学习空间等。[1]此外，父母自身的受教育水平和能力高低会直接影响到对子女教育的支持和他们可利用的社会资本，[2]也有学者发现母亲的受教育水平是影响子女教育和职业地位的重要因素。[3]

主观家庭环境是指父母为子女成长所营造的环境氛围，包括父母的教

① DES(Department for Education and Skill). Statistics of Education: Trends in attainment Gaps: 2005. London: DES,2006a.

② DCSF (Department for Children Schools and Families). Youth cohort study & longitudinal study of young people in England: The activities and experiences of 17 years olds: England 2008. London: DCSF,2009.

③ 唐卫民、姜育兄:《父母受教育程度对高等教育入学机会的影响——以辽宁省六所不同类型高校为例》,《沈阳师范大学学报(社会科学版)》,2010年第2期。

养方式和态度、父母期待、家庭人际关系等,这些共同构成了影响个体职业发展的社会化机制。①不论是国外还是国内,学者们通常采用量化研究方法分析主观家庭环境对个体职业发展的影响。首先,父母的教养方式会直接影响到子女的性格发展,而子女的性格会潜移默化地影响其未来自身的职业发展。②父母的教养方式进一步体现在父母对子女的控制感上,如对子女交往行为的干涉程度,调查显示父母对女孩在交际方面的控制高于对男孩的控制,③父母出于对女孩保护的目的而在活动空间和交往范围上进行限制,并从小向女孩灌输"少抛头露面"的观念,对于她们以后主动追求职业成功十分不利。此外,从家庭教育实施途径来看,父母通常是以教导和说理的形式教育或引导子女朝着自己内心期望的方向发展,同时,通过树立榜样影响子女的行为举止。此外,父母还以奖励和惩罚的形式,塑造子女的行为。④

其次,父母的期待,一方面,是对子女性格的期待,对于子女性格塑造和性别观念形成具有重要影响。通常情况下,父母期望女孩具备大方得体、温柔顺从、美丽优雅等方面的特质,对女孩的事业心、坚韧、进取等方面的性格品质期待较低。父母的期待不仅会影响女性自身性格的培养,而且会影响她们在未来职业生涯中对自己的角色定位和职业目标的设立。已有研究发现,现在越来越多的家庭,特别是社会经济地位较高的家庭,他们不仅期望女孩具备传统女性特质(如温柔、美丽),还会培养她们一些"男性品质",如坚韧、勇敢、竞争力、独立性等,他们认为这些"男性品质"能够帮助他们的女儿在

①　Vondracek F.,Lerner R.M.,Schulenberg J.E.,*Career development*: *A life-span developmental approach*,Lawrence Erlbaum Associates,Inc.,1986.

②　方平、熊端琴、郭春彦:《父母教养方式对子女学业成就影响的研究》,《心理科学》,2003 年第 1 期。

③　吴良平、龙开义、刘向权:《从早期家庭教育中的性别差异看职业性别隔离——对哈尔滨市 400 余名独生子女家长的调查》,《太原师范学院学报(社会科学版)》,2014 年第 1 期。

④　Otto L.B.,Youth perspective on parental career influence,*Journal of Career Development*,Vol. 27,2000.

竞争激烈且以男性为主导的职场中获得职业成功。[①]另一方面,父母对子女未来发展的期待。传统的社会文化规范将劳动力市场中的一些职业领域,如数字领域、工程领域、科学领域等,视为"男性专属",父母不支持女孩在这些领域学习和发展,并认为她们只适合进入人文社会科学领域学习和工作,最终导致女性在数学、科学、工程、计算机等专业领域缺乏自信,同时在这些职业领域的参与度较低。[②]根据 PISA(2015)的数据显示,15 岁女孩"设想自己在未来从事科学和工程领域工作"[③]的可能性低于男孩。由此可见,父母对女孩的性格和未来发展的期待会潜移默化地影响女性自身的性格养成、职业态度的形成以及职业生涯的整体规划。

最后,家庭人际关系对于子女情感发展也具有重要影响,已有研究发现安全型依恋或亲子关系对于子女心理健康有正向促进作用,一方面,使子女更加独立、自信,[④]另一方面,促进他们建立较强的职业自我效能感,进而大胆、独立地做出职业决策。[⑤]综合已有研究来看,父母在与子女的互动行为中,子女会将父母的意愿、想法或者某种品质以某种形式个人化。然而鲜有研究会深入子女与父母相互作用的行为过程之中,同时将其与女性未来的职业发展联系在一起,深入探讨家庭教育在其中的作用机制,这也是未来研究开展的主要方向。

---

① Liu Fengshu. From degendering to (re)gendering the self: Chinese youth negotiating modern womanhood, *Gender and Education*, Vol.1, 2014.

② Abu-Shanab E., Al-Jamal N. Exploring the gender digital divide in Jordan, Gender, *Technology and Development*, Vol.1, 2015.

③ OECD., *PISA 2015 Results (Volume I): Excellence and Equity in Education*, OECD Publishing, Paris, 2017.

④ Ryan N.E., Solberg V.S., Brown S.D., Family dysfunction, parental attachment, and career search self-efficacy among community college students, *Journal of Counseling Psychology*, Vol.43, 1996.

⑤ Isaacson L.E., Brown D., *Career information, career counseling, and career development*, Allyn & Bacon, 2000, p.67.

（三）工作场所的教育对女性职业地位获得影响的研究

以往学者对工作过程中的教育研究也相对较少，鲜有研究将"工作组织"作为一个"教育场所"，深入这个场所之中分析内部的教育要素。通过对可能涉及与"教育"要素相关的研究进行分析发现，工作组织中有经验的前辈对职业女性提供的指导（Mentoring）最能体现"基于工作的教育"，且对女性的职业发展影响较大，同时也是学者们普遍关注的领域。[①]从传统角度来看，指导即为有经验的老员工为新员工提供的帮助，实际上指导的内涵随着工作本质的不断演变而不断丰富。工作组织中导师提供的帮助分为两类，即职业发展指导和心理发展指导，学者们针对这两类指导展开了一系列研究。对不同指导类型的研究仅仅是一个开端，学者们在此基础进一步分析了新员工的性格特点、情绪智力、学习目标、自我定位以及导师的指导风格、目标定位等对指导关系的影响。[②]在女性职业发展中，导师的指导对于女性突破性别障碍、实现职业晋升具有非常关键的作用，导师可以帮助她们扫除晋升道路上的歧视，从而进入晋升的"快车道"[③]。然而值得注意的是，职业女性在工作组织中普遍缺乏支持和认同，她们因缺少能够发挥关键性作用的导师，进而在向上的职业发展道路中即使能力很强也会遭遇到更多的障碍。

（四）小结

通过梳理不同时空的教育对女性职业地位获得影响的研究发现，目前

---

① Fitzsimmons T.W., Callan V.J., Paulsen N., Gender disparity in the C-suite: Do male and female CEOs differ in how they reached the top, *The Leadership Quarterly*, Vol.2, 2014.

② 刘世敏、刘淼：《女性职业发展中的"玻璃天花板"效应》，《东岳论丛》，2015年第4期。

③ Hancock M.G., Hums M.A., leaky pipeline: Factors affecting the career development of senior-level female administrators in NCAA Division I athletic departments, *Sport Management Review*, Vol. 19, 2016.

研究仍集中在学校教育结果或教育成就的作用上，未来研究可以从以下几方面进一步推进和深入。

第一，在定量分析教育结果与女性成长发展之间关系的基础上，深入到教育过程中，探索教育过程中不同的要素对女性成长发展的影响。具体地，在不同教育阶段或教育的不同环节中，全面剖析教育如何促进女性的职业发展。第二，增强对女性家庭教育和工作场所教育的研究。尽管家庭教育对个体发展影响的研究比较多，但鲜有研究从"性别差异"的视角专门分析女性所接受的家庭教育以及对她们成长发展的影响；在工作场所的教育方面，学者们集中分析了工作过程中"导师指导"的作用，缺乏对职业时空教育多样性的考虑。第三，将不同时空、不同类型的教育放在同一研究框架中，分析它们彼此之间的相互制约与影响。以往的研究只选择其中一种类型的教育进行分析，然而女性在整个职业生涯发展过程中所接受到的教育并非完全孤立，它们彼此衔接、共同促进女性的成长与发展。因此，可以尝试从"广义的教育"视角，将知识女性职业生涯发展中所经历的不同时空的教育纳入同一分析框架，进一步探索它们所发挥的不同作用。

第二章 研究设计

本书以企业管理层知识女性为个案，深入分析了她们如何获得自身职业地位、教育在其中产生了怎样的促进作用、阻碍作用以及如何进行教育提升以更好地助力知识女性获得高层次职业地位。针对上述研究问题，本章进一步对研究开展的理论基础、研究过程以及研究伦理与效度等展开详细阐述。

第一节 理论基础

在质性研究中，"理论"是对复杂现实的一种解释，是简化而抽象的概念及其关系的框架。米尔斯(C. Wright Mills)在《社会学的想象力》中指出，理论和方法都是工具，不论是借鉴还是生成理论，都是为了解决研究问题。①在案例研究中，已有理论可以为研究者提供理论视角，也可以为研究者解释相关现象或问题提供逻辑框架，从而提升案例分析的精确性。本书的核心问题主

---

① [美]米尔斯:《社会学的想象力》(第四版)，陈强、张永强译，生活·读书·新知三联书店，2016年，第65页。

要涉及两个方面：一是知识女性职业地位获得的动态过程，二是在这一过程中教育的动力、阻力和提升路径。针对这两个方面，本书选择了社会互动理论和教育与社会关系的理论，作为建构具体分析框架的理论基础。

一、社会互动理论

社会互动是指在一定的社会关系背景下，人与人、群体等在心理和行为上相互作用的动态过程。社会互动理论的基本观点是：社会并非固定或静止的"东西"，是通过人类的互动创造出来的；而人与人、人与环境之间的持续互动，给予我们行为以一定的结构和形式。比较有代表性的社会互动理论包括符号互动论、常人方法学、戏剧理论等，这一理论视角为本书分析知识女性职业地位获得过程中所涉及的互动关系及相应的互动行为提供了分析框架。

符号互动论关注微观的互动行为以及意义被构建和传递的方式。"个体我"实际上是在一系列互动行为中逐渐被建构的，从而形成"社会我"；"社会我"的形成又充分体现了个体作为积极行动者的意义，即在互动行为中不断地主动创造社会事实。此外，常人方法论、互动仪式链理论、戏剧理论等都强调日常生活情境中人与人之间的面对面互动，[1]在这种人际互动中，彼此之间有公认的互动规则、共同的关注点、情感状态、非语言姿态等。然而除了人与人之间的互动关系和行为外，社会学家还关注到"自我互动"。乔治·赫伯特·米德（George Herbert Mead）指出，"人拥有自我——一个我们与之交流的内在的'人'，在我们作出任何行动或反应之前，都会与我们自己进行交流对话，这也是我们行为反应前重要的有意识思考"[2]。布鲁默（Herbert Blumer）

---

① ［英］安东尼·吉登斯、［英］菲利普·萨顿：《社会学》，赵旭东等译，北京大学出版社，2016 年，第 79 页。

② ［美］乔治·赫伯特·米德：《心灵、自我与社会》，赵月瑟译，上海译文出版社，2018 年，第 72 页。

也提出："人是拥有自我的社会存在，人在将外界事物和他人作为认知和互动对象的同时，也把自己作为认知对象。在与自我的互动过程中，个体能够清楚地认识自己，与自己进行沟通，并能够对自己采取行动。"①实际上，自我互动是与他人互动的内在化，即与他人的社会联系或关系在个人头脑中的反映；但是个体会根据自身的理解、立场、观念等对人际互动反馈的信息进行修改、加工、解释并重新加以组合。

值得注意的是，社会互动理论关注到了人与人、人与自我之间的互动关系，但对人与外部环境之间发生的联系并没有进行深入分析。为此，本书从哲学层面，进一步探寻了有关日常生活中个体所建构的各种关系的深层解释。马克思明确指出："人们在生产中不仅仅影响自然界，而且也相互影响。他们只有以一定的方式共同活动和互相交换其活动，才能进行生产。为了进行生产，人们相互之间便发生了一定的联系和关系；只有在这些社会联系和社会关系范围内，才会有他们对自然界的影响，才会有生产。"②从以上论述可以看出，马克思将劳动实践视为"主体——客体"和"主体——主体"关系的统一，其中"主客体关系"指主体与客体之间对象化的生产实践互动，体现了个体与已被改造的自然物之间的关系；"主体际关系"指主体与主体之间的交往实践互动，体现了主体与主体之间在社会范围内形成的劳动关系的整合。

由此可见，个体的社会实践互动并不是单纯地表征主体与客体之间的对象性关系，也不是单一的主体与主体之间的交往关系，而是主体间的交往关系与主客体间的对象关系的统一。因此，在个体存在和发展的所有社会领域中，自身的主体性，一方面，体现在人与人（自我）之间的交往和对话关系中；另一方面，反映在人与"物的世界"的主客体关系中。本书强调个体始终

---

① ［美］鲁思·华莱士、［英］艾莉森·沃尔夫：《当代社会学理论：对古典理论的拓展》，刘少杰等译，中国人民大学出版社，2008 年。

② 《马克思恩格斯全集》（第 1 卷），人民出版社，1995 年，第 344 页。

处于与自我、他人以及外界环境之间的互动关系中,所建构的"主客体关系"和"主体际关系"克服了主客体二元对立的思维方式,同时将个体的生存和发展置于一个充满复杂性、不确定性和动态变化的环境中,个体在多维互动行为中充分发挥自身的主观能动性。

由此可见,不论是社会互动理论,还是哲学层面上对"互动关系"的分析,都启示我们:知识女性职业地位获得的过程是一个基于三种互动关系(人我关系、物我关系和自我关系)展开的动态过程。在这个过程中,虽然他物(职场环境)和他人(领导、同事)与自我的关系在每个人身上以不同方式、不同性质、不同程度存在,但三种关系并非完全独立存在,它们之间也会相互影响。各种互动关系为分析知识女性职业地位获得的动态过程提供了重要基础,本书进一步建构了包含"人我互动、物我互动和自我互动"的分析框架(如图2-1所示)。

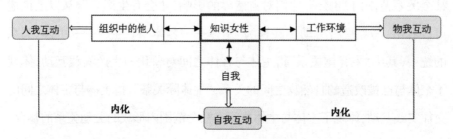

图2-1 "知识女性职业地位获得"的分析框架

二、教育与社会关系的理论

现代教育与社会之间存在复杂、互动的关系,一方面,社会的经济、政治、文化、人口等因素会对教育系统产生影响;另一方面,现代教育又通过人才培养、人力输出、科技文化创新等直接作用于社会发展。"教育与社会关系"的理论通常将"教育"视为一个整体,深入探讨了教育与社会、个人发展之间的互动关系。然而值得注意的是,在这个互动影响过程,教育既发挥着正向促进功能,同时也会产生一定的消极阻碍作用。20世纪50年代,美国著名的社会学家默顿(R.K.Merton)明确提出了正向功能和负向功能的概念,其中,正向功能是指"贡献"性功能,负向功能是指"损害"性功能。①②关于教育的双向教育功能为本书分析教育对知识女性职业地位获得的影响提供了重要的理论基础。

一方面,关于"教育对社会、个人发展的正向功能"的理论主要有人力资本理论、筛选假设理论(文凭理论)、教育的文化再生产理论等。以舒尔茨为代表的人力资本理论强调个体主要通过教育投资,获得知识、技能、能力等方面的提升,从而使自己获得更好的就业和发展机会;③以迈克尔·斯宾塞为代表的筛选理论主张教育的主要作用不在于提高人的认知水平,而是在劳动力市场上对不同能力的人进行筛选,能力高的求职者也会得到较高的工资水平;以布尔迪厄为代表的教育文化再生产理论强调教育以文化为中介实现社会再生产功能,④伯恩斯坦受布尔迪厄的影响,进一步提出教育与生产方式有类似的对应性,同时又与家庭取得一致,即个体在家庭社会化过程中获得社会所需的素质。以上论述"教育与社会关系"的理论主要从宏观层面,对教育与个人能力、就业和职业发展的关系进行了整体性分析。总体上,学者们集中分析了"教育结果"(受教育水平)对职业地位获得的影响,如布劳–邓肯的地位获得模型、人力资本理论等,揭示了个体的学历水平与其职业地位获得之间存在显著的正相关。

另一方面,关于"教育对社会、个人发展的负向功能"的理论。教育的负

① [美]罗伯特·金·默顿:《论理论社会学》,何凡兴等译,华夏出版社,1990年。

② 吴康宁:《教育的负向功能刍议》,《教育研究》,1992年第6期。

③ Schultz T.W., *The Economic Value of Education*, Columbia University Press, 1963, p.103.

④ [法]P. 布尔迪厄,J.C. 帕斯隆:《再生产:一种教育系统理论的要点》,邢克超译,商务印书馆,2002年,第23页。

向功能观主要涉及两类，[①]一类是有条件的教育负向功能观，这种观点并没有完全否认教育存在的正向功能，认为教育对社会、个体产生的消极作用是在一定条件下发生的，而教育的负向功能产生原因可以归纳为两个方面：第一，内部因素，即指向教育过程内部，其中教育者所秉持的教育观念和态度、所具备的情感和期待以及具体的教育方式等是负向功能产生的根源；第二，外部因素，包括文化混变，即现代文化与传统文化的不适宜性，教育与经济、社会发展不和谐，就业、用人制度的不完善，价值观念和思维方式的影响等，造成教育所培养的人在态度、情感、价值观等方面发生"扭曲"[②]。另一类是激进的教育负向功能观，这种观点具有明显的教育唯负向功能观的色彩，完全否认了教育的正向功能。

总体上，教育的负向功能观都透露出这样一个观点，即教育在促进个体发展中所起到的作用越来越大，但社会并不应该将教育权力仅赋予学校，而应注重多维教育时空和多种教育团体所发挥的教育功能，这一点与本书主张"从知识女性成长发展所经历的不同教育时空切入，分析多维时空的教育要素对其职业地位获得的影响"有异曲同工之处。此外，默顿在分析功能的正向和负向作用时指出，社会系统的运行中普遍存在着负向功能，这种普遍性既见之于一般状况，又见之于相对状况，其中，相对状况是指一个事项对某些个人或群体可能具有正向功能，而对另一些个人或群体则会产生负向功能。[③]特别是本书所关注的女性群体——在教育过程中仍然会遇到更加隐蔽的不平等现象，但这种不平等通常被"合理"地淡化，并被转化为一种正常的、自然的"性别差异"。由此可见，相对于男性而言，在教育过程中，女性势必会面临更多的教育所产生的负向功能，在分析"教育与知识女性职业地位

---

① 胡振京：《教育负向功能观的社会学分析》，《教育学报》，2005年第4期。

② 王娟、李运庆：《我国教育负功能研究十五年》，《南通大学学报（教育科学版）》，2007年第1期。

③ 吴康宁：《教育社会学》，人民教育出版社，1998年。

获得的关系"时,应辩证地探究教育的正向和负向功能。

　　基于上述分析,本书在对知识女性职业地位获得的"教育意蕴"进行剖析时,主张教育功能具有双向性,既肯定教育的积极作用,又关注到教育所产生的消极影响。如果不关注教育在女性成长发展过程中的负向功能,会将教育过程中隐蔽的性别不平等掩盖起来,从而形成一种"教育领域已经完全实现了性别平等"的假象。此外,如果说本书对"知识女性职业地位获得的教育动力"的分析是对相关理论证实的话,那么引入对"知识女性职业地位获得的教育阻力"的分析则是以证伪的方式指出女性所经历的不同时空的教育所存在的局限性,从而进一步拓展公众对"教育与女性成长发展关系"的认识。因此,为了进一步促进教育应然价值的发挥,引导不同时空的教育者充分利用各种教育资源为女性人才的培养和卓越发展而服务,本书在设计"教育"的分析框架时,从一种全面的教育功能观出发,将教育的正向功能和负向功能同时纳入分析框架之中,进而对知识女性职业地位获得的"教育意蕴"展开全面、深入的剖析。

　　教育对社会、个人发展的正向功能和负向功能相关的理论为本书分析"教育意蕴"提供了一个大方向。鉴于本书从广义教育的视角对知识女性所经历的"教育"进行界定,本书选取了项贤明的"泛教育论"作为建构"教育"分析框架的具体理论参考——全面阐释知识女性成长发展所经历的"生活时空""学习时空"以及"职业时空"中的教育的动力作用和阻力作用,并以此为基础,进一步从教育观念和教育行动两个层面,提出具体的教育提升路径。

　　本书参考泛教育论所提出的三个教育时空以及每一时空中所涉及的教育要素,进一步建构了"教育对知识女性职业地位获得影响"的分析框架(如图2-2所示)。在生活时空中,与教育密切相关的两个构念包括:一是以日常语言为媒介、以血缘和天然情感为基础的日常交往活动,主要表现为以亲子关系为基础的父母与子女之间的互动行为;二是以日常意识为媒介、伴随着各种日常活动的日常观念活动,主要表现为父母将自己的观念、意识等通过日常活动传递给子女的互动行为。这两种生活时空的教育形式会相互影响:日常观念活动通过日常的工作和日常交往对日常意识的再生产而体现为常识水平上的观念活动;反过来,这些常识水平上的观念活动又引导和支配着日常的工作和日常的交往。①从个体的社会性发展来看,生活时空的教育不仅在个体的情感发展和人格的非理性因素发展过程中起着决定性作用,②而且对个体自身的观念体系建构,包括性别观念、人生价值观等,也具有潜移默化地影响。

学习时空中的教育场所可以分为秩序化学习时空和非秩序化学习时空。③在秩序化学习时空中,学生接受的是一种自觉的、目的明确的"进取性教育"④,即学生主体将自身精力集中于完成一定的学习任务,从而获得未来工作所需要的专业知识和技能。这一时空的学习任务是基于师生之间形成的主体际关系而展开的,教师对学生的监督、评价以及相互之间的沟通交流等,会直接影响到学生的学习投入度和学习效果。与秩序化学习时空完全不同的是,非秩序化学习时空给予学生充分的自由,学习行动在内驱力的推动下展开,并充分满足了个体的学习兴趣和内在发展需要。

工作时空的教育场所构成包括三个层面:其一是由设施、设备、工具等构成的物质层面;其二是由工作本身所构成的活动层面;其三是由同一工作时空区域中的他人及其人际互动构成的社会层面。⑤从静态角度来看,工作

---

① 项贤明:《泛教育论——广义教育学的初步探索》,山西教育出版社,2004年,第275页。

② 同上,第288页。

③ 同上,第366页。

④ 孟禄在1923年出版的《教育史教科书》中用"适应性"和"进取性"对教育进行描述。转引自项贤明:《走出传统的教育学理论体系——泛教育理论的哲学建构》,《华东师范大学(教育科学版)》,1996年第2期。

⑤ 项贤明:《教育的场所—— 一种对教育现象时空特性的尝试性分析》,《北京大学教育评论》,2003年第4期。

过程中的教育包含两个主要方面,即个体人格的次级社会化和个体"嵌入"制度化社会体系的结构,"个体人格"和"社会结构"构成工作时空中教育场所的基本抽象结构的两极。①结合本书,它们具体指向知识女性所获得的"职业地位"和所具备的"个人特质"。从动态角度来看,工作时空中的教育还包含着两个基本的教育过程:一是工作过程中的人际信息交流,二是工作过程本身,这两方面与上述提到的工作过程中教育场所的三个层面相对应。

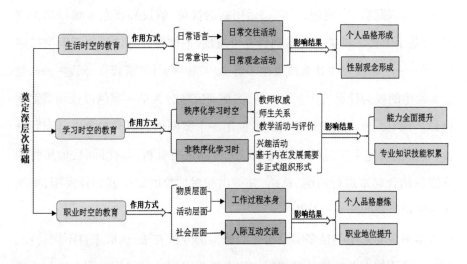

图 2-2　"教育对知识女性职业地位获得影响"的分析框架

第二节　研究过程

一项科学研究的质量需要有缜密的研究过程作为保证。下面,笔者分别从研究方法、研究抽样、数据搜集与分析、研究伦理与效度等几个方面对本书的研究过程展开详细介绍。

---

① 项贤明:《泛教育论——广义教育学的初步探索》,山西教育出版社,2004 年,第 382 页。

一、研究方法

根据罗伯特·K.殷（Robert K.Yin）对案例研究的分类可知，案例研究包含：（1）描述性案例研究，提供了对现象及其情境的完整性描述；（2）解释性案例研究，主要是寻求解释一系列事件是如何以及为何发生的；（3）探索性案例研究，超越已有的理论体系，运用新的视角、假设和观点等解释相关现象。[1]基于上述三种类型的案例研究可发现，案例研究方法适用于解决描述性问题——"正在发生什么或发生了什么？"和探索性（解释性）问题——"是怎么发生的或为什么发生？"。此外，案例研究还分为单一案例设计和多案例设计，其中，单一案例是指研究者使用一个案例作为研究对象进行问题分析；多案例研究则是对两个或两个以上案例进行分析，与此同时，如果将独立案例结合起来进行归纳、总结，并得出相对抽象的结论或解释模型，则属于多案例研究的跨案例分析。

本书主要采用的是多案例研究的跨案例分析方法，选取来自不同行业、职位以及不同企业性质的管理层知识女性为案例，对她们的职业地位获得经历展开深入全面的分析；在此基础上，分析教育对知识女性职业地位获得的影响以及教育在女性人才培养过程中应该怎样进一步提升。由此可见，本书探究教育与知识女性职业地位获得关系的问题，即是回答怎么样和为什么的问题，在已建立的研究分析框架基础上，通过对这些问题的解释和分析，最终建构出相对抽象的、具有一定解释力的"知识女性职业地位获得的路径""知识女性职业地位获得的教育动力""知识女性职业地位获得的教育阻力"以及"知识女性职业地位获得的教育提升路径"。

---

① [美]罗伯特·K.殷：《案例研究方法的应用》（第三版），周海涛、夏欢欢译，重庆大学出版社，2017 年。

二、研究抽样

本书主要采取目的性抽样，即按照研究目的选取能够为研究问题提供最大信息量的研究对象。本书抽样主要分为两个阶段，第一阶段为预访谈阶段，访谈对象限定为"知识女性"，最初以电话和邮件的形式联络受访者，通过联系身边已经工作且关系比较熟的朋友，再由他们根据本书对"知识女性"的界定，选择合适的受访者。初步确定访谈对象后，笔者向对方发出邀请信，进行自我介绍、研究项目说明以及研究的保密原则等（见附录一）；此外，随信还附上了一份问卷以了解她们的个人基本信息（见附录二）。发出第一轮邀请后，最终确认了 5 名预访谈的受访者，包括高校的女教师、政府机关的女公务员、企业的女白领等（个人尝试访谈提纲见附录三）。

通过全面分析她们的职业发展经历发现：（1）在非企业性质的工作单位中（如政府机关、事业单位等），她们职业地位获得路径比较单一，在晋升过程中没有太多"大起大落"的经历，而是在"风平浪静"中"按部就班"地向上走。以高校女教师为例，她们职业地位的获得主要体现在职称评审中，她们并没有"波澜起伏"的职业发展经历，每年都循环往复着相同的工作——申课题、写论文、教课。较为单一的职业地位获得路径很难为本书建构抽象的理论模型提供更加丰富、生动的材料。（2）对于没有一定职位的普通职员而言，她们的职业发展经历只能为本书提供"职业地位获得"过程中遇到的挫折或阻力，而无法提供有效的应对策略和成功经验，也同样不利于建构抽象的理论模型。鉴于上述两类知识女性（在非企业性质单位工作和普通员工身份）无法为本书深入探索"知识女性如何一步步获得自身职业地位？"提供详实、丰富的资料，本书最终将研究对象确定为"企业管理层的知识女性"。

在第二阶段的正式访谈中，笔者通过师兄的引荐，有幸结识到一位在 T

市工作的校友企业家。他人脉资源非常广,在向他介绍了具体的研究计划以及选取受访者的标准后,他表示认识很多企业女性管理者,而且非常愿意帮我引荐。①本书选取访谈对象的标准为:(1)符合"企业管理层知识女性"标准,②她们丰富的职业地位获得经历,有助于本书建构抽象的理论模型;(2)符合"来自不同行业类型"的标准,当前职场仍存在行业性别隔离现象,而在男性集中的行业,女性的职业发展会更加艰难,因此需要考虑行业差异性;(3)符合"来自不同工作部门类型"的标准,工作组织中存在职能部门、技术部门、业务部门等不同部门,它们在企业中发挥的作用决定了它们在组织中的"地位",进而影响到员工的职业发展及上升路径;(4)符合"年龄差异"的标准,不同年龄的知识女性会经历不同的社会发展时期、具有不同的经济文化背景以及不同的外部资源和发展机会等, 而这些都会与个体的主观能动性发生相互作用,进而影响她们的职业地位获得;(5)符合"家庭背景差异"的标准,已有研究发现出身农村和城市以及不同家庭经济条件的知识女性,她们所接受到的教育可能存在差异。因此,本书选取了来自不同家庭背景的知识女性,有助于全面分析教育对知识女性职业地位获得的影响。具体的选取标准参见表2-1。

---

① 在选取访谈对象时,最好通过比较熟悉且有一定社会地位的人帮助联络。特别是本书的访谈对象是企业工作的女性管理者,笔者和她们之间的"差距"比较大,她们是否愿意花费宝贵时间接受访谈,以及她们在访谈中内心自我暴露的程度有多少,都会直接影响到研究的质量。因此,在第二阶段的正式访谈中,笔者通过自己的一位师兄联系到 T 市的一位企业家,同时也和笔者是校友,而校友的身份进一步拉近了彼此的距离,使他更愿意给予帮助。

② 具体概念内涵可以参见"核心概念界定"部分。

表 2-1　受访者选取的标准

部门(三类)	职务	出生日期	行业(四类)	家庭背景①
业务部门	主管及以上	"60后"		
		"70后"		
		"80后"	(1)制造业、建筑业、能源产业	(1) 出生地：农村、城市
技术部门	主管及以上	"60后"	(2)IT信息业	(2)家庭经济水平：贫困、一般、富裕
		"70后"	(3)金融业、房地产业	
		"80后"	(4)文化产业	
职能部门	主管及以上	"60后"		
		"70后"		
		"80后"		

注："业务部门"包括市场部、销售部，"技术部门"包括研发部、策划部，"职能部门"包括人力部、财务部、行政部，"主管及以上"包括部门主管或经理、(副)总监、(副)总经理。

在此需要强调的是，本书的目的是了解知识女性在企业发展中的职业地位获得过程，而不是测量她们职业地位获得过程中某些变量之间的相关关系或进行其他统计检验，或将她们的生活经历推广到全国各行各业的知识女性中。因此，本书基于上述受访者选取标准，只要确保案例具有代表性和典型性即可，无需以定量研究选取样本的标准在"人口学统计指标"上达到"数量平衡"。但是，结合本书的研究问题，以及第一阶段预访谈的分析结果，本书在选择受访者时，仍考虑到在企业工作的知识女性的基本特点，如家庭背景、年龄、行业类型、工作部门、职务级别等，进而为分析知识女性职业地位获得过程以及教育的动力、阻力作用、提升路径提供更为丰富和扎实的资料，同时确保研究结论具有一定的可外推性。

---

① 本书在考虑知识女性的"家庭背景"时，并不是完全按照定量研究的标准对其严格划分，而是采用比较简单的分类，只是期望在研究中兼顾"家庭背景"这一要素，并不期望对相关已有的定量研究结论进行检验。

　　本书最终选取了 13 名企业管理层知识女性作为深度访谈的对象,她们的基本信息如表 2-2 所示。出于保密原则,所有人名均采用化名。13 名受访者的年龄从 29 岁到 64 岁,担任的职位从部门主管到总经理,涉及多个行业领域,她们的单位性质涉及国(央)企、外企、合资企业等,也包括自主创业,她们的学历除一名专接本以外,其余初始学历均是本科。

表 2-2　访谈对象基本信息

化名	年龄	学历	职务	工作年限	单位性质	所在行业	访谈时间	访谈时长	访谈地点	访谈方式
宇芳	37	本科	培训主管	14	国企	石化行业	2017.11.05 2017.11.07	40m 60m	星巴克 会议室	面对面访谈 面对面访谈
婷秀	32	硕士	行政主管	6	国企	零售业	2018.03.10	1h30m	办公室	面对面访谈
旭妍	34	硕士	项目经理	9	国企	石化行业	2018.03.21	1h45m	会议室	面对面访谈
凝文	39	本科	营销经理	16	私企	房地产	2017.11.10	1h50m	办公室	面对面访谈
红琼	48	本科	项目经理	28	国企	建造业	2017.11.15	1h35m	会客室	面对面访谈
代曼*	38	专科	经理	17	私企	制造业	2017.12.05	3h30m	办公室	面对面访谈
唐茹	40	本科	总经理	20	股份制	金融业	2017.12.10 2017.12.20	1h15m 1h	办公室 私人会所	面对面访谈 非正式访谈
蓉洁*	54	本科	经理	32	私企	化工业	2018.01.07	2h	茶社①	面对面访谈
华辰*	29	硕士	工作室负责人	2	个人工作室	教育行业	2017.12.01 2018.06.23	2h 50m	工作室 —	面对面访谈 电话访谈
蜜桃	29	硕士	运维主管	2	外企	IT业	2017.10.25	1h	会客室	面对面访谈
青雨	40	硕士	CEO(首席运营官)	16	私企	IT业	2018.04.02	1h35m	—	电话访谈

---

　　① 茶社是蓉洁的女儿所开,我们访谈的当天正值茶馆休息日,所以没有外人打扰,同时环境相对轻松。

化名	年龄	学历	职务	工作年限	单位性质	所在行业	访谈时间	访谈时长	访谈地点	访谈方式
雷静 *	42	本科	经理	19	私企	IT 业	2018.04.25	1h45m	会议室	面对面访谈
朱霞	64	本科	董事长	43	私企	零售业	2018.05.10	2h	办公室	面对面访谈

注:(1)表中标 * 为自主创业的知识女性。(2)第一次访谈选在星巴克咖啡厅且客人较少的时间段,但是访谈结束后进行访谈反思时发现,任何公共场合都不是访谈的最佳地点,容易分散受访者的注意力,同时影响受访者的"深度暴露"。因此,对第一名受访者进行了二次访谈,同时,之后的访谈也都选择受访者比较熟悉且只有笔者和受访者两人的地方。(3)受访者的年龄依据当时的访谈时间进行计算的实际年龄而非虚岁。(4)"h"是 hour的缩写,"m"是 minute 的缩写。

下面是关于本书每位受访者基本情况的介绍,有助于对每位受访者形成整体的人物轮廓。

宇芳,今年 37 岁,在一家央企做培训主管。从小到大都是家人眼中的乖乖女,小学、初中成绩一直名列前茅,高中的理科学习让她略感吃力,但依然进入了一所一本大学。进入大学以后,她并不像很多同学就此"沉沦",每天依然保持着上进的学习状态,也因此和寝室的其他同学变得"格格不入"。毕业后,经历了两份不甚满意的工作后,很偶然地进入一家央企工作,这家单位是典型的"男性密集型"企业,女员工遭遇到了严重的"性别歧视"。宇芳在这个单位已经工作了十三年,近三四年才从普通员工提拔为培训主管。在这个企业的"晋升"之路是用"人脉"铺出来的,对于宇芳而言,既没有人脉,又是一名女性,使她的晋升之路更是步履维艰。总体上看,她并不属于事业上的女强人,家庭的幸福让她完全可以将工作作为"附属品"。

婷秀,现年 32 岁,从小成长在农村,这样的经历使她比别人显得更加要强、能吃苦,工作中任何看似难以承受的"苦难"都可以成为她历练自己的试金石。由于硕士期间表现优秀,导师直接推荐她到现在就职的单位面试。进入这家企业之后,直接被分配到基层"干苦力",几度想要放弃的她最终坚持了下来,恰恰是她不怕吃苦的韧劲和极强的适应力帮助她通过了半年的基层锻炼。目前,她在这家国企工作了六年,已经晋升为行政副主任。她从一名生物医学的女硕士到现在负责行政党务的文职工作者;从对工作的完全陌生,到现在已经能够顺利适应并出色完成与自己专业完全无关的工作了;在这个从"理"到"文"的转变过程中,唯一不变的是她对自己事业的执着追求和那份踏实上进的心。

旭妍,现年34岁,从小就是一个具有典型男孩子性格的女生,父母在成长过程中的严厉管教,使她一直以来都名列前茅,但也造就了她独立、孤僻的性格。大学期间一度陷入抑郁症的困境之中,最终经过自己的努力走出了抑郁的阴影。毕业以后因为父母的原因,进入父母工作的央企上班。争强好胜的性格使她从没有停下前进的脚步,只有不断的考取证书才能让她拥有安全感;强烈的危机意识使她在工作中不断挑战着自己的极限,连轴转的工作、突击考试的加班复习让她在单位中创造了很多"第一次"。

红琼,48岁,已经在一家央企工作二十八年。她是本书样本中唯一一个在"现场"工作的女性,她的工作性质需要在施工现场进行指挥,具有极高的危险性。红琼完全凭借她过硬的专业技能、外向直爽的性格、无畏苦难的坚毅,在一个男性集中的行业中脱颖而出。她在工作中也遭遇过瓶颈期,受到过"冷落",但她始终坚信没有克服不了的困难,也许正是这份坚定和执着使她一直没有停下学习的脚步,并获得了成功。女性在男性集中的行业里会被认为是"没用的",只能做一些辅助性工作,因此更别想升迁了,但是红琼却展现出了跻身男性行业中的女性佼佼者的实力和魅力。

凝文,39岁,在地产行业已经工作了十六年,尽管前后经历了几次跳槽,但是在每一家企业她都可以在最短时间里成为销冠。除了具有丰富的销售经验,凝文还具备敏锐的前瞻性,她可以敏捷地洞察到行业的前景和企业商机,这使得她在目前工作的企业中,仅用短短几年的时间就从普通的销售做到区域管理者的位置。尽管这个行业是用业绩说话,但是作为一名女性,凝文依然克服了重重困难,最难的是在与病魔做斗争时,依然带病工作,争强好胜的性格以及对事业的热忱使她从未后悔做一名女强人。经历了离婚到再婚,使得凝文的性格以及待人接物的态度有所转变,但唯一没有变的是在工作中追求成长和进步。

代曼,38 岁,她是一名先工作后创业的知识女性。她与旭妍的性格相似,从小就具备男孩子的直爽和外向。这样的性格特点既让她在职场中得罪过很多同事和上司,同时也帮助她遇到了自己职业生涯中的几位“贵人”。接触过代曼的人都认为她是一个做销售的好苗子,正是在别人的不断肯定和自己的大胆尝试下,她从做一名普通的电缆销售员开始,一步步稳扎稳打,直到几年前在这个行业开始创业。她的“性格”是她获得当下职业地位的重要因素之一,传统观念中的女性性格,如柔弱、服从等,在代曼身上完全没有,同时她也会充分利用女性自身的优势,“双性化”人格使她在追求更高层的职业发展中更加游刃有余。

唐茹,40 岁。大学毕业以后本可以在一家银行干着一份比较稳定的工作,但是她却选择瞒着父母辞掉工作,进入一家金融投资企业。起初的工作条件十分艰苦,这家公司在当地没有分公司或办事处,唐茹单枪匹马自己找办公地点、招聘员工,小团队初具规模以后,寻找客户签单变成了当时最大的困难。跌入谷底的状态使她坚信没有比现在更糟糕的情况了,滚雪球似的发展客户,终于使她和她的团队在 2016 年创下历史最好业绩。正是因为她热爱这份事业,使得她即使做到了很高的管理层,依然没有停止前进的脚步——更新管理理念、保持年轻心态、时刻注意保持与员工亲密的“战友”关系——这是她的日常,更是她对待事业热忱而执着的真实写照。

蓉洁，54岁。从国企工作到自己创业，一路走来看似一帆风顺，其实如果没有她的认真坚持、大胆尝试，也许她依然只是一名"旱涝保丰收"的技术员。对当下形势的准确分析、大胆尝试，使得蓉洁在化工行业开创了属于自己的新天地。从她的职业生涯来看，三十二年的职场经历使她收获了很高的职业地位，从国企中的带头人到自己创办企业的民营企业家，蓉洁已经开始从自己的职业巅峰向另一座山峰迈进——走出小我，回归社会——真正做一些为老百姓谋福利的事业，这是一种职业发展境界的新高度。放下自己的利益，兼顾企业的发展，同时将目光投向社会，这可能是职业地位的最高境界。

华辰，29岁。她是我所有受访者中年龄最小的知识女性，硕士毕业以后开始回家创业。她是一个很有规划的女性，在学校期间，已经为进入职场后的创业做了充分准备。她从事钢琴教育事业，目前自己开办工作室已经两年，学员数量的增长让她有些"应接不暇"。尽管自己的职业生涯刚刚起步，她已经获得了丰厚的物质回报，在"圈子"内也有了一定的职业地位。她曾一度陷于"扩大规模"还是"维持现状"的自我博弈中，在这条路上她走的太辛苦，但始终没变的是：她对自己"客户"的责任心。

蜜桃，30岁，在一家外企做运维经理。她是一个集美貌与才华于一身的年轻知识女性，从小就梦想成为出入高级写字楼的白领，她也一直朝着这个目标努力。大学期间，学生会主席、校园形象大使等工作经历，使她变得愈加独立、干练，在工作中完全可以独当一面。硕士毕业以后，经过层层面试选拔进入一家IT行业的外企工作。进入职场半年后，便获得了外派学习的机会，半年总部的工作学习，使她可以很好地适应这家企业的工作。然而自我要求极高的她总对当下的职业发展状态不甚满意，有时"工作"竟赶不上她的节奏。她所承受的巨大压力，一方面，是她前进的动力；另一方面，也给她的身体和精神带来不适感。未来职业生涯道路还很漫长,她注定还会继续追求更高层次的职业地位,但是更好地自我调整是决定她未来发展高度的关键。

青雨,40岁,在一家互联网企业做首席运营官(COO)。她从求学到工作都十分顺利,几乎没有经历太大的挫折。在求学期间,从本科到研究生,均是名校的高才生,如此优秀的学历背景,加之她出色的个人能力,毕业之后顺利进入一家知名的风投公司,一干就是十二年。在这家公司里,她一直做到区域经理。她与一家一直想要投资的互联网公司没有谈成合作,后来的机缘巧合,使她进入了这家企业工作,并成为COO。在新公司里发展比较顺利,也尝试了很多新的想法。然而当青雨的事业刚刚起步时,她的身体向她发出了抗议。在经历手术、进行恢复的那个阶段,对于一直有着冠军心的青雨来说,可能感受到了巨大的挫败感,内心也陷入茫然;在那个时期,她也曾想过是否要退下,但是想到自己拥有着十分深爱的团队,她最终坚持了下来。

雷静,42岁,在职场中尝试了多种工作后,决定自己创业。雷静身上最大的特点是勇于放弃安逸而选择冒险和未知,敢于打破世俗、摆脱条条框框的束缚。她在创业过程中,也曾经历过那份自由带来的颠沛流离与捉摸不定,但在克服一切艰难险阻过程中,她也同样放飞自己灵魂里的渴望与追求,为自己注入了源源不断的活力。此外,帮助更多的女性实现自己的梦想,是她创立公司的初衷,雷静一直用自己的行动践行着这个初衷——初心使然,别无他心。她除了拥有一番成功的事业外,也热衷于公益事业,日常生活中和先生或者朋友、员工一起,组织活动,关心贫困职工生活、慰问病弱困难职工、看望孤寡老人、为遭受各种自然灾害的人们捐资捐物等。

朱霞,64岁,出生于普通家庭,进入职场以后,一直从事销售工作。20世纪90年代初进入现在工作的公司以后,从一线的销售人员到现在的董事长,一路走来,她从没有想过跳槽离开,可能正是因为她对公司的衷心加之个人的努力,帮助公司度过几次危机,并最终成为公司的"领路人"。特别是在 90 年代中期,公司曾遭遇一次严重的内部危机,部分骨干突然集体辞职,此时的朱霞经受住了诱惑,坚持留下并临危受命,接过经营部长一职。在她的带领下,连续十一年的产品销量、销售收入、市场占有率均居全国首位。朱霞除了在工作中亲力亲为,她还一直秉持着"公司的发展要服务于社会"的理念,积极投身社会公益事业,为灾区的灾民、有疾病的儿童等多次献出爱心。在她的职业生涯中,已完全不再是为个人成就、财富去奋斗,而是真正以一名"社会人"的身份要求自己,从更长远的国家利益、百姓安危去定位自己的职业生涯。

此外,本书对上述所有受访者表现出的共同特点进行了归纳,并作为"企业管理层知识女性"的一些共同特征:(1)从个人职业发展过程来看,她们拥有较丰富的职业发展经历,她们曾遭遇多重困扰阻力、为克服困难付出了艰辛努力,同时积累了丰富的经验教训;(2)企业为个人的发展提供了一个相对公平的竞争平台,在这里"人脉关系"不会成为唯一或最主要的职业地位获得的踏板,这决定了她们在追求高层次职业地位过程中可以充分发挥个人主观能动性;(3)她们在工作中任务重、压力大,但她们总会将高压力转化为强动力,并且在追求职业地位过程中不安于当下任何小的成就而是选择一直前行。

三、数据搜集与分析

(一)数据搜集

本书通过多种渠道和形式获取资料,包括对 13 名企业管理层女性的深度访谈、工作场所的参与式观察以及对这 13 名企业女性管理者的同事和领导的访谈。在个人深度访谈中,华辰是我追踪了两年的受访者,还有三名受访者接受过两次访谈;所有访谈平均时间为两小时,最长一次访谈为三个半小时,总计保存访谈录音近 26 小时,并转录为文本资料,共计 26 万字左右。

　　获得受访者的信任,是确保访谈获取高质量信息的重要保证。本书主要通过以下三种方式与受访者建立良好的信任关系:第一,预约访谈时尽量选择让她们感到舒服的时间、地点,同时将访谈时间控制在合适的范围内,其中有几次访谈是利用她们碎片化的时间进行,如两次会议的间隙、午饭时间、见客户前的空闲时间等。此外,访谈前赠送小礼物(T 大学纪念品)以表示对她们配合的感谢。第二,每次访谈之前,我会向受访者说明访谈目的,并提供一份访谈协议(见附录四),在协议书中,向受访者承诺:她们有随时脱离此项研究的权利,访谈中涉及个人隐私的内容不予以报告,以及最终研究报告中涉及个人信息的部分均做虚构处理。第三,在访谈过程中,做一名好的倾听者,不要频繁打断受访者,只有充分的共情和移情,才可以让她们感受到自己是被尊重的。

　　与所有受访者建立的良好信任关系有助于她们在访谈过程中充分的"自我暴露"。当她们谈及职业生涯发展的低谷或成就时,似乎拨动了埋藏在她们心底许久的那根弦,她们总会侃侃而谈,五味杂陈的情绪也随之流露出来。她们所讲述的职业生涯发展历程,为本书提供了大量鲜活、丰富的一手资料。此外,备忘录作为收集研究灵感和点滴思考的重要方式,对于访谈资料的分析以及研究报告的撰写非常有帮助,因此笔者在日常生活中,会随时随地记录自己关于资料的理解和思考,并定期整理汇总。

　　除了进行个人深度访谈之外,本书还通过以下方式获取资料信息,比如,在征得部分受访者同意的情况下,笔者进入她们工作企业的内部,以非参与者身份,观察他们的一次例会、团体活动或者一天的工作过程;在观察过程中,笔者会详细记录被观察人的行为动作、对话等,同时,随时记录自己对观察现象背后相关问题的分析以及个人的直观感受（观察记录表参见附录五）。此外,笔者还通过受访者联系到她们的下属员工和直属上司,通过邮件和面对面访谈的形式,进一步向他们询问了关于受访者的工作表现、性格特点、共事经历等（访谈的提纲参见附录六）,这样多方面的资料来源可以进一步增加研究结果的可靠性。

(二)数据分析

本书采用 NVivo10.0 中文版质性分析软件完成对访谈资料的编码工作。为了对访谈资料进行全面深入的跨案例分析,同时归纳建构出抽象的理论模型,本书使用施特劳斯和科宾提出的三级编码方法[1],即开放性编码、主轴编码和选择编码,从原始资料中发现概念类属,并建立类属之间的联系,从而形成核心类属,最终形成关于研究问题的理论模型。具体的资料编码过程如下:

开放性编码是将资料分解、检视、比较、概念化和范畴化的过程。常用方法是贴标签和发现类属、属性和维度。其中,类属是一组概念,它将涉及同一个现象的不同概念聚拢成为一组概念,每一个类属会包含多种属性,属性是通过对标签进行归纳而得到的;在类属中寻找有意义的属性发展出维度,维度一般有两种分法:一是名义分类,根据不同名称或类别进行划分;二是程度分类,按照不同程度划分(如好—坏;深—浅)。一般而言,在最初的分析过程中,需要对每一个访谈资料进行贴标签(详见附录 G)[2],当资料信息接近饱和后,无需再按照过于程序化的方式进行开放性编码,而是在现有编码结果

---

① ［美］朱丽叶·M.科宾、［美］安塞尔姆·L.施特劳斯:《质性研究的基础:形成扎根理论的程序与方法》,朱光明译,重庆大学出版社,2015 年。

② 本书在附录中呈现了对 13 名受访者访谈资料的贴标签结果,其中完全重复的标签没有呈现。

的基础上进行补充,并汇总形成"类属—属性—维度"(见表2-3)。

表2-3　开放性编码的"类属—属性—维度"汇总表

类属	属性	来源(贴标签)	维度
阻力	(一)外部环境阻力		阻力类型: 外部—内部
	1.男性主导的行业	3,5,54,61	
	2. 各种极限环境对身心的挑战	13,21,27,90,128	
	3.晋升"陪衬"——随时可能被替代	1,4,50,55,95,105,106,137	
	(二)个体内部阻力		
	1.是否前进的自我博弈	19,68,104,167,216,219,254	
	2反复证明自己能力的困扰	67,125	
	3时刻处于紧张的工作状态	57,58,59,60,82,97,101,102,130	
行动策略	(一)积极的环境反馈		环境互动层面: 不适应—适应—融入
	1. 积极融入工作环境并达到"适应性平衡"	22,30,34,154,160,251	
	2. 根据外部需要挖掘自己潜能	28,50,230,269	
	3.勇于接受未知的挑战	33,36,132,135,155,178,256,260	
	(二)巧妙的人际互动		人际互动层面: 上行—同级—下行
	1. 上行互动——展现最优自我与获得高度认可	24,35,53,98,111,136,193	
	2. 同级互动——共生的工具理性与情感支持	115,110,118,200,232	
	3.下行互动——"严慈"并存	92,94,113,138,139,140,190,191,236	
	(三)主动的内部调适		自我互动层面: 精神—行动
	1.不做行动的矮子	150,162,188,203,217	
	2. "双性化"与"客观化"	111,123,119,133,142,170,191,250,262,268	
	3."志在必得"的自信	174,245,274	
	4.自我反思	99,158,248	
	5.进行有目标的规划	65,175,215,253	

类属	属性	来源(贴标签)	维度
职业地位层次	(一)物质性职业地位 1.财富;2.升迁;3.获取权力	180,202,209	层次类型: "小我"—"大我"
	(二)精神性职业地位 1.自我价值实现;2.他人认可;3.追求成就感	51,78,79,80,81,121,239,243	
	(三)集体性职业地位 1.团队成员的发展;2.客户利益	141,204,221,265	
	(四)社会性职业地位 1.社会发展;2.百姓生活	205,211,242,270	
教育作用途径	(一)显性途径		作用途径: 显性—隐性
	1.正式的课堂教学	66,206	
	2.非正式的课外活动	7,149,150,225	
	3.社会实践	9,10,227	
	4.继续教育与培训	85,123,182,213,214,233	
	(二)隐性途径		
	1.父母的教养方式	39,40,41,73,178,179,215,234,13,14,16	
	2.家庭环境氛围	43,83,187,222,238,17	
	3.职场文化与环境	48,139,173,217	
	4.师生/生生互动	188,189,235	
	5.工作组织中的人际互动	98,201,236,237,252,255,63,103	
教育作用结果	(一)外显结果		作用结果: 外显——内化
	1.学会职场生存	52,207,228	
	2.寻求自我突破	29,64,87,107,122,165,166,190,192	
	3.一直前进	49,69,70,71,89,91,93,109,124,126,151	
	(二)内化结果:		
	1.性格的塑造	15,37,38,44,172,183,184	
	2.性别观念形成	26,42,208,257,272,169,194,273	
	3.能力的培养	127,8,11,86,134,247	

主轴编码是在开放编码之后,通过建立类属之间的关系,以一种新方式表现资料中各个部分有机关联的过程。根据科宾和施特劳斯提出的编码范式,具体包括:(1)条件(Conditions),这些条件提供一种对"为什么、哪里、如何以及发生了什么"这些问题的回答并有助于进行概念化分类;(2)互动/行动和情感(Actions/emotion),这是由个人或群体对情景问题、偶发事件或大事件做出的反应;(3)结果(Consequences),是做出互动/行动和情感反应后的结果。①根据研究问题可知,本书的子问题一是"知识女性如何获得自身的职业地位?"子问题二和子问题三是"教育对知识女性职业地位获得产生怎样的促进作用和阻碍作用?"由于这两类问题之间具有递进的关系,即只有清晰地展现了"知识女性职业地位获得的动态过程",才能进一步分析"教育分别对这一过程中的不同要素产生的具体影响",因此,在主轴编码时,沿着上述两条线进行。

首先,知识女性获得职业地位是一个动态变化的过程(见表2-4)。(1)外部条件要素对知识女性追求职业地位产生一个"推力",包括企业环境与文化中对女性的偏见、将她们置于艰苦环境中接受磨炼、分配艰巨工作任务等。通过"条件—行动—结果"的逻辑分析,知识女性职业地位获得的稳定内部条件开始浮现,即个人性格特质和各种能力,它们在开放编码时都隐藏在个体展开的一系列行动之中,对职业地位获得会产生一个"托力"。其中,性格特质包括"双性化"人格、自信、韧性和进取心;能力要素包括适应力、规划力、执行力和学习力。(2)在互动/行动方面,面对外部施加的"推力",知识女性自身会采取积极行动予以应对,她们会摒弃传统性别观念、主动融入各种

---

① [美]朱丽叶·M.科宾、[美]安塞尔姆·L.施特劳斯:《质性研究的基础:形成扎根理论的程序与方法》,朱光明译,重庆大学出版社,2015年,第98页。在此需要说明的是,范式只是一个分析工具,在分析过程中笔者时刻提醒自己:不能过分专注于在资料中寻找"条件"或"策略"或"后果",使得分析过程变得僵化,这样很容易导致从技术上看结果是正确的,但是却失去了其他重要的东西。

环境、勇于接受未知任务挑战,一旦发现上升瓶颈,极力寻求自我突破——通过不断学习,挖掘自身潜能,进而为下一次的挑战和突破做好准备;在追求职业地位过程中,她们还会展开积极的人际互动,为职业成功积蓄能量,包括接受领导的临危受命并出色完成、与同事建立"工具理性"与"情感支持"并存的相互关系、对待下属"严慈并存"。(3)在结果方面,知识女性逐步获得了不同层次的主观职业地位,分别是关乎个人的"小我型"职业地位(物质性和精神性),关乎他人和社会的"大我型"职业地位(集体性和社会性)。

表2-4　主轴编码分析过程列表(一)

主轴编码范式	知识女性如何获得职业地位?
条件	(一)外部条件:1. 企业环境与文化(性别隔离和偏见);2. 艰苦的环境考验;3. 艰巨的工作任务
	(二)内部条件:1. 个人的性格特质("双性化"、自信、永不止步、毫不畏惧);2. 各种能力要素(适应环境、进行规划、学习新东西、及时行动)
互动/行动和情感	(一)环境互动:1. 主动融入环境;2. 积极接受未知挑战 (二)人际互动:1. 接受领导的临危受命并出色完成;2. 与同事之间既保持"工具理性"也建立"情感支持";3. 对待下属"严慈并存" (三)自我互动:1. 摒弃传统性别观念束缚;2. 寻求自我突破;3. 适时挖掘自身潜能;4. 不断学习
结果	(一)获得多层次职业地位: 1. "小我型"职业地位:物质性;精神性;2. "大我型"职业地位:集体性;社会性

其次,教育对知识女性职业地位获得的动力作用(见表2-5)。通过"条件—行动—结果"的逻辑分析,本书依据所构建的教育动力分析框架(如图2-2所示),分别提炼了不同时空的教育促进作用发生的条件、在行动中的表现以及产生的教育结果:(1)教育作用的条件:家庭教育主要通过"隐性教育"的形式对女性的成长产生影响,依托于家庭环境(物质生存环境和精神文化环境)和父母的教养方式。学校教育以显性教学和隐性教育两种形式产生影响,具体包括正式的课堂教学,主要涉及专业学习以及师生互动获得的情感支持;第二、三课堂活动为女性发展提供了更广阔的发展平台。职后教

育以更加多样化的形式和途径开展:一是来自客观环境(职场环境和工作任务)的考验;二是来自人际关系间的相互影响,主要包括工作导师和女性命运共同体。(2)在行动方面:在家庭教育中,知识女性主要通过模仿学习、接受父母的严格"训练"以及自我内化的方式接受家庭教育的影响;在学校教育中,知识女性会努力夯实专业知识、主动参与学生组织、班级社团活动和社会实践以及开展积极的人际互动等;在职后教育中,知识女性会积极融入职场环境、不断进修以及建立支持性人脉网络等。(3)在结果方面,通过直观感性的家庭教育,知识女性塑造了独立、坚韧的特质,同时摒弃了传统女性的刻板观念,为她们职业发展清除了观念上的障碍;通过系统的学校教育,知识女性进一步提升了专业能力和综合职业能力,为工作实践奠定了能力基础;通过多样化的职后教育,知识女性不仅能够"同化顺应"职场环境并做出主动选择,而且在"寻求突破——向上发展"的良性循环中一直前进。

表2-5　主轴编码分析过程列表(二)

主轴编码范式	教育对知识女性职业地位获得产生怎样的促进作用?
条件	(一)生活时空:1.家庭环境氛围;2.父母的教养方式 (二)学习时空:1.专业教育;2.第二课堂活动;3.教师的积极关注 (三)职业时空:1.难以改变的职场环境;2.具有挑战性的工作任务;3.经验者的指引
互动/行动和情感	(一)生活时空:1.模仿学习;2.接受父母严格"训练";3.自我内化 (二)学习时空:1.掌握专业知识;2.积极参与学生组织、班级社团活动及社会实践;3.积极的人际互动(师生/生生沟通交流) (三)职业时空:1.积极融入职场环境;2.继续进修;3.建立支持性人脉网络
结果	(一)生活时空:1.性格塑造(独立、坚韧);2.性别观念形成:摒弃传统的女性标签; (二)学习时空:1.综合职业能力的提升(行动力、学习力、执行力);2.专业能力的提升 (三)职业时空:1.学会职场生存(同化与顺应、主动选择);2.寻求突破(开发"潜力发展区",打造核心竞争力);3.一直前进

表 2-6　主轴编码分析过程列表（三）

主轴编码范式	教育对知识女性职业地位获得产生怎样的阻碍作用？
条件	（一）生活时空：1. 家庭环境氛围；2. 父母的教养方式 （二）学习时空：1. 校园文化；2. 课堂互动 （三）职业时空：1. 企业文化；2. 继续教育与培训资源；3. 人际关系网
互动／行动和情感	（一）生活时空：1. 对女性发展的低期待；2. 对女性情感发展的忽视；3. 支配型亲子关系 （二）学习时空：1. 隐性校园文化对性别观念的再塑造；2. 课堂教学中女性的边缘化 （三）职业时空：1. 企业文化对女性的"轻视"；2. 继续教育与培训资源分配不均衡；3. 缺乏工作导师的指导
结果	（一）生活时空：1. 影响女性对未来职业发展的规划；2. 阻碍女性积极情感的建立；3. 女性的依赖性被强化 （二）学习时空：1. 女性对性别不平等的忽视；2. 强化了女性对传统性别观念的认同；3. 导致女性产生"习得性无助" （三）职业时空：1. 女性无法充分提升能力水平；2. 女性难以融入工作组织中的人际网路；3. 女性缺乏工作和情感支持

最后，教育对知识女性职业地位获得的阻力作用（如表2-6所示）。本书在对教育阻力的主轴编码时，同样采用"条件—行动—结果"编码范式，分别提炼出知识女性成长发展过程中教育阻力的来源、在行动中的表现以及对知识女性产生的影响。第一，教育阻力发生的条件与动力产生的条件基本相同，都是依托于文化观念、互动交往、相关教育资源等发生作用。第二，在行动方面，家庭教育中父母表现出对女性发展的期待水平较低、对女性情感发展的忽视以及对女性各方面进行更多的支配等；学校教育中，学校通过隐性的校园文化对学生的性别观念再塑造，教师对女生的差异化态度造成女生在课堂学习中处于边缘化位置；职后教育中，工作组织通过带有偏见的企业文化将性别差异进一步"合理化"，同时，无法为女性员工提供平等的继续教育与培训资源以及分配工作导师进行指导。第三，在结果方面，来自不同时空的教育阻力在观念上进一步强化了女性的传统性别文化观念，在情感和精神上使女性缺乏充分的支持、鼓励和肯定，最终使得她们在职业地位获得

过程中表现出强烈的"习得性无助",同时,由于缺乏各种外部支持而产生内在的无助感,严重阻碍了她们获得更高层次的职业地位。

选择编码,主要是提炼核心类属,即代表研究最重要的主题,且能与其他类属建立联系。通过对已有的类属反复思考,最终选择一个核心类属,并采用撰写故事线(Story line)的方式,将核心类属与其他类属联系起来,进而建构相应的理论模型。基于两个层面的主轴分析,本书分别提炼出两个核心类属:第一,将知识女性所面对的各种阻力、自身采取的积极行动以及获得的不同层次的职业地位联系起来,则展现的是知识女性职业地位获得路径,这也是本书提出的第一个核心类属,围绕这个核心类属而撰写的故事线如下:

知识女性通过在职场环境中主动地"同化"与"顺应",不断突破"多重约束"(物我互动),在获得领导的认可与提拔(人我互动)后,基本在工作组织中站稳脚跟(物质性职业地位);她们通常不甘于成为晋升的"陪衬"(物我互动),会产生冲破"玻璃天花板"的职业发展愿望(自我互动),进而追求更高层次的发展(精神性职业地位);在追求高层次的职业地位过程中,知识女性必须尝试更具挑战性的任务(物我互动),进而开发自身的"潜力发展区",通过持续学习培养更强的核心竞争力(自我互动);当自我发展基本实现后,外界他人的相互支持、资源共享获得"工具理性"和"情感支持"(人际互动),会进一步助力她们追求更高层次的职业地位("大我型"职业地位)。此外,知识女性不同的特质(Attribute)和能力(Ability)在追求高层次职业地位中发挥着重要作用,如持续学习需要"学习力"、冲破玻璃天花板则需要"规划力"和"进取心"等。这些看似静态的要素不仅是多维互动开展的内在保障,而且在各种互动过程中,它们得到进一步的型塑和培养,如通过突破职场环境中的多重约束,知识女性提升了自身对职场环境的适应力;通过不断尝试极限环境的挑战,她们的坚韧性得到强化。

第二,教育在知识女性的成长发展过程中既发挥着正向的促进作用,又产生了一定的阻碍作用,教育的动力和阻力在潜移默化中共同型塑着知识女性职业地位的获得路径,因此本书提炼的第二个核心类属为"知识女性职业地位获得的教育影响力"。围绕这个核心类属而撰写的故事线如下:

教育在知识女性的职业生涯发展过程中始终产生着两种作用力,即动力和阻力。生活时空的家庭教育,是女性成长中接受的第一种教育形式:不同的家庭环境营造了不同的家庭教育氛围——民主、宽松、自由、充满爱的环境可以增加女性的安全感,同时使她们更具自主性;父母的教育方式则对女性的性格塑造、性别观念形成产生了重要影响,父母对女孩子严格要求、不娇纵、让其体验各种艰苦的环境等有助于培养她们坚韧、抗压、独立等品质,同时也可以使她们从小树立"女性并非天生柔弱、不适合迎接挑战、追求事业成功等"现代社会性别观念。然而具有较强的传统性别观念的父母在培养女孩的过程中,表现出较低水平的发展期待,从而间接影响着女性进入职场后对自身的职业生涯规划;父母对女孩的过分保护则进一步强化了女性的依赖性、弱化了她们的独立性。

学习时空中的学校教育,是女性职业生涯中所接受的第二种教育形式:系统的学校教育主要通过正式的课堂教学和第二、三课堂活动对女性成长产生影响。其中,正式的教学活动使知识女性掌握扎实的专业知识和技能,这对于以后"学以致用"的知识女性非常有帮助;而学校中的"第二、三课堂活动"则对知识女性自身综合职业能力的提升具有更重要的影响。然而学校教育中男女生之间的"均衡与同一"则造成女性对性别不平等的忽视,又通过隐性的校园文化对女性的性别观念进行再塑造。此外,女生在课堂教学中的边缘化处境进一步增加了她们的"习得性无助感",对她们未来追求高层次职业地位产生了一定的消极影响。

职业时空中的职后教育是伴随知识女性最长久的教育形式,它主要源于企业文化、工作环境、工作任务以及组织中的他人,艰苦且不可改变的职场环境使知识女性学会职场生存,艰巨的工作任务和未知的挑战激发了女性战斗的欲望,进而使她们不断寻求自我突破、开发"潜力发展区"、打造核心竞争力,这一切需要她们始终保持学习状态,这最能体现职业时空的教育的隐性推动作用。此外,组织中的"工作导师"在自己快速熟悉工作业务、进行艰难选择等方面给予重要指导;"女性命运共同体"对于知识女性在企业发展中获得情感支持、榜样学习、经验分享、树立目标、增强信念等具有积极影响。然而企业文化中隐藏着对女性的"轻视",包括忽视女性特殊需求的规章制度、领导对女性偏见的态度以及带有性别偏见的评价机制等,都对女性的职业发展产生了消极影响。此外,工作组织内部继续教育与培训资源的不均衡分配,使得女性员工无法得到进一步提升职业能力的平等机会,进而固化了她们职业晋升中的"玻璃天花板"。

在对三级编码结果进行展开介绍时,有必要在此进行几点说明:第一,本书在已建立的分析框架基础上,通过对所有受访者职业发展经历进行分析,进而得到很多高度概念化的类属,并进一步将不同类属建立联系,从而形成较为抽象的理论模型。第二,本书非参与式观察的记录和对受访者下属和领导的访谈在建构理论模型过程中,提供了重要的补充材料,使部分研究结果得到了不同资料的相互印证。第三,在建构"知识女性职业地位获得的教育提升路径"时,本书基于所构建的知识女性职业地位获得的"4A"路径以及所提炼的教育动力和阻力,并结合已有的相关研究,进一步提出有针对性和实践性的教育提升路径。

四、研究伦理与效度

(一)伦理问题

本书作为一项质性研究,对学术伦理道德问题的关注主要表现为尊重受访者意愿并确保个人信息的保密性和匿名性。首先,在正式访谈之前,笔者会事先向可能参与访谈的知识女性发送邀请邮件,在她们回复邮件表示愿意接受访谈后,才会开始预约访谈时间(即使通过熟人联系,也会先征得受访者同意,以示尊重)。其次,在访谈开始前,笔者会请受访者签署访谈协议,明确告知她们"拥有随时退出访谈的自由",同时,所搜集的访谈资料只用于学术研究之用;此外,笔者会事先询问受访者"是否同意接受录音",所有受访者对本书非常支持,均同意录音。再次,为了确保访谈资料被真实还原并合理准确地进行分析,笔者会将转录后的访谈资料发给受访者,对资料的真实性进行确认;同时,在形成初步的研究成果后,笔者同样会发给她们,她们的想法也有助于建构或完善理论模型。最后,鉴于所有受访者平时工作非常忙,而访谈本身又会占用她们很多的宝贵时间,对此,笔者心理一直十分愧疚。有一次,笔者在晚上十一点约到对华辰的电话访谈,那时她一边吃着简餐,一边接受访谈;还有一次,笔者在唐茹办公室进行访谈,短短半个小时被各种重要的工作任务、汇报等打断,使我们不得不重新约访谈的时间。笔者对本书所有受访者能够挤出宝贵时间接受的深度访谈,并且可以在访谈中畅所欲言、充分地吐露内心真实想法,表示诚挚的感谢。尽管笔者在访谈前会送她们一件小礼物,但仍难以表达内心的歉意和谢意。

(二)效度问题

与其他研究一样,本书也涉及效度问题,下面主要从内部效度和外部效度两个方面进行说明。

第一,内部效度问题。在定量研究中,内部效度是因变量和自变量之间关系的确实性程度,如果研究结果有且只有一种解释,那么该研究的内部效度就比较高。在质性研究中,虽未有明确的内部效度定义,但是研究者对资料的解释是影响研究效度的重要因素,研究者客观、准确的解释资料有助于提升研究的内部效度。首先,从个人身份来看,笔者与受访者具有完全不同的身份——笔者是一名研究者,并且从未有过"企业管理者"的身份经历,这决定了笔者在研究中可以更加客观地记录受访者的每一个言语、表情、动作等信息。其次,在对资料解释时,因为所有受访者提供的资料信息对笔者而言都是全新的,所以笔者可以作为一个局外人进行资料分析,既不对研究结果想当然,也不会对一些资料解释过头;此外,在开放性编码之后,笔者邀请课题组的另一名研究生独立对访谈资料进行编码,并将其与编码的结果进行比对分析,除个别概念的表述存在差异外,总体结果基本一致。最后,鉴于笔者完全不了解"企业管理层女性"的工作、生活日常,事先并不会抱有一定的假设和期望,也避免了在访谈过程中有意识地引导受访者,或在编码时过早地下结论。

第二,外部效度问题。质性研究的外部效度问题即为研究的推广度问题。本书只深度访谈了13名企业管理层知识女性,因此不能将本书结果推广到全国乃至全世界所有的企业管理层女性。此外,质性研究并不像定量研究,追求代表性所带来的外在推广的普遍性,[①]同时,本书开展的目的也不是将研究结果推广到所有知识女性。首先,以往鲜有研究对"职业地位获得"这一动态变化过程进行深入分析,只是用"职业地位"做简单代替,进行静态分析;其次,已有研究通常以白人男性群体作为研究对象,缺少对女性群体的关注;最后,几乎没有研究全面探讨不同类型的教育对知识女性职业地位获得产生的影响。鉴于此,本书更关心的是所呈现的社会现象是否能够为那些关心女性发展、女性教育问题的人们提供一定的解释、经验和有价值的信息。

　　质的研究意义上的推广更多的是通过有关人员对本案例的认同和理论推衍来达到的。[②]本书对企业管理层知识女性成长、教育以及职业发展经历进行了比较深入地剖析,对于当下职业女性会产生一定的共鸣,并对她们追求高层次职业地位有一定的启迪;同时,对进行女性教育的家长、老师,甚至工作组织中的相关人员都会有一些可供借鉴的经验。此外,本书在原始资料基础上建构的理论模型有一定的抽象性和概括性,因而它也可以推广到类似的事件和人群当中。比如,对于有女孩的家庭,本书可以帮助父母进行女孩的性格塑造以及现代社会性别观念的培养;对于学校教育工作者,本书可以为系统地进行女性人才培养,特别是综合职业能力的培养,提供参考;对于工作组织而言,本书也可以为他们更好地促进女性职业发展,提供可行的实践对策,如为职场女性设置有挑战性的环境和工作任务、激发她们寻求自我突破、帮助她们始终保持学习状态而一直前进等。

---

　　① 王宁:《代表性还是典型性?——个案的属性与个案研究方法的逻辑基地》,《社会学研究》,2002年第5期。

　　② 陈向明:《旅居者和"外国人"——留美中国学生跨文化人际交往研究》,教育科学出版社,2004年,第78页。

第三章 知识女性职业地位获得的"4A"路径

本章建构了知识女性职业地位获得的"4A"路径（见图 3-1）：目标（Aim），反映了知识女性在职业生涯发展中所追求的不同层次职业地位，分为"小我型"（物质性和精神性）和"大我型"（集体性和社会性）两类；能力（Ability），是知识女性采取一系列"行动"过程中的有力武器，包括对职场环境的适应力、对职业发展的规划力、对行动计划的执行力以及对自我提升的学习力；特质（Attribute），是知识女性自身所具备的人格属性，包括"双性化"人格、坚韧性、自信心和进取心；行动（Action），动态地刻画了知识女性追求高层次职业地位过程中展开的一系列互动行为，即物我互动、人我互动和自我互动。本章所构建的知识女性职业地位获得的"4A"路径，为后面章节进一步分析教育的动力、阻力和提升路径提供了重要的参考依据。

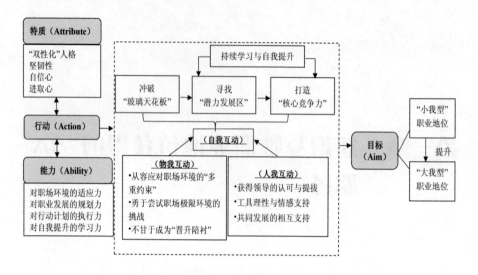

图 3-1 知识女性职业地位获得的"4A"路径

第一节 目标(Aim):获得多层次的职业地位

职业地位是由职业身份而赋予的地位,通常以个体职业所产生"财富、权力、声望"等作为衡量标准。[1]然而随着社会不断发展进步,上述三个客观标准所衡量的职业地位已无法满足个体的职业目标。本书发现知识女性在职业地位获得过程中会树立多层次的职业地位目标:每一层次的职业地位就像一座灯塔,在职业生涯的不同阶段,为知识女性指引前进方向,鞭策她们不能止步于现有的成就;同时,激励她们努力克服各种阻力和困扰,进而使得职业不仅成为提升生活品质、实现自我价值的源泉,也成为履行团队责任、完成社会使命的重要途径,其中前者为知识女性所追求的"小我型"职业地位,后者体现为"大我型"职业地位。

---

[1] Autin K.L.,Douglass R.P.,Duffy R.D.,England J.W.,Allan B.A.,Subjective social status,work volition,and career adaptability:A longitudinal study,*Journal of Vocational Behavior*,Vol.99,2017.

一、"小我型"职业地位

"小我型"职业地位指向知识女性的"个人发展",它包含两个层次:一是物质性职业地位——追求经济独立、拥有更多的职场权力,这是知识女性走出家庭、进入职场后首要追求的职业目标;二是精神性职业地位——寻求他人认可、追求自我价值实现、获得职业成就感,这是知识女性实现从经济独立走向人格独立、思想独立的更高目标。

(一)"安全感":物质性职业地位

本书的知识女性初入职场时,主要是以"获得更高职位、拥有嵌入在这个职位内部的各种社会资源,包括经济形态、政治形态、文化形态的资源"为目标。本书将上述包含"位置"和"资源"的职业地位界定为物质性职业地位,它是知识女性进入职场后追求的最基本的职业地位,也是她们获得更高层次职业地位的基本保证。蓉洁经历了中国从计划经济到市场经济的转变,她在计划经济体制的企业中,正处于职业生涯探索期,那时企业的大部分员工工作劲头不足,似乎只有奖金可以激发大家的工作热情,接下来的片段分析,很好地诠释了在 20 世纪 90 年代的中国企业中,奋战在工作一线的知识女性如何在职业发展初期建立自己的经济基础——获取物质性职业地位。

片段分析之一

蓉洁:"奖金是最大的动力!"

我印象是在 1991 年,我们监测站开始对外承包,原来站长都是局里任命的,现在开始搞承包,就让我做。我就觉得是一次锻炼的机会,再加上自己还是个小女孩,便欣然接受了。因为是承包性质,所以自负盈亏,有挑战性,也有压力,费用是局里拨一部分,但奖金是我们自己去赚,所以我们当时还是挺有动力的。我干了几年之后,感觉挺好的。首先,检测收费,我们局里那么多单位,历任站长不愿意收费,不论收不收,都是拿相同的工资和奖金,因此没有任何动力。我接手以后,由于开始对外承包,有动力呀!检测费用都能收上来,有资金了,大家便可以拿到奖金。干了一年,局里和处里都挺满意,鼓励我们再干点别的,别光限于局里分配的任务。后来就让我们对外起照,相当于独立的法人单位,这样就能面向社会收费了。

其次,原来没有成本控制,我承包以后,开始有成本意识了。之前,不论买什么东西,到那里就直接买,每次都花几万到十几万,也没当回事。有一次我们买了半车试剂、半车玻璃回来,一个老工程师就问我们一罐硫酸铜多少钱,我说18元一罐,他说:“太贵了,我们下面的工厂几千块一吨,多高的利润,下次别买了,我给你带点。”我就同意了,后来就开始跑工程。再后来有了产品,又有了营业执照,我们就想着干点什么?于是,我们开始卖化学试剂,利润多高呀,开了个小门脸,主业还是检测,同时也派几个人下去专门负责销售试剂。销售业绩还不错,越干越好,后来他们就建议我去做批发。干这些所需要的本钱实际上都来源于我们最初收检测费赚来的奖金。这也是我后面自己创业的第一桶金。

女性似乎总是被认为天生从属于男性,传统的“分离区域”(Separate sphere)观念——男性适合并且应该在公共领域占据主导地位,如劳动力市场、政治领域等,而女性则主要承担家庭领域的责任,使得女性一直无法获得最基本的职业地位,只能依附于男性而获得从属地位。然而女性要想独立于男性,首先需要经济独立,就像蓉洁一样,她所处的时代是计划经济向市场经济过渡时期,单位组织基本靠外在力量即行政管理力量推动运行,大部分人的内在发展动力不足。在这样的情况,蓉洁之所以能够从最初的检测员到后来另起炉灶,利用一个好的平台开启创业性质的职业发展道路,得益于最初"奖金"的巨大动力。包括蓉洁在内的大部分受访者,她们在没有获得当下的职业地位之前,推动她们向上发展的原始动力便是对物质财富的追求以及她们不甘于现状的野心和闯劲。

本书所提出的物质性职业地位与以往学者提出的以"财富、权力、声望"等指标衡量的职业地位有异曲同工之处。①②卢梭在社会契约论中提到,"对于人的本性而言,维持自身生存是首要法则"③,而物质性职业地位恰好为知识女性的"个人生存"提供了有利保障;同时,它也与马斯洛需要层次理论中的"生理和安全需要"相契合,④给予了知识女性充足的安全感。由此可见,物质性职业地位是大部分知识女性开启职业生涯的基础,也为她们追求更高水平的发展提供了物质保障。尽管丰厚的收入和自由主动的支配权使得知识女性可以摆脱男性的束缚而实现经济独立,但本书发现绝大部分知识女性在已获得的财富和权力无法满足她们的职业理想时,她们会积极主动地探索更高层次的职业地位。

(二)"成就感":精神性职业地位

当知识女性在职场中逐渐稳固了自己的物质性职业地位后,她们的职业目标逐渐从客观的物质性职业地位向主观的精神性职业地位转变。"当我的经济独立以后,我需要在事业上有所追求,在自己的职业生涯中拥有值得

---

① Le A.T.,Miller P.W.,Occupational status: Why do some workers miss out?,*Australian Economic Papers*,Vol.40,2001.

② Nakhaie M.R.,Kazemipur A.,Social capital,employment and occupational status of the new immigrants in Canada,*Journal of International Migration & Integration*,Vol.14,2013.

③ [法]让·雅克·卢梭:《社会契约论》,何兆武译,商务印书馆,2011年,第65页。

④ Maslow A.H.,A.,theory of human motivation,*Psychological Review*,Vol.50,1943.

称赞的东西——到老了,能写一本书,记录自己一路以来的成长与发展"。凝文所说的"值得称赞的东西"恰好是对"精神性职业地位"的一种诠释,即实现自我价值,并获得职业成就感。

> 虽然名利、世俗对我们俗人来说是很现实的,但我并不是一个特别看重钱的人,对职位要求也还 OK(好)。其实,前段时间拿下一建,让我真正感觉很快乐。(笔者:很有成就感?)对! 从马斯洛的人类需求来看,我们这个需求其实也超越温饱需求,我之所以会不断努力、突破自己,更多的是为了获得他人的认可。(旭妍语)

实际上,旭妍在工作中对成就感的追求,可以追溯到她的学生时代。在学校教育过程中,她已经流露出对挑战性任务的偏爱,并享受挑战成功后的成就感。旭妍谈及自己为什么选择理科时说,"我选择理工科是因为文史类科目的学习是一个量的积累的过程,从量到质;理工科则不一样,我掌握一个公式就能做出很多题,这样我就很有成就感,也是可以炫耀的资本"。婷秀在大学期间选择动物医学也出于对成就感的追求,"我一直梦想成为医生,不论给动物看病,还是给人治病,治好病后会让我有一种成就感,也是自我价值的体现吧"。知识女性在工作中努力追求成就感和自我价值的实现,除了源于她们在学生时代具有对成就的渴望外,还源于她们期望突破传统女性只能获得的"替代性成就感"。对于传统主妇而言,她们只能做"男人背后的女人",而她们所获得的地位也是来自丈夫的成功。坎特(Kanter)在研究中发现,许多女性并不满足于其丈夫所带来的地位成就感,并且抱怨"家庭劳动既没有让我获得工作满足感的回报,又没有劳动所得的现金。我不想选择

经理妻子这份工作,我满心厌倦"①。这进一步解释了本书知识女性努力追求
"小我型"职业地位的深层动力,即改变"自身命运、地位等与配偶紧密联系
在一起的现状",只有通过职业获得经济独立和精神独立,才能拥有完全属
于自己的职业地位。

精神性职业地位除了指向工作本身带给知识女性职业成就感和自我价
值实现外,还包含了女性自身精神上获得的成长。唐茹之所以一直坚持从事
当下的这份工作,除了这份工作可以带给她成功之外,还有就是对她生活品
质的影响,这里所说的生活品质不仅是优越的物质生活,而且是反映在精神
层面上的品质。

> 对我个人而言,这个工作是可以终身(做)的,就像做会计,越老越
> 值钱,因为你越老,资历也就越深,别人对你的信任程度越高,所以这是
> 终身的事业。我的工作和生活是相辅相成的,最重要的是工作会提高我
> 的生活品质,一方面,是经济基础,跟我以前单位的同事相比,我出来这
> 六七年比他们强太多了,房子很多套! 这是很实际的东西嘛。但这不是
> 最重要的,另一方面,我在精神层面获得真正的成长:我觉得年轻的时
> 候,考虑的问题可能特别窄、特别小;我一直认为是脑子指引行动,正是
> 因为现在这份工作使我获得精神上的提升, 我能深切感受到自己每一
> 个阶段思想上的变化,而思想的提升又进一步指引着我在行动上的前
> 进。(唐茹语)

唐茹所说的"精神层面的生活品质"实际指向"思想的成熟、眼界的拓
宽、看问题的角度更加多元"等,而这些方面使她职业发展的方向以及自己

---

① Kanter R. M., *Men and Women of the Corporation*, Basic Books, New York, 1980, p.111.

所采取的每一步行动更加清晰、明确。由此可见,一份职业对知识女性而言,并非仅满足于她们对物质财富、权力等方面的追求,更重要的是提升自身的主体意识——自己不再是"攀援的凌霄花",而是一棵拥有"铜枝铁干的木棉",以树的形象与男性并肩齐站。对于拥有明确职业理想的知识女性而言,传统的性别观念在她们的思想中已受到动摇——找一份能够帮助丈夫分担养家糊口责任的工作,已不再是她们的终极职业目标;在职场上获得认可、实现自我价值以及进一步提升精神层面的生活品质才是推动知识女性继续前进、追求更高层次职业地位的内在动力,同时,也是她们形成高水平职业成就动机的重要源泉。①

二、"大我型"职业地位

很多职场女性在职业生涯发展中只实现了从"自然人"向"经济人"的转变:她们通过获得与男性平等的工作权,实现了经济独立,所拥有的财富、权力以及取得的工作成就使她们能够维系现有的职业地位(即本书提出的"小我型"职业地位)。然而本书的知识女性并非止步于这个层次的职业地位,她们已经跳出"小我"的圈子,进一步实现了向"社会人"的转变,即拥有促进整个团队成员发展的责任感和为社会发展贡献一己之力的使命感,本书将其命名为"大我型"职业地位,包括集体性职业地位和社会性职业地位。

(一)"责任感":集体性职业地位

如果将知识女性职业地位获得的过程看成以"自我"为圆心逐渐向外扩散的一层层圆形水波,那么中心的小圆则代表了她们所追求的、关乎个人利

---

① Chusmir L. H., Motivation of managers: is gender a factor?, *Psychology of Women Quarterly*, Vol.9, 1984.

益的物质性和精神性职业地位；当她们慢慢走向外围的大圆时，意味她们会从"利益共同体"角度定位自身的职业发展，即关注工作组织中其他员工以及客户的发展与利益，这也是知识女性所追求的第三个层次的职业地位——集体性职业地位。华辰作为一名年轻的创业型知识女性，从最初设想到后来付诸实践，再到现在初具规模，这一路走来，她离自己梦想的灯塔越来越近，不仅收获了丰厚的物质回报，也获得了满满的成就感。然而在她心里，这份职业俨然不再只是挣钱或追求个人成就的"工具"，而是帮助更多人实现梦想的舞台。

片段分析之二

华辰："我需要对孩子们负责！"

在以前，我看着自己的账户以一万一万的速度增加时，特别有成就感，但现在不会了。如果当初开这个工作室我没有寄希望于将它发展成为我的事业而只是赚钱的话，我现在就不再扩大规模了，因为我身体已经累得不行了。我作为一名管理者，需要对方方面面负责：对工作室的两位老师负责，他们出的任何问题都需要我自己去处理；对所有学生负责，不能辜负他们的信任；对我辛辛苦苦建立起来的"小王国"负责，因为我想把它作为我的事业去发展。当我很难抉择的时候，就是基于一种"责任"——我觉得只要收了他们，就应该对他们负责到底。因此，即使我现在没有像最初那么迫切需要赚取物质财富的时候，我依然会坚持不推掉所有接收的学生；即使周六日我在工作室每天要上十二个小时的课，把自己搞得身心俱疲，我也不会放弃自己一手经营起来的工作室，这一切都源于"我需要对孩子们负责！"

对华辰而言，学生即是她的客户，对学生的责任心使她不再以积累物质财富作为工作的根本目的,而是站在更高的角度履行自身的责任。雷静在访谈中也曾被问到,"你这么拼命地做事业,到底是为什么呢?",她表示"就是为了一份责任,给团队小伙伴一个交代,不想辜负他们的信任和付出。如果不是为了责任,我做一个没有销售压力、薪资待遇都不错的品牌经理或总监,其实更舒服,也更适合我的个性。但我不能这么做,尤其是现在,更不可以,我所做的一切都是一份沉甸甸的责任,而非什么欲望和野心,钱对我来说,吸引力已经很有限了"。唐茹同样表达了相似的看法,"我很感谢现在的职业发展平台,除了让我个人收获了物质和精神的满足外,还为我提供了一个回馈员工的机会,我需要对我的下属负责,把他们从年轻的小白逐渐带起来"。

克里斯·约翰斯(Chris Johns)曾说过:"幸福常常来自面对更多有意义的挑战,而不是一些短期快乐。当你完成了那些对你有意义的困难,你就会得到让你惊喜的果实。"其中的"短期快乐"则是知识女性初入职场所获得的财富、权力以及成就感,而本书的知识女性基本都拥有了雄厚的物质性职业地位,并且在之前的职业生涯中也充分实现了自我价值,以她们现在拥有的一切,完全可以不再拼命地工作,而选择享受舒适的生活。然而她们并没有止步于此,而是在获得"短期快乐"之后,选择追求"有意义的困难",正是内心坚定的"责任感"使她们将"职业"发展成"志业",不再只考虑自身发展,而是更多地考虑她们背后一群人的未来。

此外,玛丽·雅霍达(Marie Jahoda)的"潜在工作模型"也指出工作不仅是维持生计,它还有一系列潜在功能,如集体目标、社会联系等,[①]其中,集体目标即指向本书的"集体性职业地位"——当知识女性处于企业管理层时,不仅意味着职位升高、权力变大,而且意味着她们肩负更大的责任,这份责任

---

① Jahoda M., Manifest and latent functions, In N. Nicholson (Ed.), *The Blackwell encyclopedic dictionary of organizational psychology*, Blackwell, 1997, pp.317-318.

关涉到整个公司、团队成员的发展,甚至相关合作伙伴的利益。对于已经拥有一定职业地位的知识女性而言,不论选择创业还是成为企业高管,她们都会继续追求以"责任使然"为核心的职业地位,这个目标时刻鞭策她们以"组织共同体"的利益和发展为重。责任感越强的知识女性,可发挥的潜能也就越大,当她们坚定地为了这份"责任"拼搏时,往往会表现更出色,并主动挖掘工作中的乐趣和价值。

(二)"使命感":社会性职业地位

对于本书的知识女性而言,满足基本的物质需要而实现经济独立、满足自我价值实现的需要而获得精神独立,是她们在个人职业生涯初期所追求的职业地位;她们在职业生涯中后期,则会进一步考虑到自身作为社会公民所肩负的使命,这也是本书提出的知识女性所追求的最高层次职业地位目标——社会性职业地位。唐茹表示,"我现在已经拥有了一定的地位,接下来要做的就是对社会(回报),你的一切财富都是来源于社会,你也要贡献一些,做一些公益,这个是必须的。我们每年都会去福利院,尽自己所能,去看看孩子,奉献点爱心,社会上如果有其他需要一起资助的,我也都积极地参与"。朱霞也表示对职业地位的追求已远远超出了财富的积累:

> 财富对于我来说是什么?只是纸面上的数字。我觉得,人生最重要的不是赚了多少钱,而是为这个社会做了多大贡献,因为社会财富的增长是远远大于个人财富积累的。在我眼里,促进企业更好的发展不仅是为企业自身,还是社会使命感使然;作为企业的老总,我应该承担起这份使命!

朱霞内心是这么想的,嘴上是这么说的,在实际中更是这么做的。她作为一个拥有丰厚物质财富的职场女性,完全可以过更舒适的生活,可她并没有这么做,她既没有卖掉自己的股份,也没有离开这个企业,因为她既重视企业的发展,更希望通过现在的平台为社会做更大的贡献。在工作之余,她会利用很多时间投身公益事业,资助自闭症儿童。心系百姓、服务社会是很多知识女性在职业发展的中后期都会去想并会践行的。

在本书的受访者中,凡是开始追求社会性职业地位的知识女性,都是年龄相对较大的职场知识女性,她们用前半生修炼自己,将自身变得更加优秀,同时收获了一定的职业地位;对于后半生,她们则希望凭借自己已经拥有的能力和资本在更广阔的职业发展空间施展才华,实现更远大的职业理想。已经年过五十的蓉洁在访谈中也表示,她后半生的理想是服务社会,为老百姓多做一些事情:

> 通过这几十年我在制造业"混"的经历看,就觉得咱们国家的商人,很多是见利忘义的。就拿茶叶来说,其实外面有很多好茶,商人却把最便宜的茶运到这里,并卖一个很高的价钱,自己赚取相当丰厚的利润;而咱们的老百姓却因为好茶太贵,只能喝一些"垃圾茶"。我在制造业已经干了很久,现在就想着做一点把老百姓的生活品质提上来的服务。生活品质的提升实际上就是一个产品推荐的过程,让老百姓认可了。所以,我接下来想做产品服务这块,把好东西拿回来,让老百姓吃到好东西,而不是花大价钱吃"垃圾食品"。其实有很多好东西,老百姓看不见,归根结底就是商业做得不好。我还想干红酒,有很多红酒特别好,老百姓也都尝不到……

知识女性对"小我型"职业地位和"大我型"职业地位的追求,充分展示了她们在职业地位获得过程中对"个体利益"和"公共利益"的权衡:唐茹奉献爱心做公益、朱霞为了社会发展而积累财富、蓉洁为了提升百姓生活品质而做良心商业等。她们所追求的"大我型"职业地位如同卢梭提出的"社会契约"——"社会的存在就是一种联结共生的形式,在这样一种共生形式中,每一个人都与这个社会休戚与共,将自身利益与社会发展联系在一起,将自身对公共事业所应承担的义务视为一种无偿贡献"①。这种富含"社会契约"精神的社会性职业地位反映了知识女性生涯发展中高层次职业理想信念,即为社会发展、百姓生活贡献一己之力,尽到自己作为社会公民的义务。此外,这一职业理想也体现在哈丁著名的隐喻"公权悲剧"(the tragedy of the commons)中,即当个体将私人福利最大化时,集体利益必然消亡;一旦没有人关心整体,便意味着个体福利终将化为泡影。②知识女性作为一名"社会人",从家庭私人领域走向公共职业领域,在追求自身职业地位过程中,并没有将物质利益、自我价值实现等关乎个人利益和发展的目标作为终极职业理想,正如唐茹所言,"自己的一切财富源于社会",当她们拥有一定职业地位后,会主动将公共利益与自身职业发展紧密相连,以对集体和社会的责任与使命作为最高的职业理想。

三、"小我型"职业地位与"大我型"职业地位的关系

不同层次职业地位之间并非完全对立,它们之间存在着相互影响、相互转化的关系。首先,对于"小我型"职业地位中的物质性和精神性职业地位而言,一方面,它们之间具有一定的层次关系,大部分知识女性会以物质性职业地位作为首要追求的职业目标,当自己拥有一定牢固的经济基础后,才会进一步追求精神性职业地位。正如马斯洛提出的需要层次理论:只有当缺失

① [法]让·雅克·卢梭:《社会契约论》,何兆武译,商务印书馆,2011年,第81页。

② Hardin G., The tragedy of the commons, *Science*, Vol.162,1968.

性需求充分得到满足时,个人才会追求增长性需要。①另一方面,它们之间的层次也并非绝对递进关系,有的时候知识女性为了获得更好的精神性职业地位,会暂时放弃物质性职业地位。为此,马斯洛进一步指出,个体可能会同时受到多种需要的激励,当较高层次的需要激励作用更强时,个体可能会在某个特定时期,暂时放下较低层次需要的满足。本书中,有的知识女性为了追求更高水平的自我提升(即精神性职业地位),她们也会选择暂时放弃物质性职业地位,而这样的选择是为今后获得更高层次的职业地位打基础,同时,也为收获更坚实的物质性职业地位。

> 我在原来单位(每月)至少挣三千五,但当时为了寻求更大的发展空间,就跳槽到了R企业,但我需要从试用期八百开始挣,之后转正为六千。当时我的生活比较拮据,这样的跳槽意味着我要工作大概八九个月的时间才可以与之前的收入追平。也就是说我的跳槽,是在往下跳,然后反弹是有风险的,因为毕竟需要从试用期向转正过度。但是带着那股韧劲和倔强吧,我还是坚持跳槽了。(凝文语)

凝文在物质性职业地位还没有完全夯实的情况下,为了自己今后更好的职业发展,毅然选择了暂时放下已经获得的物质财富,跳槽到一个更有利于自我提升的平台,事实也证明了凝文的选择是正确的。由此可见,物质性职业地位和精神性职业地位并不具有绝对的先后顺序。

上述提到物质性职业地位和精神性职业地位之间的层次顺序可能会有变化,但是对于"小我型"职业地位与"大我型"职业地位之间的层次关系一般不会改变。对于本书中的知识女性而言,在职业发展的前期阶段,她们怀

---

① Maslow A.H., A theory of human motivation, *Psychological Review*, Vol.50, 1943.

揣着坚定的职业理想和明确的职业目标，努力完成本职工作并不断提升自身能力，进而巩固好自己的经济地位；同时，在这个过程中，通过展现最优自我、获得他人认可，而使自我价值得以充分实现。在完成"小我"的化茧成蝶之后，她们会逐渐走向"大我"，肩负更多的责任和使命，以为更多的人谋取福利、更好地服务社会发展作为职业地位获得的高级目标。由此可见，"大我型"职业地位是在知识女性拥有一定的能力和资源基础上进一步追求和实现的更高层次职业理想。

值得注意的是，以往学者通过对女大学生就业观变迁进行梳理发现，改革开放至 20 世纪 90 年代的女大学生就业观以"期望为社会多做贡献"为核心的社会性动因较强；但在 20 世纪 90 年代以后，女大学生的就业观变得更加务实，她们在职业发展过程中对"个人发展空间和前途"等自我价值的关注高于对"社会发展"的关注，就业价值观出现了由社会本位向个人本位转移的特点和趋势。①在本书中，追求社会性职业地位的知识女性年龄偏大，基本进入职业成熟稳定期，而对于较年轻的新时代知识女性在职业发展过程中是否会从"小我"走向"大我"，仍需进一步的追踪研究。

第二节　行动（Action）：物我互动、自我互动与人我互动

根据本书所建构的"知识女性职业地位获得"的分析框架可知，在知识女性职业地位获得过程中存在三种互动行为，即物我互动、自我互动与人我互动，结合本书知识女性真实的职业发展经历，将上述三种互动行为进一步

---

① 王勤、梁丽：《改革开放以来女大学生价值观的变迁》，《中国青年研究》，2011 年第 11 期。

具体化为:知识女性积极适应职场环境但不安于"职业发展舒适区"(物我互动),知识女性不断寻求自我突破并时刻保持学习的状态(自我互动),知识女性巧妙地处理工作组织中的各种人际关系(人我互动)。

一、物我互动:积极应对职场环境的挑战和阻力

知识女性进入职场之后,首先会与周围环境发生"共振",吸收它的潜能,真正适应并融入职场环境中。社会心理学的研究证明,当处境发生改变时,人的行为对不同情境具有非凡的适应性,而且常常会做出自己在其他情境下强烈反对的事情。[①]正如本书的知识女性,虽然来自不同行业和性质的企业,但她们都会遭遇因性别歧视而产生的各种外部挑战,在这样的职场处境中,她们又不约而同地选择积极应对各种挑战和阻力。在与职场环境不断互动的过程中,她们主动做出的调整和改变可能不被传统性别文化所接受,但却能够帮助她们在工作组织中立足和晋升。

(一)从容应对职场环境中的"双重约束"

自古以来,男性被认为是养家糊口者(male breadwinner),外出打拼是他们的天职;而女性则天然地与家庭相联系,负责一切家庭事务——照料小孩、清洁、做饭等。第一次女权运动以后,女性主义者为女性争取到了更多公共领域的权力——参政权、工作权,但这并没有完全消除职场对女性的偏见,职场女性在无形中依然遭受着多种"双重约束"的困扰。

"男性的标准与对女性的期待"构成了第一类"双重约束"。随着女性受教育程度的提高,很多女性不再囿于传统的低端服务业,选择进军以男性为

---

① Milgram S., *Obedience to authority: An experimental view*, Harper and Row, 1974.

主导的行业;然而在男性占优的行业中,主流的男性文化和职场规范使得女性始终处于被排斥的磁场中,知识女性为了拥有和男性平等地进入企业管理层的机会,她们必须具备一定的男性化特质,同时需要以"男性的标准"作为衡量工作质量和评价自身表现的标尺,只有这样,才有可能获得与男性同等的机会和地位。[①] 本书所调查的知识女性中,有近半数的知识女性身处于男性占绝对领导地位的行业或企业,比如在石油行业工作的旭妍,虽然她不用去工作现场采油,但在陆地单位的工作过程中,她依然步履维艰,再加上她本身心思极重,使得她在工作中每一步走得万分小心:

在石油行业,女性的地位比较低,我跟别人也总这么说:同样一件事,一个男性失误了,领导会说没事,他只是偶尔失误;但是女性如果失误了,就会说女性是天生不行。尤其在我们这个部门,之前并没有专门的人负责,我相当于从零开始,因此,我只能如履薄冰地做每一件事,唯恐因为自己不小心而酿成大错。

从旭妍的经历来看,她每天的工作都处于高度紧张、小心谨慎地状态——担心自己预算失败,给公司造成不可弥补的损失。从本质上来看,职场中对男女成功和失败的不同归因是造成旭妍处于如此工作状态的根本原因。通常情况下,职场更可能将男性的成功归因于他有潜质、有能力或聪明;而将女性的成功视为运气好,如果任务不能完全归因于运气时,人们则会将其归因于女性艰苦的劳动;同样地,在面对失败时,人们很可能以缺乏能力(天生不行)来责备女性,而以运气不好、所承担的任务艰巨而不同寻常或遭

---

① Amy J.C.,Fiske S.T.,Glick P.,The bias map: behaviors from intergroup affect and stereotypes, *Journal of Personality and Social Psychology*,Vol.4,2007.

遇环境突发事件(不经常发生的状况)等责备男性的失败。①正如旭妍所言,如果她犯错,领导会直接认为她天生能力不行,却将男性的失误看作暂时的、偶然的行为。在这样具有明显性别歧视的观念影响下,工作组织的管理者极有可能聘用或提升一个让人觉得有能力的人(男性),而非凭运气成功的人(女性)。如此成败归因模式使得像旭妍一样的知识女性,必须时刻保持非常投入的工作状态,并尝试抓住一切提升和展现自身能力的机会,即使需要"反复证明自己的能力"(Prove-It-Again),也依然不会放弃。在访谈快结束时,她跟我说:"我每天晚上睡觉前都需要饮酒助眠,你信吗?"然而她访谈时的状态很好,整个人充满活力;当她提到深夜需要用酒精麻痹自己时,我内心受到了很大冲击。工作组织中各种"男性的标准"使她即使离开工作环境,紧张的神经都很难放松,用她自己的描述就是"自己像一把上了膛的手枪,始终处于蓄势待发的状态"。

在工作组织中,女性除了因为成败归因模式的性别差异而需要反复证明自己的能力,以达到所谓的"男性标准"之外,她们还要表现出一定男性化的性格特质以迎合传统的领导者刻板印象。正如伊格里和卡劳提出的角色一致性模型、施恩提出的"经理人-男性"②范式、鲍威尔和巴特菲尔德提出的"代理人-交流者"③范式以及希纳提出的"男性化-女性化"④范式,这些模型范式均指出具有"男性化特质"的个体更容易成为领导者,与男性化性格相

---

① [美]玛丽·克劳福德、[美]罗达·昂格尔:《妇女与性别—— 一本女性主义心理学著作》,许敏敏、宋婧、李岩译,中华书局,2009 年,第 686~687 页。

② Schein V.E.,The relationship between sex role stereotypes and requisite management characteristics among female managers,*Journal of Applied Psychology*,Vol.60,1975.

③ Powell G.N.,Butterfield D.A.,The"good manager":Masculine or androgynous,*Academy of Management Journal*,Vol.22,1979.

④ Shinar E.H.,Sexual stereotypes of occupations,*Journal of Vocational Behavior*,Vol.7,1975.

联系的行为、态度、能力等方面的特征构成了女性领导力发展的障碍。[①]然而本书的女性管理者已经开始打破上述刻板印象，她们在追求更高层职业地位过程中，也表现出一定的男性化性格、行为、态度等；值得注意的是，她们还能够将女性自身的特质与其完美地结合，进一步增强自身优势，这些特征会在后面"行动、能力、特质"的部分进行详细阐释。

　　除了"男性标准"外，职场对女性又提出了额外的要求，即期望她们同时展现出女性的高情商、温和以及高超的社交技能。即使当女性和男性处于相当的职位时，如公司管理层，女性也被期望比男性更有同情心、更能提供支持，致使女性的时间和精力提出了额外要求。[②]然而职场对女性所提出的"额外要求"通常符合对女性的刻板印象，因此它们经常被看作女性的天然副产品，而不是工作能力的一部分，进而造成女性工作的贬值。由此可见，"男性的标准"与"对女性的期望"形成两种用力相反的绳索，紧紧捆绑着职场女性，她们要想攀登职业生涯的更高峰，必须学会平衡这两种作用相反的力。[③]

　　"工作业绩与保持贞洁"是本书知识女性面临的第二类"双重约束"。"职场潜规则"是困扰很多职场女性的问题，面对"职场潜规则"时，很多女性陷于进退两难的境地——既想要谈下客户、拿到项目，又想要保持节操。代曼是销售出身，作为一名销售，最重要的工作是寻找客户、洽谈业务，可是百万大单背后的辛酸是常人难以想象的，但代曼在谈到职场潜规则时明确表达了"要敢于向挑衅自己女性地位的人和事说'NO'"。

---

　　① Eagly A.H.,Karau S.J.,Role congruity theory of prejudice toward female leaders,*Psychological Review*,Vol.109,2002.

　　② Wajcman J.,*Managing like a man:Women and men in Corporate management*,Polity Press,1988,p.58.

　　③ 本书中的知识女性对这两种相反的作用力的平衡体现在她们将"女性特质"充分用于追求更高层次的职业地位中，如"双性化"特征、巧妙的人我互动等，进一步说明了所谓的女性特质也可以作为女性管理者重要的能力特质。在后面的论述中会详细阐释。

女性在职场中不可避免的就是职场潜规则，操之有度很重要。无法抵制各种金钱、利益的诱惑很可能会使自己走上另一条发展之路。面对领导或者客户的潜规则，首先是大胆地说No，很多女性或是因为胆小，或是担心失去工作而默默忍受，这样只会让他们变本加厉。（代曼语）

凝文也有相同的经历，她在讲述这段经历时，仍心有余悸，"那段时间，我们领导每天都给我们开会到很晚，有的时候即使在非工作时间，他也会让女同事给他发定位，他似乎有很强的掌控欲，做他的下属必须做到'挥之即来'。他甚至直接表达过让我做他的'小三儿'，但是被我直接拒绝了"。凝文和代曼的经历似乎是很多职场女性都会遇到的困扰，作为职场女性，不论是基层员工，还是管理层的领导，总会遭遇各种职场潜规则。然而这个问题在当今职场变得愈发严重，也因此成为第四次女权运动的核心关注点。[①]职场潜规则主要涉及酒桌潜规则，特别是对于做销售工作的女性而言，为了签下客户，她们不得不陪着客户应酬，势必会遭遇到这类潜规则。在中国职场，素来就有"酒桌礼仪"的传统——只有酒过三巡喝尽兴后，客户才会愿意跟你谈项目，而作为职场女性，一旦把握不好中间的尺度，很容易让自己遭受不必要的麻烦。此外，除了酒桌潜规则之外，很常见的就是职场性骚扰，涉及公司上司或男同事对女员工言语上的暧昧调戏、肢体上的不正当接触等，这也是作为职场女性，必须面对的职场困扰。根据本书知识女性对待职场潜

[①] 第一次女权运动（19世纪下半叶至20世纪初），争论的焦点是两性平等和女性权利，包括公民权、政治权，特别是争取家庭劳动与社会劳动等价、政治权利同值。第二次女权运动（20世纪60年代至80年代），主要是强调两性间分工的自然性并消除男女同工不同酬的现象。第三次女权运动（始于20世纪90年代初），主要是接受过高等教育的年轻女性发起，她们经历了后结构主义和后现代主义理论，主要针对女性主义概念中的身份、姊妹关系等进行挑战。（上述资料具体参见：Pilcher J., Whelehan A., *Fifty key concepts in gender studies*, Sage Publication, 2004.）第四次女权运动（2012年至今），通过社交媒体提高公众对各种尖锐问题的关注，如性骚扰、女性遭受暴力等问题的关注。（具体资料参见：http://www.sohu.com/a/257211695_293356）

规则的态度可知,"不反抗"已不再是新时代知识女性的标签,她们会以正确的心态面对"性"问题——不会为了保住工作而选择默默忍受职场潜规则,也不会因为担心众人知晓后难以挽回颜面而选择逃避,而是拥有足够的勇气向挑衅者发起抵抗,以更好地捍卫自身人权。

上述提到的职场环境对知识女性职业地位获得的"双重约束"以各种细微、明显的方式发生作用,时常使知识女性陷入举步维艰的窘境,并承受着内心巨大的压力;但是与传统职场女性相比,本书的知识女性因为拥有较高的学历和丰富的知识技能储备、现代的社会性别观念、独立自主的人格,使得她们在面对工作场所的"多重约束"时,能够更加自信、从容地予以应对。就像旭妍一样,尽管背负着极重的工作负担和压力,无数双眼睛在盯着她,"不容许自己出错,一定要小心再小心地工作",这些自我激励看似容易,如果她没有一个强大的内心和高度的自信,想必也会被这样高压的工作环境所击垮。因此,对于追求高职业地位的知识女性而言,强大的内心、高水平的自信、先进的理念是她们在以男性为主导的职场中从容应对"双重约束"、开辟向上发展的职业道路的必要条件。

(二)不甘于成为晋升中的"陪衬"

在经历了一系列女权主义运动之后,一些职业在总体上实现了男女比例的相等,[①]随着更多女性进入男性占主导的工作领域,正如本书中近一半的知识女性身处石油、建筑、制造等行业,女性看似在形式上拥有了与男性平等工作的机会,但并没有实现发展上的平等,即男性仍占据着地位和报酬较高的职位,而很多职场女性仍从事低端的服务、文员、行政助理等工作,因此越接近公司的最高层,女性就越少。在对美国的一项调查中,尽管女性占

---

① England P., McCreary L., Integerating sociology and economics to study gender and work, In A. H. Stromberg, L. Larwood, & B. A. Gutek (Eds.), *Women and work*, *Newbury Park*, Sage, 1987, p.89.

据了40%的管理职位,但是只有5%的高级主管人员是女性,并且这个数字保持了十年几乎没有变化。[1]此外,世界500强公司的CEO中只有14%的女性,在传统的职场观念中,男性似乎天然地与企业高管相联系,同时,一切具有高声望的工作也自然地与男子气(masculinity)特征联系在一起,最终导致企业在提拔人才、遴选高管时无意识地将男性作为首选。[2]本书的知识女性虽然在工作组织中已经获得了一定级别的管理职位,但在她们的职业地位获得过程中,也曾遭遇"随时成为晋升中的'陪衬'"的不公平对待。就像本书中的凝文,虽然拥有坚定的职业理想,在经历了"超负荷工作与疾病的两次折磨"之后仍然选择坚持工作,但她还是无法逃脱自己用"生命"换来的职业地位被他人撼动或窃取:

> 当时我已经递交辞呈,但公司的经理又把我请了回来,所以我是公司失而复得的员工。尽管我是公司开疆拓土的元老级员工,又是他亲自请我回来继续做的,但他还是没有珍惜我。后来公司突然来了一个非常会来事的姐姐,经理非要将我总监的工作分出去一半给她做,她类似于空降过来的,一来就是跟我一样的级别,我心里当时很委屈。尽管很不开心,但也没有办法,很挣扎。当时集团领导找我谈话说:"你委屈的原因是因为你不遗余力,你付出了百分之一百二十的努力,使得你变得浑身都是刺,你碰不得……"后来我的心态稍稍有所平复,直到2014年,我的总经理换掉好几任,但都没有轮到我做一把手,原因是我的性格偏"策略",偏帅才,帅才就是什么人都用,但是在公司那个阶段,需要"将才",是可以带兵打仗、冲锋一线的。

---

[1] Valian V., *Why so slow: The advancement of women*, MIT Press, 1998, p.120.

[2] See Glick P., Trait-based and sex-based discrimination in occupational prestige, occupational salary, and hiring, *Sex Roles*, Vol.25, 1991.

　　作为企业开疆拓土的元老级员工,凝文从普通的销售到策划总监,一路走来承受了很多常人,甚至男性都难以忍受的痛苦——身体的损耗、精力的投入等,但并没有换回与之匹配的岗位。当女性在工作中的努力和回报不成正比时,不论内心的自信,还是继续向上攀登的勇气都会锐减。然而当面对无法抗拒的晋升阻力或者晋升过程中不公平的待遇时,本书中绝大部分的知识女性没有选择放弃,因为她们不甘于成为晋升中的"陪衬",通常她们会采用迂回策略或者"曲线发展"的方式,追求更高层次的职业地位。就像凝文虽然不善于讨好领导,无法轻而易举地获得提拔,但她会调节自己的心态、分析自己的优势——将自己"帅才"的策略发挥地淋漓尽致,凭借出色的项目管理,同样为自己赢得了稳固的职业地位。

　　此外,在现实的工作组织中,女性还需要面对"反复证明自己能力"的困扰,"精神上的压力和身体上超负荷的工作"严重影响了女性向上的职业晋升道路。如果一位女性职员无法承担重要的项目工作,她也就无法证明自己有能力完成重要的任务,自然无法获得组织的认可。就像宇芳一样,自己本身处于公司的服务型部门——无法直接效力于公司的创收,致使她工作十年仍处于中低层管理岗;在这个过程中,她曾遭遇比自己资历浅的男性同事顶替她成为部门领导,宇芳表示"我现在这个培训主管的职位似乎是自己熬出来的,我没有机会和平台施展自己的才能,只能凭借自己长时间服务公司的工龄获得晋升"。像宇芳这样的知识女性,在中国的一些国企或央企很常见,当她们无法用自己的"知识或能力"为自己赢得向上发展机会时,也意味着自己连"反复证明自己能力"的机会都没有。

　　虽然本书的其他知识女性比宇芳"幸运"——拥有凭借自己的知识和能力证明自己实力的机会和平台,但是她们在晋升的道路上,仍会遭遇比男性更多的坎坷。尽管如此,很多女性依然坚信"出色的工作表现一定可以为自己赢得相应的回报",谈判女性公司的创始人卡罗尔·弗勒林格(Carol

Frohlinger)和德波拉·科尔布(Deborah Kolb)称这种心理为"皇冠综合征"(Tiara Syndrome),即女性都期望"如果自己工作表现良好,别人就一定会注意到并为她们带上皇冠"[1]。在一个以能力论英雄的社会,确实应该将更多的"皇冠"分给那些辛勤工作且有良好业绩的女性;然而现实的职场绝非如此,女性更应主动为自己争取应得的利益和晋升,而不是被动地等待提拔或甘于成为晋升中的"陪衬"。与宇芳不同的是,本书的其他知识女性不仅用出色的业绩证明了自己的能力,她们还主动出击申请更高的职位。在这个过程中,她们不会过分担心自己是否具备新职位、新任务所需要的技能,更不会在认为自己100%符合条件的时候才去申请职位,她们始终秉持着"我想做,而且我可以边做边学"的想法,主动与男性进行竞争。

(三)勇于尝试职场极限环境的挑战

如果说应对职场环境中的"多重约束"以及不甘于成为晋升中的"陪衬"是知识女性与无形的环境挑战做对抗,那么"艰苦的工作条件"和"艰巨的工作任务"则是知识女性在物我互动中所必须面对的有形挑战。在残酷的职场环境中,知识女性必须拥有迎接各种极限环境挑战、突破"性别偏见"束缚的勇气,方可获得与男性同等的发展机会。在职场竞争中,从来不分性别,没有任何一条通往职业生涯巅峰的道路会因为"女性身份"而变得平坦,正如旭妍所说:"女性要想在职场中打下一片天地,获得别人认可,必须付出百分之二百的代价和努力迎接各种极限挑战。"然而在面对艰苦而富有挑战的环境时,很多心态较差的职场女性选择得过且过,并会抱怨"环境不好、生不逢时";还有很多保守的职业女性认为"女性无法适应艰苦的环境,也无法胜任挑战身心极限的工作任务"。相反,本书中的知识女性不会被"女性不适合在

---

① Seligson H., Ladies, take off your tiara, The Huffington Post, *February* 20, 2007, http://www.huffingtonpost.com/hannah-seligson/ladies-take-off-your-tiar_b_41649.html.

艰苦环境中工作"的传统刻板观念束缚,因为她们深谙"要想获得高层次职业地位,势必要先经历各种艰苦环境的打磨,才能担负起与高职业地位相匹配的工作"。

一方面,在面对"艰苦的工作条件"时,她们会秉持着"既来之,则安之"的态度,不仅会积极调整自我心态,而且会探索适合的应对策略,凭借自身的坚韧性,主动适应艰苦的工作环境。婷秀详细描述了她初入职场半年内的工作经历,也正是经历了如此艰苦环境的历练,才造就了她之后的职业生涯。下面的片段分析是对婷秀在奶牛场工作经历的呈现,这段故事生动地展现了一名知识女性如何适应艰苦的工作环境并出色地完成工作任务。

片段分析之三

婷秀:"涅槃重生般的洗礼!"

我刚来这个企业的时候,他们并没有告诉我要做项目管理工作,他们把我安排到第七奶牛场当兽医。你想女孩子当兽医,要面对的是大型动物——牛,牛场的工作制是三班:早上4点至8点;下午1点至4点;晚上8点至11点,中间休息时间很短,劳动强度也很大,而且生活环境也特别糟糕。

我跟你描述一下当时我刚去时的情形吧。当时是我们人力资源部部长带我去的,他跟厂长交涉了一番之后就把我留在了那里。我当时也没什么经验,毕业的时候,把行李、生活用品呀,能卖的全卖了。结果就像一个落魄的穷书生一样,只带了几箱子书去了。当时那边给我安排了一个牛场的宿舍,宿舍是在菜地旁边的一间平房。屋子里只有两张床(重复了一遍),一个风扇。当时是七月过去的,这里已经数伏了,特别热。床是什么情形我再跟你描述一下:床没有板子,就是一个架子,上面放了两条(小木板),中间还有个洞,像我这样没有行李,再加上床上有个洞，让我怎么睡呀！旁边那张床好像有人睡，铺着一张凉席。窗户上用做床单那种布料做的布条挡着。当时就有些失落，就想着毕业了（怎么也应该去一个条件稍微好点的企业）……但我又想着既来之，则安之，先干着吧，加上我从小也不是那种娇生惯养的，适应能力也还行。然后我就去找了厂长，他找了一个小姑娘陪我去买了一些生活用品，就这样安顿下来了。那个洞我就找了一本很厚的书填上了，就想着这本书真的就压床底了！

就这样，开始了我的牛场生活。先从生活上说，第二天，我就发现这个屋旁边的那个屋子里没有人，对面住着一个老头，还神经兮兮的。尤其晚上的时候，就有点害怕。夏天的时候，菜地旁边有很多爬行的小虫子，老鼠，"臭大姐"（一种昆虫），"臭大姐"喜欢找有阳光的地方，每天一回去满屋子的"臭大姐"，哎呀，（环境）太艰苦了……当时我还是坚持住了，因为一个原因：我和我老公是高中同学，我是 2011 年 7 月份毕业，11 月份我们领的证，我们当时已经确定是未婚夫、未婚妻的关系了。他在 L 市工作，我就想的在 L 市扎下根，所以就做了这么一个决定。之后，就慢慢适应着。

其他的体会，嗯……关于牛场……再给你说个艰苦的事情。有一天下暴雨，那个牛棚是一个空的走廊，上面是棚顶，下面是采食槽，我当时的工作是喂小牛。我每天四点起来，跟着喂小牛的姐姐们去饲料库取饲料，很大一个麻袋，人扛着到车上然后推过去，他们也知道我刚从学校出来，也搬不动，所以很照顾我，还是朴实的人多一些吧。人家帮了我很多，我不能什么活不干吧……他们有什么事出去，我就多看一会儿吧，我看着小牛吃，吃完了我就把剩余的饲料往旁边推一推。有一天下大暴雨，四面没有墙，牛场是没有房屋的，基本上都是那种结构。突然大暴雨夹着风就来了，那天特别热，我出了很多汗，工作服都被浸湿了。小牛听到雷声就开始一起往边上跑,我也得躲大暴雨呀,所以就跟着小牛往边上跑。因为跑得不够及时,所以全身从里到外都被雨水打湿了。虽然我是农民出身,但也从来没有被雨水打透过,真的是从里到外,湿漉漉的。我都没处躲,我就躲在小牛的后面。当时就觉得怎么会是这样呢,全身都被打湿了……我当时就找了一个受精室,像是配电房的,就在那里面,把衣服拧干,又穿上,因为当时雨还在下着,没法换衣服。

还有一点印象特别深。体验完喂小牛以后,就开始当兽医,跟着一个牛场的女孩干。我就觉得吧,我们学兽医的女孩胆子都挺大的,她对专业很精通。你知道那个牛有多重吗? 小的有六七百斤,大的有八九百斤,牛在打针的时候要让它卧着,而且需要把它的头绑在一边给它输液。那个女兽医特别勇敢,当然也有技术,她需要把牛头绑在架子上,用针扎它的静脉,所有工作都是她一个人完成,而且后来也要求我"所有工作必须一个人完成"。牛皮很厚,大概3~4毫米,而且很结实,给它扎针的时候需要很用力。我当时练了好久,致使我现在手腕的劲儿很大。干兽医确实不适合女生,有危险,特别是牛生病的时候,很容易急躁,给它看病很容易伤到自己。我曾经就被牛踢到过肚子上,当然我们肯定知道躲闪的嘛,但是牛劲儿是很大的,不过没有大碍。牛场上还有被牛踩过的人,脚趾头被牛踩断的多得是,所以条件很艰苦。

我每天还要给牛测体温,需要把温度计插到牛的肛门里。那个产房里有二十多头牛,每头都得插一遍。而且它的尾巴会甩粪便,甩的到处都是。还要学会挤奶,只是试一下。其实工作还好,就是熬得慌。每天早晨4点起床,到晚上10点还在外面待着,尤其冬天的时候,特别冷。所以当时很犹豫,很犹豫……但还是坚持下来了。我觉得这个企业这点做得特别好,虽然让我吃了很多苦吧,但会让我觉得我这份工作来之不易。在今后的工作中,我会更加珍惜现在得到的一切。

从企业的角度来看,婷秀在奶牛场接受的工作锻炼,可以看作公司对她的一种考验——在奶牛场工作的半年中,如果她因受不了那里恶劣的生活和工作环境,或承受不了如此高强度的工作任务而选择放弃,她就无法在这个企业收获未来的职业成长;我们也可以认为这是公司对新员工意志品质的磨炼——如果在如此艰苦的工作环境中都能坚持下来,在未来的职业道路上,再遇到任何艰巨的任务,那段经历总会激励员工坚持下去;我们还可以认为这是公司增加新员工对企业忠诚度的一种途径——如果萌生离职的想法时,一旦回忆起自己曾经付出很多心血的艰苦岁月,很有可能打消离职的念头。从个体角度来看,尽管婷秀多次强调"自己是农民出身",但作为"80后"的新知识女性,在没有经历过如此恶劣环境的情况下,她依然选择接受这份挑战,并以一个平和的心态积极地面对和工作,这也为她后面的职业发展奠定了重要基础。

本书的知识女性在接受艰苦环境挑战的过程中,除了积极适应并融入艰苦的工作环境中,她们还会主动、有效地应对艰苦环境中的人和事物。红琼作为一名建造企业的高层管理者,并不像其他行业的领导者,在办公室里便可出谋划策、指点江山,而她很多时候需要进入施工现场进行指挥。施工现场的环境极其恶劣,加之与农民工打交道困难重重,使红琼必须想出一套行之有效的应对策略,否则她很难适应当前的工作环境。

　　面对农民工,如果你表现得很扭捏不行。你对他们表示关心可以,但你有的时候就应该直截了当,错就是错,该停工就得停工。因为你面对的群体不一样,比如学经济的可能面对大老板,而我们是要接触最底层的(人),必须要有泼辣的性格。有的时候,他们表现地蛮横不讲理,我也对他们硬碰硬,比如我会断掉他们的电……如果不使用一些"狠招",只会被他们欺负。(红琼语)

尽管红琼在讲述这段经历时表现得格外轻松,但仍可以在她的言语、神态中感受到这份工作使她处于担惊受怕的状态:施工现场出现事故自己要担责任,与包工头打交道更需要斗智斗勇,虽然内心极度恐惧,但她仍展现出钢铁般的意志,在内心鼓励自己"在简单粗暴的男性面前决不能'服软'",在行动上则表现得无所畏惧、勇往直前。

另外,本书中的知识女性还会面临"艰巨任务的考验"。在传统的职业分工中,女性通常被安排从事技术含量较低、偏行政和后勤辅助类的工作,工作环境相对舒适、工作任务的难度也较低。然而从本书的女性管理者职业发展经历来看,为了获得更高层次的职业地位,她们必须冲破固有的、带有一定性别偏见的工作模式和工作状态,勇于承担具有挑战性、高难度的工作任务,进而向外界证明自身能力并不弱于男性。代曼在讲述自己转行之后的工作经历时提到"自己曾经历过'即使是男性,都难以承受的工作任务和压力'":

当时在北京办事处工作的就我一个人,租的房子,很多实操的东西得自己去办,包括发货,北京发货都是半夜十二点,而且我一个人还得帮忙卸货。那时候全是跟男人打交道,我是"高的、低的"都能接触:高的是项目经理、低的有工人;但是工作的负荷量太大了,白天我得跑项目部盖章、办手续,晚上再发货,我当时一个人真受不了。这个项目大概花了三年的时间,我从最低端的事情开始做起,从签合同、发货,到跟他们的清算、结算,都是我干下来的,对我的历练确实很大。后来完事以后,董事长见我时,他特意下楼接我,见到我以后差点没有认出来。因为当时连续几年我都是作息不规律,所以状态特别不好。

职场不会同情或怜悯任何人,在这里就是"适者生存"的世界。本书的知识女性在面对各种艰苦环境的考验和各种工作任务的挑战时，既尝试冲破自身的生理限制，又表现出坚韧不拔的品质，最终咬紧牙关坚持下来，从而为自己获得越来越高的职业地位奠定基础。知识女性在积极主动地应对各种环境阻力和挑战的物我互动过程中，她们的认知结构势必会受到客观环境的影响而发生改变：当现实的职场环境与自我认知结构发生冲突时，她们并不会在不认同的情况下被动地接受，因为这样做很可能会让自己的职业道路越走越窄；而是会主动选择"同化"与"顺应"——当知识女性面对无力改变的职场性别歧视或艰苦环境时，尽管内心有些许无奈与不情愿，但是她们仍会以乐观的心态让自己逐渐融入现实环境中，并做出积极调整，通过改变自身的职业认知，从无法改变的工作环境中挖掘自身的职业潜能，从而在物我互动过程中达到一种"适应性平衡"①。

二、人我互动：巧妙地处理人际关系

马克思提出劳动作为基本的交往实践具有二重性：一方面，劳动包含了主体与客体的关系，即本书提出的"积极应对职场环境"的物我互动；另一方面，劳动还包含了主体与主体之间在社会范围内形成的主体际关系，即为本书探讨知识女性职业地位获得过程中巧妙的人我互动，它具体表现在以下三个方面。

（一）与领导之间的互动：学会变通与坚持自我

本书将知识女性在工作组织中与领导之间的巧妙互动概括为"学会变

---

① 本书对知识女性在物我互动过程中所运用的"适应性平衡"策略，在本章第三节"对职场环境的适应力"中会进行详细阐释和分析。

通与坚持自我"：一方面，在向领导提出建议时，她们既表现出"坚持自己正
确想法"的坚定态度，也会选取合适的方式与领导"周旋"，前者体现了知识
女性在与领导沟通中"坚持自我"的一面，后者则体现了她们"学会变通"的
一面。凝文的直属领导是一个独断专行、对别人的建议充耳不闻的人，而凝
文在工作中与领导的相处模式属于"敢于进谏、直言不讳"型。

> 2011年的时候，我的领导看中一个项目，但是那个项目特别偏，大
> 家都不想让他接这个项目，可他却一意孤行，执意要开疆拓土弄这个项
> 目。结果证明那个项目比同期其他项目操作周期多了一倍，而且还不挣
> 钱。当时没有人愿意去为他判断的失误买单，当被问及谁可以去那个项
> 目的时候，大家都往后撤，我想着表现自己，果断冲了上去。那个项目确
> 实很难，可能因为我的个性很要强——既然去了，就想打个胜仗。最终
> 因为我的爱思考，而且我用人上特别大胆，也爱听取别人的意见，所以
> 想出来一些适合那个项目的操作办法。可是我这个领导是一个十分固
> 执的人，明明是他拿错了地，却说我卖的不好，一直骂我，也挺残忍的。
> 我当时忍辱负重，直到开盘前一天了，我眼睛里噙着泪跟他讲，我就说
> 你相信我就这样调控价格，一定能售罄。我几度想从办公室走掉，但还
> 是忍住了，我内心始终对自己说："就算你骂着我，也得给我把价格改
> 了。"在这样的情况下，我把盘开了，也交了满意的答卷。（凝文语）

正如凝文所言，她在背负着被领导痛骂的压力情况下，仍然坚持自己认
为正确的想法，最终销售业绩十分出色，却没有得到领导的肯定，也正因如
此，很多职场女性在与上级领导互动的过程中，会表现得谨小慎微。此外，很
多职场女性担心自己的想法或建议被忽视或嘲笑，无法像男性一样得到称
赞，而怯于直言不讳地表达出来；特别是当她们提出比较冒险的想法时，必

须确定会得到最佳结果,才会去表达或执行。①正如吉利根在《十字路口相遇》一书中提到的:"女孩从进入青春期之后,逐渐按照社会所期望的方向塑造自己,不再大胆地表达内心的真实想法和感受,一切源于她们极度恐惧被他人所孤立或冷落。"②由此可见,大部分职场女性在与领导发生意见分歧时,选择迎合或沉默,源于她们在青春期时受到外界环境、传统文化规范等限制,使得她们的声音逐渐被埋没或忽视,间接影响了她们未来的职业生涯发展。

对于坚持自我、勇于表达内心想法的职业女性,她们为了得到与男性同等的认可,则必须付出更多的坚持及反复努力,但现实职场却对坚持自我的女性形成了一种偏见,即成功的女人"爱出风头、难相处"等。然而如果职场女性都因自己提出的建议被忽视、得到不称赞而放弃"直言进谏",那么她们很可能会永远被排斥在会议、关系网以及通向事业成功的任何道路之外,进而无法获得高职业地位。③对于本书的知识女性,她们基本都表现出较强的风险倾向性,尽管她们并不十分确定领导对自己的想法或行为是大加赞赏还是极度反感,但只要她们坚信自己的想法或建议是合理的,都会尝试表达或行动。在实际的互动过程中,可能由于她们不会对领导阿谀奉承,而与领导产生了很多摩擦,甚至在自己为公司立下战功、取得辉煌业绩后仍无法得到领导的认可;可随着工作时间的推移,像凝文这样"敢于冒死进谏的忠臣"一定会得到领导的信任,前提是知识女性自身也要掌握一些与领导互动时的变通技巧。"当我们变得默契一些后,我们之间的冲撞也都是私下里一对

---

① Fisk S. R.,*Risky spaces,gendered places: How intersecting beliefs about gender and risk reinforce and recreate gender inequality*,Stanford University,2015.

② Gilligan C.,*Meeting at the crossroads: women's psychology and girls' development*,Ballantine Books,1993,p.133.

③ Landrine H.,Klonoff E. A.,*Discrimination against women: Prevalence,consequences,remedies*,Thousand Oaks,Sage,1997,p.11.

一的形式——我会在公共场合忍住,不去怼他;他对我虽然还是骂,但没有那么凶了,或者单独在一起的时候还会给我一个'枣'吃。"(凝文语)由此可见,当面对脾气暴躁、一意孤行的领导时,作为一名职场知识女性,既需要与之斗智斗勇而不是唯唯诺诺,也需要张弛有度而非死磕到底。在坚持自己的为人处世原则前提下,学会变通才是王道。

另一方面,知识女性与领导互动时的"学会变通与坚持自我"还体现在对领导提拔的处理上。领导对自己能力的认可以及职位上的提拔具有两面性:一种是领导的认可与提拔在无形中规划了知识女性职业发展的方向和道路,这可能会偏离她们最初的职业目标,但即使自己被提拔到不擅长或不感兴趣的岗位,她们依然能够积极、变通地进行自我调整,在职业发展的新航道上重新树立职业目标、主动挖掘自身潜能并建立自我优势,同样可以迈向高层次的职业地位。婷秀在工作中的出色表现——与国外客户进行流畅的专业介绍、在奶牛场艰苦条件下的努力工作、在汇报总结中展现出的积极工作态度等, 使她获得了领导的充分认可和高度欣赏,"领导可能因为阅人无数吧,他觉得我在这方面(做行政)有特长,我就开始慢慢学习,因为原来办公室主任的调离,领导直接任命我主管办公室工作"(婷秀语);同时,也使婷秀从动物医学转向了行政管理,尽管领导的提拔偏离了婷秀已经规划好的职业发展航线,但是她并没有"弃航",而是以更加积极的心态面对工作,在实际工作中主动挖掘自己在这一方面的兴趣和潜力, 从而使自己在新领域逐渐找到了未来发展的新方向。

另一种是知识女性内心有明确的发展方向和坚定的职业目标, 她们不会因为领导的欣赏和提拔,轻易改变自己职业生涯的轨迹,而依然会"坚持自我",她们笃定的职业自信和清晰的职业规划同样可以助力她们获得高层次职业地位。在代曼的职业生涯中,尽管领导为她安排的艰巨任务是推动她突破自己现有能力水平的动力, 但她并没有因为领导的认可而轻易改变已经规划好的职业发展道路。

> 在跟进一个项目时，我发现了公司管理以及服务市场中的很多问题，我一一罗列出来交给董事长后，他全盘接受了我的所有提议，并一声令下，完全根据我的建议进行了整改；在完成这个项目的过程中，从签合同、发货，到跟他们的清算、结算，都是我干下来的。这个项目完成之后，董事长亲自接见我，并让我回总部工作。但是被我拒绝了，我是给他这样分析的：我去了总部以后，我是给您当秘书还是助理，不论当什么都是挣一份死工资；而我是做销售的，我是要挣大钱的。（代曼语）

当时，代曼刚刚进入这个行业，追求"物质性职业地位"是她主要的职业目标，也正因为她心理十分清楚"自己想要什么"，所以她并没有循着领导给她规划的职业道路前进。然而她之所以会接受董事长为她安排的项目任务，完全是出于从未接触而愿意接受挑战，她深知这是一次自我提升和修炼的好机会。"当我拥有了这个经历之后，加之董事长无法给我进一步提升的空间时，我果断选择了另一条发展道路。"（代曼语）

从本书知识女性与领导之间的互动可以发现，对于职场女性而言，一方面，不能因为过分在意领导的认可，而影响自己在工作中展现最优的自我，因为"是金子总会发光"；另一方面，不论是按着自己清晰的职业规划发展，还是在领导的提拔下"随机应变"，都要在遵从自己内心的前提下，理性地看待领导对自己工作表现的反馈。这个互动过程实质上是一种"生成性"关系的建构过程，在这个互动中，新的、更加丰富的潜能借助关系互动得以释放——女性不再畏惧与领导沟通或者一味接受领导对自身职业发展的安排，而能充分发挥主观能动性，与领导进行有效沟通并做出最优决策。此外，与领导之间这样的"生成性"互动关系对女性追求高层次职业地位具有催化剂作用,使得女性自身的职业发展朝着更加积极的方向展开。

(二)与同级之间的互动:工具理性与情感支持

中国传统的文化决定了中国人之间的人际互动既建立在相关利益基础上,又与情感关系密不可分,①这种工具理性与情感支持并存的人际关系也体现在本书知识女性与同事、朋友的互动交往之中。其中,在工作组织中,与同事之间的人际互动更多地体现为一种基于弱关系的"工具理性";在生活场域中,与朋友之间的互动则体现为一种基于强关系的"情感支持"。

本书提出的基于同事弱关系形成的"工具理性"主要体现在获得重要的求职信息或工作机会上。

> 有一段时间,我的一个同事想要离职,在找工作的时候遇到一个展览,她逛完展览回来,跟我说:"我给你联系了一个单位,你可以去试试。"其实,我跟她关系很一般,而且有些地方我不太喜欢她的做法,但没想到她竟然会帮我找工作!正赶上我当时也在犹豫是否要换工作,于是,我决定去展览现场溜达溜达。在那里,我见到了同事帮我极力推荐的那个企业负责招聘的人,她帮我联系了公司董事长,进行电话面试。就这样,我有了一份新工作——它是我职业生涯的一个重要节点——我第一次去南方、第一次直接给厂家而非代理商干。(代曼语)

正如代曼所言,她与同事之间的关系很一般,甚至内心并不十分喜欢她的同事,在此基础上所建立的同事关系属于一种弱关系,这种带着明显"工具理性"的弱关系对个人获得重要的工作信息、求职机会等具有重要作用。

---

① 梁漱溟:《中国文化要义》,上海人民出版社,1949年,第49页。

马克·格兰诺维特(Mark Granovetter)在他撰写的文章《弱关系的力量》一书中详细阐明了弱关系的重要性。在传统社会中,个体与接触最频繁的亲人、关系要好的朋友之间形成的联结属于"强关系";与"强关系"相对应的则是"弱关系",主要指与联系不频繁的人之间建立的关系。格兰诺维特指出,弱关系传播了人们原本可能无法看到的信息,它进一步促进了信息在不同群体之间的流动。[①]在信息不对称的劳动力市场中,对异质信息的获取能力和反应速度往往决定了个体能否顺利获得工作甚至获得升迁,而弱关系的使用在求职和晋升过程中比强关系更具有优势。凭借弱关系所建立起来的社会关系网络更广泛——跨越不同的社会团体和阶层,通过弱关系网络更有可能接触到关键性的职场信息、得到上层决策人士的协助,从而有助于求职成功。[②]

本书中的知识女性虽是女强人,但并没有传统观念中关于女强人的刻板印象——工作的机器、将自己束之高阁、不近人情等;她们除了通过人际互动获得"工具理性"的利益之外,也会表现出"与他人建立情感联系的倾向和需要",从而使她们在情感和精神上得到慰藉,这也同样是她们追求高层次职业地位过程中的情感动力和精神支柱。唐茹是一个十分看重人际互动的职场知识女性,特别是与自己的同学、朋友之间的交流。因为访谈之后我们成了朋友,通过社交软件我可以看到很多她工作之外的一些生活状态:喜欢与朋友一起聚餐、郊游、谈心、画画等;除了工作,她拥有丰富多彩的生活,而这一切得益于她所建立的庞大而和谐的人际关系网。

　　　　我有很多闺蜜好朋友,我们经常在一起聚,他们是各行各业的精

---

① Granovetter M. S.,The Strength of Weak Ties,*American Journal of Sociology*,Vol.6,1973.

② 孙晓娥、边燕杰:《留美科学家的国内参与及其社会网络强弱关系假设的再探讨》,《社会》,2011年第2期。

英,好多是做实体的。他们给我的影响就是,在我遇到困难而自己琢磨不清时,我可以听到他们处理类似困难时的经验,这会给我一些影响和指导,然后综合他们的意见,找到一个更好地解决自己问题的方法。特别是我遇到心情很down(低落)的时候,跟这些朋友在一起,聊一聊人生,或说说笑话呀,有时会爆料一些彼此的糗事,而这些看似无用的闲聊,比给我讲任何心灵鸡汤都管用,她们给予的陪伴和分享就是对我最好的精神鼓励和支持。(唐茹语)

不论是代曼通过同事获得了工作机会,还是像唐茹从朋友那里得到经验的分享和情感的交流,她们作为一名女性,展现了她们在人际互动过程中自身的特点——具有与他人建立联系的倾向和需要,这种表达性的特点可以帮助女性获得更多机会,同时也使她们更好地在工作组织中与他人建立联结、在工作过程中开展团队合作,这在下面"与下属的互动过程"得到了更生动地诠释。

(三)与下属之间的互动:共促发展的相互支持

女性领导者的一个重要特质是善于处理人际关系,在工作组织中,她们不仅考虑个人发展,而且会兼顾组织内部其他员工的共同发展。与男性领导者更注重报酬和晋升不同的是,女性领导者更注重营造一个"人与人之间相互关心和联系着的"工作环境。[①]本书的女性管理者,一方面,以"严慈并存"的方式对待组织内部成员——既严格要求、奖惩分明,又会站在员工的角度分析问题,"听他们发声,为他们发声",并充分考虑员工的个人利益和长远发展,有针对性地帮助他们进行自我提升。然而她们对下属的严格要求并非

---

① Ferree M. M., Family and job for working-class women: Gender and class system seen from be-low, In N. Gerstel & H. E. Gross (Eds.), *Families and work. Philadelphia*, Temple University Press, 1987.

独断专行,更多地表现在工作中对员工的工作质量严格要求,并且明确提出"杜绝怠工"。唐茹自称原来是一个"家长式"的管理者,很多事情都亲力亲为,但是她通过对自身领导策略的反思,及时调整自己的工作管理模式,通过"放权",不仅给员工更自由的发展空间,更对他们提出了更严格的要求:

> 原来我在公司就是那种家长式的领导,一切困难和问题到我这里都可以帮着解决,而我这种角色,如果对于特别上进的人,他会很踏实,因为他有后盾;但是对一部分懒惰的人,他就会有依赖性,其实反而会害了他。近两年,我开始放权,委派了专门人员负责全员的督导工作,只有在一些大的事情上,我们会坐在一起商量、做决断;一般情况下,我都会放手让他们自己做,可能对于他们来说是有一定难度的考验,但是这会更有利于他们自身的发展。

唐茹对员工的"严格要求"体现在为他们提供相对自由的发展空间,并安排有难度的工作任务,不仅使更多的员工得到历练并获得能力提升,而且为企业营造了一种和谐共生、团结友爱的工作氛围。此外,本书的女性管理者还会将对员工的严格要求,转化为"对自我的不断反思和提升",使她们以更加严格的标准要求自己,最终成为下属的好榜样。

> 我部门的员工经常拿我找乐,玩笑开的很嗨。我也勇于自嘲,愿意向他们学习,因为他们好多都是"90后",身上有很多我们"70后"没有的优点。此外,我也比较信任他们,只要是他们擅长的东西,我都会放手让他们去做。(凝文语)

凝文在对待部门的员工时,时刻保持鲜明的态度和立场——需要严肃工作时,必须保持高度的责任心;需要情感交流时,也绝不会疏远员工,主动与他们进行分享和交流;需要相互学习时,她也愿意以更加开放的低姿态向下属学习。从本书其他女性管理者与下属的互动中也同样可以发现:她们通常不会以权威姿态示人,因为她们充分认识到权威只会使下属成为聆听者,使他们一直处于被动发展的状态;相反,她们会主动调换角色,积极听取他人意见,使下属成为"知者",而自己则成为学习者。

另一方面,处于管理层的知识女性不仅善于团结员工,激发他们在工作中发挥出最大的团队向心力,她们在与下属互动过程中,还表现出与男性管理者不同的一面,即她们会给予女性员工更多的关注,或者有意识地带领女性群体一起发展,为她们的职业发展提供良好保障。在追求高层次职业地位过程中,本书的知识女性曾因为"女性身份"而遭遇各种困难和阻力,因此她们对职场女性有更深切的同理心,从而期望将她们联合起来开创更好的职业生涯。雷静在创业过程中,始终秉持着"帮助更多女性实现自己的梦想"的理念,并一直用行动践行着自己的初衷。

> 我创业的初衷并非完全从自身角度出发,而是更关心当下职场女性的困惑。在当今职场中,性别歧视依然存在,很多女性在无奈之下选择放弃事业而回归家庭,她们所遭遇的内心失落无人知晓;然而仍有一些女性并非就此妥协,她们想在事业上闯出自己的天地,但却苦于没有机会。于是,我决定创立自己的品牌,并鼓励更多想要创业的女性加入,不收取加盟费,同时,为她们进行终生培训。我还会寻找一些适合女性的项目,为她们提供创业指导和资金支持,帮助她们解决工作—家庭之间的冲突矛盾。(雷静语)

正如斯坦福大学教授德博拉·格朗菲尔德所指出的:"在争取女性权力、

实现真正平等过程中,女人也要支持女人。女人与女人之间要在乎彼此,像一个联合体那样共同努力和行动。作为个人,其力量相对弱小;但携起手来,占人口一半的女性就会拥有真正的力量。"①就像我们今天强调"人类命运共同体"一样,在工作组织中,特别是管理层的女性,更应将女性员工团结起来,建构"你中有我、我中有你的命运共同体"。面对工作组织内部出现的性别歧视以及不平等的企业文化时,每位职场女性不应独善其身,而应联合起来共同抵制,为自身更好的职业发展争取平等的职场环境。青雨作为公司的领导者,在管理团队方面具有自己独到的管理艺术,她特别重视和关注公司女性员工的发展。

> 女性在公司中容易形成自己的小圈子,她们会将自己的一些情绪通过这个圈子传递出去,例如对公司的情绪,或者对领导的情绪。其实,把情绪发泄出来并不是一件坏事,因为发泄出来之后,情感上就得到了宣泄;并且,有些想法只有在说出来之后才有可能实现。(青雨语)

面对上述情况,男性领导者很可能将女员工的这种表现视为影响公司形象、传播不良情绪的负面状态;而女性领导者则会表现出更多的移情和共情,因此本书中很多女性管理者都将女性员工的福利和感受放在开展工作的重要位置上,"我更希望公司内的这个女性小圈子能够由女性管理者来组织,鼓励大家发泄情绪,这样女性员工可以拥有自我内在情绪的发泄渠道"。(青雨语)。此外,因为管理层的领导者大部分都是男性,个别女高管的例子并不具有普遍性,所以女性管理者在工作组织中更容易受到轻视或排斥,这不仅对女性管理者自身不公平,而且会强化传统观念中"成功女性不受人喜

---

① [美]谢丽尔·桑德伯格:《向前一步》,颜筝译,中信出版社,2013年。

欢"的偏见。特别是在女性管理者较少的工作组织中,更应该将组织内部的女性员工团结起来,一方面,使女性领导者不再孤立无援;另一方面,有利于女性员工共同抵制企业中隐性的性别偏见,为自身的向上发展争取更多机会。

　　实际上,女性之间的联合并非一直存在,在之前的几代女性中,她们相信任何一个公司只可能有一个女性进入高层。那个年代很流行在性别比例上做表面文章,[①]当时的女性不是联合起来反对不公平的体制,而是会观察四周,并常常把女性彼此当作竞争对手,同时她们在事业上的进取心又会加重这种敌意,甚至以恶意陷害的方式获取自身的职业成功,最终导致很多女性遭到忽视,同时自身权利受到侵害。由此可见,在那个年代,那些已经拥有权力的女性成为阻碍更多女性获得权力的重要因素之一。在 20 世纪 70 年代的美国,这种现象已经相当普遍,人们用"蜂后"形容在领导层,特别是在男性主导行业的领导层上的女性领导者,意指她用自己的地位压制着其他的女性"工蜂"。对于成为"蜂后"的女性而言,这可能是她出于自我保护的意图,也可能意味着她已经"成熟",并能够真正融入一个"相信男性比女性优越"的社会。在这个意义上,"蜂后"的行为不仅是性别歧视的原因之一,也是性别歧视的后果。"蜂后"们已经从内心接受了女性地位低下的现状,她们只愿意在与男性打交道中发现自己更高的价值,此外,她们通常也不会提拔其他女性。[②]从目前的职场现实来看,进入权力高层的女性的确很少,她们彼此之间也很疏远,而且为了生存,她们中的很多人更关注怎样融入大环境(男性主导的职场环境)而非帮助其他女性同胞。但是我们必须意识到,如果更多的女性能像本书中的知识女性一样"团结互助、共同进取",世界的权力结

---

　　① 本书中蓉洁曾在访谈中提到,在她们那个年代(八九十年代),每个单位的领导岗位上,有多少名男性,就要有一名女性,在比例上体现所谓的"男女平等",这种表面的平等似乎只表明了"有女性的参与"。

　　② Derks B., Van Laar C., Ellemers N., et al., Gender-Bias Primes Elicit Queen-Bee Responses Among Senior Policewomen, *Psychological Science*, Vol.10, 2011.

构可能会因此发生改变——越多的女性获得权力，女性整体的压力就会越少，这会进一步促使女性领导者更主动地帮助其他职场女性。已有研究表明，领导层中女性比例更高的公司，在平衡工作和家庭方面也会提供好的政策，在薪酬上的性别差距会更小，中层管理者中的女性数量也会更多。[①②]因此，如果女性领导者能够联合更多的女性建构职场中的"女性命运共同体"，那么会进一步促进职场的性别平等、消除性别隔离和偏见，从而使女性获得更多的发展机会和更大的发展空间。

由此可见，要想真正消除企业内部，尤其是男性占主导地位的行业中存在的"第二代性别偏见"[③]，决不能忽视企业内部女性员工的存在。随着职场女性在劳动力市场中的比例逐年增加，迫切需要女性员工具备"联合意识"，特别是在不同工作组织内部，职业女性需要形成联合共同体并勇敢地为自己发声。只有这样，才有可能阻止"蜂后"现象愈演愈烈，防止"性别不平等"在无形中不断地复制、扩大。这种期望实际上是很有希望实现的，不仅本书的知识女性在行动上"联合其他女性员工形成共同体"，也有调查发现，在商界中"潜力很大的女性"都想要"接力前进"，有73%的女性员工已经在帮助其他女性发挥自己的才能。[④]

---

① Kurtulus F.A.，Donald Tomaskovic-Devey，Do female top managers help women to advance? A panel study using EEO-1 records，*The Annals of the American Academy of Political and Social Science*，Vol.1，2012.

② Shin T.，The gender gap in executive compensation：The role of female directors and chief executive officers，*The Annals of the American Academy of Political and Social Science*，Vol.1，2012.

③ 第二代性别偏见是区别于传统的"组织对女性的故意排斥"，也是一种看不见的组织文化与隐性的两性权力不平等，它的本质是以男性为基础的组织实践中根深蒂固的性别偏见。（Ely R. J.，Ibarra H.，Kolb D. M.，Taking gender into account：Theory and design for women's leadership development programs，*Academy of Management Learning & Education*，Vol.3，2011.）

④ Dinolfo S.，Silva C，Nancy M. Carter.，*High potentials in the leadership pipeline：leaders pay it forward*.Catalyst，2012，7，http://www.catalyst.org/publication/534/42/high -potentials -in -the -pipeline -leaders-pay-it-forward.

三、自我互动：在突破与超越中前行

知识女性在追求高层次职业地位过程中，除了与外界环境发生互动、与他人建立关系外，她们也会与内部世界的自我进行"对话和思考"。心理学家玛丽·沃特金斯（Mary Watkins）将个体与内部自我之间的对话视为个体与"影子客人"（invisible guests）之间的互动，这种内部互动与个体多角度看问题的能力相联系。①此外，赫尔曼（Hubert J. Hermans）和肯鹏（Harry J. Kempen）也认为，个体天生便能与自己对话，通过这种内在的对话过程，促使个体各方面特质不断发展。②本书将自我互动视为一种知识女性在内心展开的"想象性对话"（imaginal dialogue），特别是她们在面对职业地位获得过程中的自我博弈或两难处境时，想象性对话中的"影子客人"会扮演着社会榜样、积极情感的提供者、坚定信念和价值观的促进者等，③激励知识女性在抉择或困境中保持积极、乐观的心态，从而做出最优选择。由此可见，女性作为一种"关系性存在"，不论是真实情景中面对面的人际互动，还是发生在想象中的自我互动，都是通过联结和互动将女性带入某种关系中，使她们不断获得积极的自我感觉、建构正确的自我概念、形成合理的自我认知，最终助力她们向更积极的方向发展。

本书通过对知识女性的深度访谈，提炼出她们在职业地位获得过程中内部世界所经历的一系列"对话与思考"，并将其作为"自我互动"的具体表现。通过自我互动，知识女性在面对"自己是否要追求更高层次的职业地位"

---

① Watkins M. M., *Invisible guests*, *the development of imaginal dialogues*, Contnuum, 2000.

② Hermans H. J. M., Kempen H.J. G., *The dialogical self*: *Meaning as movement*, Academic Press, 1993.

③ Gergen M., *Feminist reconstructions in psychology*: *Narrative*, *gender*, *and performance*, Sage Publications, Inc., 2001, p137.

的问题时,会更加坚定地"向前迈进一步";同时,在面对外部环境中的各种阻力和性别偏见时,她们会不断开发自己的"潜力发展区"并提升核心竞争力,最终使自己突破职业地位获得中的"玻璃天花板",在突破与超越中一直前行。

（一）冲破"玻璃天花板",向前迈进一步

在女性职业发展中,以往研究表明女性工作者都会遭遇"玻璃天花板"—— 一种不可避免但又难以克服的、阻挡女性获得更高水平职业发展的隐性阻力。对于很多职场女性而言,在面对"玻璃天花板"时,通常会抱怨职场环境不利,或者通过"自我安慰式"的逃避而选择安于现状——女性应该将更多的精力放在照顾家庭上、女性不适合做领导者等。[①]然而当知识女性在职场中收获了以财富、权力为代表的物质性职业地位后,影响她们冲破"玻璃天花板"的关键要素是自己,本书中绝大部分知识女性认为阻挡她们职业晋升的这层"玻璃天花板"并非坚不可摧,她们也曾在"维持现状与继续向前"之间反复地自我博弈:面对"维持现状"时,她们因拥有更远大的职业理想而内心不甘;面对"继续向前"时,她们则必须将更多的精力和时间放在工作而减少对家庭的关心。在这场"鱼和熊掌不可兼得"的博弈中,她们通常会选择冲破阻挡在职业晋升路上的"玻璃天花板",继续向前迈进一步。她们内心深处始终不甘于长期处于重复、缺乏挑战的工作状态,因此她们将"玻璃天花板"视为"自己在当前工作平台发展到了瓶颈"的指示器,与其在一个地方抱怨自己无法升迁,不如找一个更广阔的发展平台,施展自身潜能。"这个经历我又完成了,觉得没意思了,无法取得任何突破,因此我不能再这样耗着了。"代曼每完成一个阶段性工作或项目之后,都会有这样的想法,更具

---

① Warner J.,No ordinary woman,*New York Times*,October 26,2008,http://www.nytimes.com/2008/10/26warner-1.html.

挑战性的工作是推动她持续寻找进一步促进自我提升的发展平台的重要动力。凝文亦是如此,她曾提到"我换工作,通常是因为它满足不了我的野心和欲望,或者满足不了我的职业生涯规划,让我看到了天花板"。凝文在做销售时,每月的销冠确实使她很快发现自己到达了职业发展的瓶颈,虽然每月丰厚的工资足以使她安逸地生活,但如此舒适又平淡的工作状态总会使她冒出跳槽的想法:

> 那时候我已经成了销冠,月收入四千,当时这个工资已经不低了。但是我就是不太甘心,因为做到销冠以后,开始坐在前台聊家常,身边的人都比我大,我就觉得人生开始被消耗了。我觉得不能这样子,太优越了吧,印象中吃的也比较胖,内心也是不服输,所以带着自己的存款,毅然决然地辞掉工作报考了 T 大的管理系……

本书中绝大部分知识女性因为不甘于舒适的工作状态而选择"继续向前迈进",有的像凝文一样选择跳槽而获得更大的发展平台,有的选择自主创业,主动为自己的职业生涯开拓更广阔的发展空间。代曼作为一名创业公司的董事长,对于"是否应该继续扩大规模?是否应该开辟新的领域?"也经历过很长时间的自我博弈。"我现在所拥有的财富足够可以让我衣食无忧,每天出去旅游度假,过着非常滋润的生活;但是如果让我一直以这样的状态下去,我可能会疯掉……"(代曼语)与代曼相似,"自我博弈"也是华辰追求更高层次职业地位过程中的主旋律,在每次左右摇摆之中,内心的天平总是倾向于"事业"。她是本书中唯一一位被追踪了两年的受访者,也是本书的知识女性中年龄最小的一位,从毕业到创业她所取得的成就远远超出了绝大多数同龄人。此外,从华辰身上似乎可以看到其他受访者职业生涯奋斗之初时的影子,同时她也展现出很多女性管理者所拥有的特质。华辰称自己的职业生涯是拥有一台永不停歇的马达的跑车,一路都在"飙车";同时,她也一直在纠结"自己是应该快速前进,还是停留在可以让自己安逸生活的状态",而促使她完成自我博弈,最终选择"再往前迈一步"的是一份超越于自身利益之上的责任感:

> 周一到周五我需要在单位上班,周六日则是在工作室带学生,在工作室刚刚成立时,我两天要上20节课,那意味着我从早晨八点到晚上八点,中间除了一个小时的吃饭时间,其他时间我不能停下来。每天晚上回到家里,我真的连说话的力气都没有了,我能感觉到已经接近我身体的极限了……后来我把课缩减了一些,但是我还是想把它发展得更大。我也在纠结,此时支撑我的已不单单是物质上的满足,而是出于我对孩子的责任,也正是这份责任感支撑我再往前走一步,再走一步……

然而知识女性在每一次自我博弈之后选择"继续向前迈进一步"时,她们需要面对很大的风险——或是就此"高空坠地"而从头开始,抑或是下落之后反弹得更高。但是只要选择突破自我、继续前进,其内心必须能够承受"高空坠地"所带来的风险和落差感,具体表现在:如果她们在新的单位发展不好,一方面,可能需要面临经济上的落差,另一方面,可能无法实现自身能力的进一步提升,从而影响到未来的职业发展;此外,尽管她们在之前的单位遇到"玻璃天花板",但凭借着自己的工龄和工作经验,至少还拥有一定的地位,如果选择主动冲破这层"天花板"(比如跳槽),自己将以新员工身份重新适应并融入新的工作组织和环境,曾经被认可的才华和能力可能转瞬即逝,这样的落差感对重新燃起奋斗的激情是一种巨大的挑战。本书中的宇芳,是唯一一位因为担心上述风险和落差而选择"停止前进"的受访者。

我们单位晋升相当困难！领导的关注点是生产那块，我们服务型部门根本不会受到重视，而且企业内部有很强的重男轻女之风，所以领导提拔时总是优先考虑男性。有一段时间，领导明确指出女员工不允许晋升。像我的高级主管，是我们部门唯一的男士，其实我的资历比他深，但在同等条件下，领导会重用男员工。当时去竞聘的时候，我就是去做："陪衬"的。面试完，领导还安慰我说其实你也很不错的……我当时就说"没事没事，我看得很开！"（大笑）我在这个企业工作了十四年，才晋升到培训主管，如此漫长的晋升之路几乎把我的工作激情浇灭了，我能拥有现在这样一份稳定的工作我已经很知足了；如果选择换一份工作，我还得重新适应，也许还没有现在这份工作好，与其这样，我还不如平衡好工作和家庭……（宇芳语）

对于原本向往白领生活的宇芳而言，当前企业的工作氛围和晋升机制彻底打消了她"向前进"的信心，也一点点浇灭了她的奋斗激情，最终只能选择维持工作现状，将更多的精力投入家庭。宇芳属于哈基姆（Hakim）提出的典型家庭中心型职业女性——将更多的精力投入家庭，工作只是获得一份收入的"手段"。[1]在中国的国企单位中，还有很多与宇芳经历类似的职业女性，一方面，"高知"是进入国企工作的最低门槛，但之后的发展道路在很大程度上由"关系"所决定，如果没有过硬的"社会资本"，很有可能会被与自己资历相同，甚至比自己能力、经验低的人挤下去；另一方面，国企相对安逸的工作氛围使她们逐渐接受了"难以晋升的现实"，并且也磨灭了她们继续向前迈进的勇气和信心，最终被所谓的"玻璃天花板"阻挡了获得更高层次职业地位的通道。

---

[1] Hakim C., *Work-lifestyle choices in the 21st century*, Oxford University Press, 2003, p87.

(二)寻找"潜力发展区"与打造核心竞争力

女性进入职场以后,特别是在男性主导的行业中工作,她们为了获得与男性同等的发展机会并攀登更高层次的职业地位,需要付出更多努力,而这些努力最终体现在"反复证明自己的能力"[①](Prove-It-Again)上。传统的性别观念认为"女性与男性在职业抱负上存在显著差异",这种差距导致女性不愿意做出必要的牺牲而获得更高的职业地位;但也有研究发现,女性需要在组织中付出成倍的努力来证明自己的能力,由此造成过多的精力损耗,进而使得她们在职业生涯中过早地表现出"精疲力竭",最终无法获得与男性同等的职业地位。[②]本书中的知识女性对上述传统观念的刻板印象持否定态度。她们十分清楚自己必须面对"反复证明自己能力"的职场环境,但她们并没有以此作为抱怨或放弃的借口,而是愿意付出比常人更多的努力,永远不停止证明自己的脚步——她们通过寻找自身"潜力发展区"、打造"核心竞争力",不断地在"证明自己能力"与"实现自我突破"中前行。

1930 年,维果茨基提出"最近发展区"的概念,主要是指儿童的实际发展水平与潜在发展水平之间的差距。受这个概念的启发,本书在此基础上,提出知识女性的"潜力发展区",主要指知识女性在追求职业地位过程中尚未表现出的能力潜伏区。当知识女性职业生涯发展到一定层次而无法获得进一步提升,或者遇到极具挑战性和有难度的工作任务时,她们会主动寻找自己进一步提升的突破口。与"最近发展区"强调教学、教师、同伴等外部影响相同的是,"潜力发展区"也需要上层领导分配有难度的工作任务,为激发知

---

① Williams J. C., Dempsey R., *What works for women at work: Four Patterns Working Women Need to Know*, New York University Press, 2014, p.23.

② Foschi M., Double standards for competence: theory and research, *Annual Review of Sociology*, Vol.26, 2000.

识女性挖掘"潜力发展区"创造外部条件；与"最近发展区"不同的是，"潜力发展区"的开发更强调知识女性自身较强的主观能动性，她们能够意识到并且主动去挖掘潜在能力。本书中的旭妍在初入职场时，由于从未接触过项目管理相关的工作，而一度陷入迷茫之境，但她却从未消沉或放弃，反而深刻地意识到"要想在这个企业生存并获得更高的职业地位，我必须逐步攻破所有难题，挖掘自己在这个工作领域中的更多潜能，并向大家证明自己的实力，这也是让自己拥有主动权和决定权的唯一途径"。因此，当她拿下第一个项目之后，并没有沉浸在一时的成就之中，而选择继续打磨自己。下面关于旭妍的访谈片段，能够更生动地展现出知识女性在职场中反复证明自己能力的艰难处境；同时，也可以从另一个角度看到她们在"反复证明自己的实力"的过程中如何寻找自身的"潜力发展区"。

片段分析之四

　　　　旭妍："停止进步等于慢性自杀！"

　　旭妍：我上班第一年很迷茫，一直处于寻找自己的人生定位之中。其实我在N大上学的时候就有过一段迷茫期，因为迷茫所以我什么都学，MBA也学，HR也学……我当时给自己粗略地制定了一个职业规划，就是要在三十四岁之前打造自己的核心能力，我的目标是"我要去选择工作而不是工作选择我"。我是一种考试型的人，当工作第一年没有任何考试的时候，我就感觉很迷茫。

　　我：为什么喜欢考试？

　　旭妍：因为考试能够让我证明自己的能力，也可以让我在工作岗位上干得更踏实。因为在企业中有职称和职业资格两类，通常人们说的中级、高级什么师之类的，那是职称；国内企业可能要求没有那么严，但是你要是在国外，想进入建筑行业，是要有职业资格的。只有你拿到职业资格，才能在这个领域去干事。那时候是我上班的第一年，其实还很庆幸，我拿到中级经济师；但是现在研究生毕业要三年以后才能考中级经济师，我那年考完试就改革了。因为我入职第一年没有考试，所以比较慌，我就问人力资源的同事有什么考试可以让我考，她就说你考初级（经济师）吧，因为我原先是要上经济博士的，初级可能（对我来说比较简单），我就说能不能让我直接考中级，他说能考，但是很难，我当时就想试试。结果，第一年我就拿到了中级经济师（这个是职称），这个比别人要早很多。

我：这个证的取得已经证明你拥有很强的实力了，那之后你还是会像之前继续证明自己的能力吗？

旭妍：是啊，这个证只是让我在这个企业以及自己的职业规划中站稳脚跟的第一步。紧接着第二步就是要打造自己的核心能力，我是在2012年——我二十九岁的时候——拿下了注册造价师，注册造价师就是我刚才说的职业资格。很多人是只有职称而没有职业资格的，而我在工作的等五年就拿到了这个证。当时公司计划部缺人，需要做投资上报、经济评价等方面的工作，但是全公司只有我一个人有这个证，虽然我没有这方面的经历，但至少这个证是对我能力的一种认可吧。所以，2012年的时候我就去计划部做了岗位主管。

我：那晋升为部门主管之后，你还在继续走着"证明能力"之路吗？

旭妍：在2016年我通过了高级经济师，在我们公司，高级经济师是比较少的，它的限制就是工作七年以上，同时，拿到中级四年以上。我是受制于工作年限，去年我就申报了高级，我们的高级是副高，相当于大学里的副教授。正高呢，是教授级高工。这个对我来说还是蛮骄傲的，一方面，高级工程师比较少，而且能在我这个岁数拿下来也能够证明至少我在这个领域比较（优秀），因为光是中级的话，说服力比较小。

从旭妍八年多的工作经历来看，"考试–取证–证明自己实力"是她一路过关斩将的主旋律，一方面，她用取证向外界证明自己的能力；另一方面，所取得的证书也为她能够"主动选择工作"提供了有力武器。除了这种方式以外，不断挑战新项目以获得辉煌的业绩，是职场女性证明自己能力、寻找"潜力发展区"的另一个重要途径。唐茹是做业务出身的，业绩自然成为衡量职业成功的重要标准——超额完成的业绩让她获得了认可，也使她发现自身更擅长的工作领域：

> 像我们这种业务型的公司，它要用结果说话、用数据说话，你必须要完成该有的业绩，只有创造了业绩，公司才会有创收，你才能获得自身发展。我们全国五十多家分公司，我们分公司是去年（2016年）唯一一家月月完成责任状的，这是很难做到的。那时候，我们的状态就是拼，拼尽全力，哪怕就剩最后那一天，也要努力去完成，几乎每天都是超负荷状态。在2016年取得这样骄人的成绩后，我似乎无法停下"继续突破"的脚步，2017年我给自己公司定了更高的目标，我希望进一步证明自己的实力。这几年工作业务不断创下新高，使我逐渐在职业生涯中找到自己真正擅长并感兴趣的事情，也因此，我自身的能力也随之不断提升。

旭妍和唐茹虽然所处的工作领域不同，但是她们在职场中都有相似的状态，即不断开发新的"潜力发展区"以证明自己的能力，这既是对自身职业发展的挑战，也为自己获得更高层次职业地位奠定了基础。"努力奋斗的状态必须维持，一旦松懈就相当于在慢慢扼杀自己"，旭妍更像是一把上了膛的手枪，时刻处于一触即发的状态。在她看来所谓的恋爱、结婚、生子都是"干扰项"，只会让自己一点点被消磨，最终只能是"心有余而力不足"。然而在现实职场中，有很多女性属于"不充分就业女性"，即在工作中不充分利用教育、技能和能力的女性劳动者,[1]这类职业女性在职业生涯发展中对自己的期望较低、缺乏挖掘自身潜能的意识,最终导致她们只能从事地位低、报酬少和发展机会少的工作。[2]以往研究也进一步证明:有很多天才的、有潜力的年轻女性由于对自身能力的低估,使得她们在大学乃至工作后逐渐降低自己的职业目标,从而造成她们比天才男性获得高地位职业的可能性更低。[3]尽管本书的知识女性谈不上是天才女性,但是她们对自身能力充满自信,并且在行动上从未停止前进,因此,她们才有机会获得更高层次的职业地位。她们在工作过程中不断挖掘自身的潜力,一次又一次突破自身的能力极限,正如旭妍所言,"四十岁之前的享受似乎太过于奢侈,这段大好时光是打磨自己、提升能力、成就辉煌的关键期"。

在寻找到自身"潜力发展区"后,知识女性应集中精力将"潜在能力"转变为现实的核心竞争力。本书将"核心竞争力"解构为两个层面:一方面,对于工作专业性较强的女性而言,"核心竞争力"即为在该领域的职业资格认证,就像旭妍在短短几年时间里,接连拿下注册造价师、中级和高级经济师,使得她获得了宝贵的职业晋升机会,顺利成为经济科室的"开国元帅";另一方面,"核心竞争力"体现在知识女性非专业性的综合职业能力上,如团队协作能力、沟通力、决策力等,这类能力是任何知识女性追求高层次职业地位所必须具备的能力。此外,综合职业能力是本书知识女性在不甘于从事重复平淡的工作、勇于迎接挑战、打破现有的工作秩序过程中,不断打造和训练的,这些能力的提升不仅是他们在职场安身立命、脱颖而出的王牌,也使她们避免一直陷于"无法被别人认可"的尴尬处境之中。

---

① Nieva V. F.,Gutek B. A.,*Women and work: A psychological perspective*,Praeger,1981,p.98.

② [美]玛丽·克劳福德、[美]罗达·昂格尔:《妇女与性别——一本女性主义心理学著作》,许敏敏、宋婧、李岩译,中华书局,2009年,第203页。

③ Reddin J.,*High-achievement women*,In H. S. Farmer (Ed.),Diversity & Women's career development,Newbury Park,Sage,1997,pp.95—126.

(三)持续学习与自我提升

本书中的知识女性,在面对"继续前进或止步于此"时,大多数选择了继续前进。特别是当她们走向管理岗位之后,从之前只对自己进行"管理"到对整个团队进行全局性的管理和把控,这种身份、职责的转变进一步促使她们持续学习和自我提升——通过攻读 MBA(工商管理硕士)或进行专业进修等方式,开发"潜力发展区"、打造核心竞争力。此外,由于个人角色和学习目的的转变,使得知识女性在重返"教育"后的心态和状态与她们最初接受高等教育时有所不同:一方面,鉴于她们拥有更丰富的实践经验,使得学习过程具有更强的目标性和针对性;另一方面,在继续教育过程中,她们对除讲授以外的其他东西具有更加敏锐的洞察力,比如代曼在 MBA 的课堂上,会更多的关注身边一起学习的同学,主动寻找更胜一筹的同伴进行交流,她认为只有这样做,才会激励自己提升到对方的高度,甚至超越他们。

第三节　能力(Ability):知识女性获得职业地位的内在动力

知识女性自身所具备的"能力"是她们顺利完成上述各种互动行动的内在动力,具体包括:对职场环境的适应力,帮助她们快速适应并融入工作组织;对职业发展的规划力,使她们树立更清晰的职业目标,从而避免自己陷入职业迷茫之中;对行动计划的执行力,确保她们及时将规划付诸行动,从而不会错失任何发展的机会;对自我提升的学习力,使得她们时刻保持学习状态,不断实现自我提升。

一、对职场环境的适应力

当知识女性从高校进入职场以后，便有了一个新的身份——职业女性，她们作为自己职业生涯发展中的"主体"，所处的职场环境自然构成了职业发展中的"客体"。对于每一位职业女性而言，她们很难改变客观的职场环境，同时又需要在这个环境中完成一切工作任务。知识女性进入职场以后，并不会因为她们的高学历而被优待，也不会因为她们能力出众而获得发展捷径，她们同样会遇到职场中隐性的性别歧视、艰苦的职场环境等。当现实的职场环境与知识女性的自我认知结构发生冲突时，本书知识女性并没有被动地接受外界环境对自己的"塑造"——仅仅将它们收纳在自己的观念体系中，而自己对其既不认同，也不做出任何改变，而是主动地进行自我调整、积极适应各种职场环境，并与职场环境建立一种"同化于己、顺应于物"的主客体相互作用关系，在双向作用过程中，凭借自身积极的适应力，最终与环境达成一种"适应性平衡"。本书将知识女性对环境的适应力进一步解构为"同化力"与"顺应力"。

"同化"与"顺应"最早源于生物学，皮亚杰将它们移植到心理学和认识论中，用于阐明主体与客体相互作用的关系。皮亚杰将这对概念界定为："机体是一种物理——化学动态过程的循环，这种循环同环境保持着稳定的关系，双方相互作用，产生新的循环。设 A、B、C 等为有机体的元素，X、Y、Z 等为对应的周围环境元素，这样构成的组织图式为：(1)A+X→B；(2) B+Y→C；(3) C+Z→A……把有机体的元素 A、B、C 等同环境的元素 X、Y、Z 等结合在一起的关系，就是同化关系；如果我们称环境施加压力的结果(b 变成 b')为顺应,那么适应则是同化与顺应之间的平衡。"①根据皮亚杰对主体与客体关系的概念界定,本书提出的"同化"能力帮助知识女性克服一切阻力、坚定不移地追求职业目标;"顺应"能力则帮助知识女性适时、灵活地调整目标,看似是一种消极退缩,但实际上是知识女性对自我内源性动机的保护。

哈基姆(Hakim)曾提出三类职场女性,即"家庭中心型""工作导向型""双向转换型"。②对于"家庭中心型"的职场女性,工作只是锦上添花的事情——有一份工作可以减轻家庭的经济负担,但是自己的主要职责还是照顾好家庭、处理好家庭事务;当她们面对艰苦的职场环境或者职场中的不公平待遇时,她们常以消极的态度,选择被动适应或默默地忍受,进而使自身的工作热情逐渐被削弱。③相反,本书中的知识女性基本是"工作导向型"或"双向转换型",她们进入职场后,毫无畏惧任何职场环境的挑战,强大的"同化"与"顺应"能力,使她们可以快速找到融入工作环境的最佳方式;尽管会经历各种艰苦的挑战,但她们对职场环境的积极适应仍然会进一步增强自身的职业意志、坚定自己的职业理想。婷秀本身是医学出身,也立志成为一名医生。然而真正进入职场以后,其职业发展路径逐渐偏离了最初设定的目标航线——从怀揣着医生梦进入兽医行业,再转向从事行政管理工作,每一次转变都将自己置于无力改变的境地,而她唯一能做的就是接受"职业命运"的安排。在内心充满无奈的情况下,她仍以乐观的心态积极地进行自我调整,让自己逐渐融入现实的工作环境中——改变自身的职业认知,从无法改变的工作环境中挖掘自己其他方面的潜能。

---

① [瑞]让·皮亚杰:《发生认识论》,范祖珠译,商务印书馆,1990 年。

② Hakim C., *Work-lifestyle choices in the 21st century*, Oxford University Press, 2003.

③ Crompton R., *Employment and the Family: The Reconfiguration of Work and Family Life in Contemporary Societies*, Cambridge University Press, 2016, p.54.

我从小的理想是当一名医生,但是进入大学后,自己阴差阳错成了一名动物医生,不过尽管偏离了自己最初的梦想,但是总归都是医生(大笑),不管是给人看病,还是给动物看病,只要能治好病都会让我获得一种成就感,也是自我价值的一种体现。研究生毕业以后,可能因为自己成绩优秀,导师将我推荐到现在工作的企业,主要负责科技项目的管理;做了五年项目管理之后,2016年,领导任命我去做办公室副主任,所以我后来从项目管理又调到了行政管理。从我这几年职业发展经历来看,很多东西是自己无法掌控的。一开始觉得自己学了那么多年的专业丢掉了,内心还是有些许抵触。但是在后来工作中,我开始一点点学习行政管理的知识和技能,慢慢发现自己挺适合做行政的。(婷秀语)

婷秀的职业生涯从志向"成为一名医生"到走向"行政管理岗位",她面对自己不擅长或者与自身职业理想不相符的工作时,并没有怨声载道,或抱着应付差事的心态去工作,而是根据现实工作的需要积极地进行自我调整,从最初的"抵触"到逐渐发掘自己其他方面的潜能,这也使她找到了职业生涯发展中的"平衡点"。在与职场环境不断磨合以及接受更多工作任务的挑战中,她逐渐适应了新的工作安排;同时,这个平衡点也是她与外界环境进行积极互动而达到的"良性适应"状态,为她追求更高层次的职业地位奠定了基础。知识女性对职场环境的主动适应除了表现在积极接受不同工作任务和工作角色的转变外,还体现在对企业文化包括人文环境和物理环境的适应——只有能够更好地"融入"其中,在工作组织中找到生存的平衡点,才能获得进一步的发展。

刚进公司几个月,我就被安排到国外总部进行培训学习。毕竟是在外企,整个工作环境由国外的文化所包裹。刚到那边总部工作时,我非常不适应,那边很注重团队之间的合作、讨论和交流,虽然自己的英语水平在国内交流基本没问题,但是真正进入国外的工作环境中,同事之间的交流语速都很快,沟通障碍成了我最大苦恼;现在回忆起来,庆幸自己当时没有放弃:虽然大团队的讨论我很难找到发言的机会,但是我从小组的讨论开始,只要我能稍微听懂一些他们的想法时,我就会及时"开口"表达我的观点。现在,我已经可以顺利适应外企这种工作氛围与沟通方式,自己也变得越来越自信了。(蜜桃语)

二、对职业发展的规划力

以前人们常用"梯子"(Ladder)来比喻职业生涯,在当今变幻莫测的职场中,这个概念已不适用于大多数职场人了。竖梯会限制人的行动——要么往上爬,要么往下退;要么站在梯阶上,要么跌下来。在竖梯上,大多数攀爬者只能在上面一个人的阴影下前进,只有那些站在最顶端的人才能看到最美的风景;但是在工作组织趋向扁平化的无边界职业生涯时代,个体的职业生涯更像是"方格架",它为更多的职场人提供了更宽广的视野,特别是为职业初期、转行阶段,由于外部障碍止步不前,或休息一段时间准备重新进入职场的女性,提供了更多可探索的路径。

用"在方格架上攀爬"来描述本书大部分知识女性的职业发展非常贴切:她们在职业发展中会遇到迷茫、彷徨,但是她们没有在无所适从的旋涡中迷失自我,主要因为她们在迷茫时会停下前进的脚步给自己做一份规划;同时,在为实现职业目标采取行动前,她们会思考多种达到目标的行动方案。然而一个人的事业并不总是在一开始就做好缜密的规划,因此本书的知识女性所具备的"规划力"不仅指向她们对自身职业发展状态的"阶段性规划",还包括她们开启一份工作后,根据工作情况、自我状态等变通地调整职业目标并制定具体的"行动计划"。"有变通的规划"是知识女性获得更高层次职业地位的必备能力。由于职场性别偏见的存在,使得很多女性被分配从事所谓的"办公室劳动"①,如果对自身的职业发展不能进行"有变通的规划",则很容易"挂在僵直的梯子"上无法前进。从本书中的知识女性职业发展经历来看,她们不仅有长远的梦想,而且在每一个阶段为自己设立短期目标,在具体行动中也会随时调整实现目标的行动方案,最终她们在追求高层次职业地位的道路上走出一条"时上时下、迂回曲折,甚至偶尔误入死胡同"的独特路线,为自我提升创造了更多、更好的机会。然而"规划"只是职业生涯发展中的奠基石,知识女性所具备的"对行动计划的执行力"才是真正帮助她们将规划付诸实际行动,进而迈向更高层次的职业地位的内在动力。

三、对行动计划的执行力

在职业发展过程中,很多机会都是稍纵即逝的,不会为任何人留下足够的时间进行缜密计划、反复思考,只有那些做好充足准备和计划、并能迅速决策和果断出击的人,才能准确地把握机会。对于本书中的知识女性而言,她们在职业发展的迷茫期,会为自己制定初步的发展规划,主动挖掘有利于自身发展的机会,并立即采取行动。此外,她们也不允许自己成为"言语上的巨人、行动中的矮子",这是她们职业生涯发展中所秉持的信条,也是对自身严格要求的标准, 正是这种强劲的行动力在推动她们向更高的职业地位迈进。实际上,知识女性在追求职业地位过程中,自身所具备的规划力与执行力是相辅相成的,共同助力知识女性获得职业成功。旭妍曾经历过两次迷茫期,但是在每一次发展迷茫时,她都会努力为自己设定一个切实可行的职业

---

① 办公室劳动(officework)通常是指没有任何技术含量、非常基础的工作,如打印文件、接待客户等。

目标,进而坚定不移地朝着这个目标果断行动。

> 我的第一次迷茫期是在研二时，当时我们学校正处于学制改革的试水期,我们自然成了"小白鼠"——实验两年学制和三年学制哪个更好。我的专业不属于常规领域,毕业以后的工作方向并不十分清晰,但我深知在未来工作中,我需要具备较强的核心能力,我应该从现在开始打造自己的核心竞争力。于是,我开始学习各种知识,我自学了 HR、金融、企业管理等,尽管我并不知道哪些知识会对我今后发展有用,但是在这种"盲目学习"的过程中,我为自己做了充分准备。(旭妍语)

旭妍将"三十四岁前打造自己的核心竞争力"作为自己的职业发展目标,但她并没有始终沉浸在对自己未来发展状态的美好憧憬中,而是通过学习各方面的知识,不断增加自身的知识和技能储备,从而向着自己设定的职业目标一步步行进。此外,华辰的创业经历也很好地诠释了"执行力"的内涵以及知识女性如何将自己的职业规划转变为具体的实际行动:

> 其实你看到我创业过程这么顺利，似乎没有经历任何坎坷，实际上,从我开始读研究生的时候,我已经在为自己的创业做准备了。我从本科到研究生都一直在外面代课,这样的工作经历首先让我能够走出课堂,真真切切地接触到学生和家长,了解他们的真正需求,感受学生在学习时的真实表现。其次,我也同样意识到,如果我未来选择创立自己的工作室而不是在学校当一名老师,那么我需要考虑的远不止课堂教学这一件事。所以,我在网上报了一个专业班,它会给你讲解自己创业需要做哪些前期准备、如何控制成本、需要进行哪些预算、存在哪些可控和不可控的影响因素等,通过学习成本管理、风险评估等让我对自

己当老板有了比较清晰的概念。接下来,基于我在其他工作室的代课经历,我不断积累如何设计课程、如何更好地布置工作室等方面的经验,甚至细致到选择什么样的装修风格、办公地点等细节问题。因此,在我刚刚毕业之后,工作室的筹备就马上顺利展开了,从开始招收第一个学生、到后续的宣传工作,到现在的初具规模,都与我之前的规划以及对每一个行动计划认真执行是分不开的。

值得注意的是,在计划执行过程中,知识女性并非一味地按照已经做好的规划、毫无变通地执行,她们会定期进行自我反思并对执行过程中的问题及取得阶段性成果进行批判性思考。当她们急于完成某项任务时,会有意识地放慢脚步,仔细分析当前情况、预期目标以及自己采取的行动,将自己置于这种批判性的情绪和思考中,有助于自己更敏锐地洞察和分析行动过程中存在的潜在问题,最终使自己避免被眼前暂时的成功冲昏头脑。①

四、对自我提升的学习力

知识女性从学校教育中除了取得"一纸文凭"外,"学习力"的培养是她们在学校教育中收获的重要隐性财富。这个能力的培养经历了一个不断尝试未知专业领域的挑战,再经过学习、消化、吸收,最终将专业知识"抛弃"的过程。本书将知识女性的"学习力"剖析为三个层面:学习的动力——当知识女性在职业生涯中遇到瓶颈时,通过持续学习,不断更新知识储备、进行自我提升,使她们突破发展瓶颈、追求更高层次的职业地位;学习的毅力——当知识女性因"未知"的工作任务而心生恐惧时,她们仍然勇于尝试,尽管学

---

① Horstmann N., Hausmann D., Ryf S., *Methods for inducing intuitive and deliberate processing modes*, Psychology Press, 2009, pp.219—237.

习的时间和精力有限,她们依然果敢地选择"一切从头学起",并从未中途放弃;学习的能力——当知识女性面对工作任务与所学知识相脱离时,她们会快速地学习新本领、吸收新知识。由此可见,学习力能够帮助知识女性持续地进行自我提升,永远以最饱满的姿态迎接职场中的各种挑战。

在职业发展过程中,知识女性要想获得更高层次的职业地位,决不能停下学习的脚步,而持续学习的过程则离不开强大的学习力。首先,当知识女性从学校进入职场以后,她们会发现所学的课本知识仅仅是"纸上谈兵",特别是新任务或项目的挑战与之前的知识结构完全没有交集时,强大的"学习力"不仅可以帮助她们克服因"未知"而带来的恐惧,还会使她们更加自信和勇敢地接受挑战。其次,学习力是一个领导者必须具备的重要特质。美国思科公司的首席技术官帕德玛西·华莱尔(Padmasree Warrior)在接受《赫芬顿邮报》采访时说:"在我事业刚起步时,我因为担心自己现有的水平无法胜任这项工作或是自己对这个领域还不够了解,而拒绝过很多机会。现在回想起来,在某个特定时期,迅速学习并作出成绩的能力才是最重要的。"[1]实际上,现实职场并没有完全合适的时机,特别是进入一个自己未知的领域时,迅速学习新东西的能力可以让自己更主动地抓住机会,甚至创造一个适合自己的机会。

---

① Bosker B., "Cisco Tech Chief Outlines the advantages of being a woman in tech" the Huffington Post, October 27, 2011, http://www. Huffingtonpost.com/2011/10/27/cisco-chief-techonology-officer-women-in-tech_n_1035880.html.

第四节　特质（Attribute）：知识女性的
"魅力人格"

传统刻板的性别文化观念将男性与企业领导者特质相关联——自信、果断、拥有领导力和准确的判断力，具有把握全局的控制力以及能够做出正确的决策；当女性因表现出色而成为企业领导者时，则会被认为不够亲切、不善解人意且难于接近。这种对成功领导者的期望和对女性管理者的刻板印象之间的差距，构成了女性走向管理层的一大障碍——表现得"女性化"让女性很难像男性那样获得机会，但不顾社会期待去争取机会又会被认为不配获得机会，甚至被判定是一种自私的行为。①然而当我真正与不同行业的女性管理者深入接触后，才深切体会到她们身上所散发出的个人魅力，完全不同于那些大众眼中有关女性管理者的刻板印象。她们所拥有的个人特质——"双性化"特征、坚韧性、自信心和进取心，是助力她们成为出色的女性管理者的内在保证，正是这些独特的品质使得知识女性能够不断攻破各种挑战和阻力，最终获得高层次的职业地位。

一、"双性化"特征

如果女性表现得过于女子气，她们会被认为能力不强，因此无法获得与男性同等的机会；当女性被认为具有男子气时，似乎会拥有与男性相同的机

---

① Williams J. C., Dempsey R., *What works for women at work*: *Four Patterns Working Women Need to Know*, New York University Press, 2014, p.50.

会,但又会被认为"因为缺乏社会技能而无法完成需要高情商的工作"①。两边拉近的绳索(Tightrope)使得女性在职场上要不断平衡男性化和女性化气质,这是一个长期困扰很多职场女性的问题,但是她们又必须面对这样一个现实:②当今职场仍将企业管理层领导与男性天然地联系起来,尽管女权运动在为女性争取与男性平等的职场地位上做出了巨大努力,但这个刻板印象似乎在短时间内很难被清除。传统性别观念中,处于从属地位的女性所具备的人格特征,通常是"唯命是从、缺乏创新、温顺、依赖性,缺乏能力去行动、去决断、去思考……"。然而本书中的知识女性在职场中要同时表现出"男子气"和"女子气"的部分特征:旭妍谈到自己在男性主导行业中的职业生存法则时表示,"女生表现的太过于扭捏和不爽快并不受欢迎",红琼也提到自己是一个性格爽快的人,"我做事很直接,干事也比较利索,在男性主导的行业中不'泼辣'点绝对不行"。此外,她们在人际交往方面,也会表现出善于观察他人的言谈举止、能够敏锐地体察他人的需要等女性特质。因此,本书进一步将这些"双性化"特征概括为:开放性、大格局以及人际敏感度。

　　为了游刃有余地应对职场环境并获得快速向上发展的机会,知识女性会保持高度的"开放性"。"开放性"是"大五人格模型"中的一个因素,本书结合知识女性职业地位获得经历,将"开放性"特征总结为"直爽性格、摒弃迂腐、敢于尝试":第一,指向其性格特点,与领导、同事、客户等互动过程中,保持直爽、开放的性格,有助于弱化彼此之间的距离感;第二,指向职业价值观方面,从内心完全摒弃传统、迂腐、保守的性别观念,树立"女性同样可以成为出色的领导者"的坚定信念;第三,指向工作过程本身,在工作中面对新的工作项目或任务时勇于尝试、积极接受挑战。

---

　　① Amy J. C.,Fiske S.T.,Glick P. The bias map: behaviors from intergroup affect and sterotypes, *Journal of Personality and Social Psychology*,Vol.4,2007.

　　② 这里所提到的"两边拉紧的绳索"与本章第三节中对女性在物我互动过程中所经历的"多重约束"相吻合,本书中的知识女性所表现出的"双性化"特征能够很好地应对这一职场隐性歧视。

片段分析之五

代曼:"女汉子也挺好呀!"

我现在所处的电缆行业,对我而言完全是陌生的领域,既和我的专业没有关系,也与我之前从事的工作不相关。然而进入这个行业后,我拿下的第一个项目对我影响非常大,因为它是从虎口里夺食夺出来的。当时这个项目甲方负责人说项目招标的单位都定完了,我因为自己的不甘心直接找到他们的总经理。我当时直接推门就进去了(也许扭捏、胆怯的性格就不会使她有胆量直接找到总经理,并且开诚布公地表明自己的想法了),心理想着"女孩子最大的优势是被反驳的概率可能小一些,多少可能会听我说几句"(代曼并不认为女性在职场中一定处于弱势,反而可以利用自身优势去挑战所谓的"不可能完成的任务")。后来跟甲方项目负责人说明情况以后,甲方项目负责人说:"你可以找我们的普工呀。"甲方项目负责人说已经定完了,但甲方老总说并没有最终敲定。我就是不认头,既然老总说没定,我便直接去找普工。可能因为当时比较年轻,没有太多顾虑,更没想会得罪人,所以就径直去找了招标负责人。后来,他把我的名单报上去竞标了。正好朱总也在,总共有四家,没想到我们成了一匹黑马,所报的价比另三家都低一些,后来项目给了我们。其实人生就是这样,主要在于你敢不敢博,可能它没有多复杂。(其实未知并不可怕,我们可能最终就是败给了自己的假想敌,只要敢于尝试和挑战,结果也未必像想的那么糟糕)

"双性化"的第二个特征是拥有"大格局",即一个人对事物所处的位置(时间和空间)及未来变化的认知程度。在传统观念中,"大格局"总是与男性相连,而女性则常常被贴上"小女人"的标签,所谓"小女人"即是以家庭为中心,对丈夫体贴,但自身目光短浅、缺乏远见的女人。为《哈佛商业评论》撰稿的两位研究者荷米妮亚·艾巴拉（Herminia Ibarra）和奥蒂莉亚·奥博达鲁（Otilia Obodaru）在她们所撰写的《女性和远见》一文中报告了她们针对一百四十九个国家的三千位高管业绩进行评估的研究，结果发现女性得分高的方面有：给出反馈、表现出坚韧性、调整优先事项等；但唯一不足的方面是缺乏远见，而远见又被认为是领导者最关键的方面。同样，本书部分受访者也多次提到："在企业中，女性必须要有'大格局'，方能获得更高层次的发展。"她们所说的"大格局"与艾巴拉和奥博达鲁文章中的"远见"内涵一致，即要想成为成功的女性管理者，她们不能恪守当下，而应偏离常规法则、制定长远的新策略。本书进一步将"大格局"归纳为以下三个层次。

第一，指向职业发展规划——知识女性拥有远大的职业发展目标，具备将自己的"职业"转变为"志业"的决心，从而不拘泥于眼前利益的得失，也不迷失于工作——家庭的冲突之中。第二，指向职场中的人际互动——在为人处世中，并不会因为无关紧要、不损害自身权利的事情，与他人"斤斤计较"，从而使自己避免陷于情绪低落、有失风度的状态中；同时，她们也善于与各种人建立人脉关系网络，通过不断扩大自己在职场中的社会资本，为自身获得更高层次的职业地位奠定基础。第三，指向工作过程本身——拥有宽广的胸怀，一方面，始终坚信"自己无法左右他人的想法，唯一可以支配的只有自己"，因此从不对他人的负面评价耿耿于怀；另一方面，以平和的心态对待工作中的失利，很多职场女性由于背负了"反复证明自己能力"的压力，使得她们在面对工作失利时，显得异常沮丧。为了获得快速的职业成长，职场女性应该坦然接受工作表现中的"不完美"，这样会帮助自己更好地汲取教训，并为长远的职业发展做好充足准备。

在外部期待与社会化的相互作用下，社会告诉女性理应擅长读懂人的内心，应该拥有体察别人想法和情感的触角，研究者将其称作人际敏感度或社会敏感度。[①]与男性相比,女性倾向于拥有更高的人际敏感度。尽管过高的人际敏感度会使个体在团队中与人相处时怀有较强的戒备、怀疑和嫉妒心理,造成人际关系紧张,但是适度的人际敏感度能够为团队带来决策优势。已有研究表明,决定团队智慧的最重要因素之一是它的人际敏感度,想出最佳方案的团队拥有能够读懂组员非言语信号的成员。[②]对于组织中的女性员工而言,她们在团队讨论中,能更快地察觉某些员工对讨论内容感到的不耐烦情绪;在商业谈判中,她们能更准确地判断合作者垂下头是表示挫败还是在集中精力进行思考;在电话会议中,她们还能更快地通过他人的音量判断出这个人对某些商讨内容是否感到恼怒。[③④]以上关于女性能够更敏锐地识别非言语线索方面的优势,可以帮助女性管理者更准确地决策。

由此可见,本书的女性管理者在工作组织中同时兼具传统意义上的男子气特征——"开放性、大格局",同时她们所具备的人际敏感度也帮助她们在团队中做出最优决策。本书所提出的"双性化"特征符合社会性别理论对"性别"的解读,即"性别"是在社会文化中被建构出来的,每个人都是在用行动表现"性别";此外,社会性别在某种程度上并非是绝对二分的,大部分人都会同时具备一些典型男子气的特征和典型女子气的特征,人们也会依赖不同的情景扮演不同的性别。[⑤]在现实职场中,很多女性管理者还长期面临着一个困扰:外部的管理者身份使她们的性格被片面地看成"男性化",而具有"男子气"的女性在公司中尽管获得了一定的职业地位,但并不被众人所

---

① Fine C.,*Delusions of Gender: How Our Minds, Society, and Neurosexism Create Difference*,W. W. Norton & Company,2010,p.110.

② Wolley A.,Malone T.,Chabris C.,Why some teams are smarter than others,*New York Times*,Vol.1,2015.

③ Hall J.A.,Gender effects in decoding nonverbal cues,*Psychological Bulletin*,Vol.4,1978.

④ Hall J.A.,*Nonverbal sex differences: Communication accuracy and expressive style*,Johns Hopkins University Press,1984,p.90.

⑤ Carbado D. W.,Gulati,M.,Working identity,*Cornell Law Review*,Vol.11,2000.

喜爱。因此，很多女性领导者都面临着是选择"被喜欢"还是"被尊重"的困扰。心理学家菲斯克(Fiske)和她的同事发现，地位与男子气之间存在天然的联系，使得男子气越强的女性可能获得更高的职业地位，但同时可能无法被人喜欢，她将其称为"敌对的性别歧视"；而表现明显女子气特征的女性可能处于较低的职业地位，但是会得到别人的喜欢，她将其视为"仁慈的性别歧视"①。人们对待男性化的女性往往表现出敌意和攻击性；对待较弱女性表现出保护欲和居高临下的态势，这两种反应都会阻碍女性取得成功。然而基于本书对企业管理层知识女性的深度访谈发现，知识女性所表现出的"双性化"特征并非"男性化"，她们同样具有典型的女子气特征，特别是在与领导、同事的人际互动中所表现出的"人际敏感度、为他人着想、换位思考"等，有助于知识女性在管理层树立威信、不失"民心"，也可以帮助团队在关键时刻，做出更优决策。由此可见，"双性化"的性格特点可以更好地帮助知识女性向变革型领导者转变，从而更顺利地开展管理工作。

二、坚韧性

从临床心理学的角度，马斯腾(Masten)和里德(Reed)将坚韧性界定为："以在重大困难或危险情境中能积极适应为特征的一类现象。"②路桑斯(Luthans)等人从心理资本的角度对这个定义做了进一步扩充，即坚韧性不仅包含从困境中，还包括从非常积极、挑战性事情(例如出色的业绩)中恢复过来的能力以及超越平凡的意志力。③本书中的知识女性在职业地位获得过

---

① Fiske S. T.,Xu J.,Cuddy A. J. C.,Glick P.,(Dis)respecting versus(dis)liking: status and interdependence predict ambivalent stereotypes of competence and warmth,*Journal of Social Issues*,Vol.3,1999.

② Masten A. S.,Reed M. J.,Resilience in development,In C.R. Snyder & S. Lopez (Eds.),*Handbook of positive psychology*,Oxford University Press,2002,p.78.

③ [美]路桑斯、约瑟夫、阿维罗：《心理资本》，李超平译，中国轻工业出版社，2008年，第56页。

程中,充分诠释了"有韧性的知识女性才会获得有弹力的职业生涯",她们所展现出的"坚韧性"可以进一步概括为"勇往直前,失不灰心,得不忘形"。其中,"勇往直前"体现了知识女性不会在艰苦环境的考验面前畏首畏尾,而能够在任何挫折和挑战中展现出"永不言弃的精神和超凡的意志力";"失不灰心"反映了知识女性不会被工作的失利而打击得一蹶不振,反而能够在困境中积极地做出自我调整,并迅速从失败中恢复出来;"得不忘形"则展现了知识女性不会因取得一时的辉煌业绩而忘乎所以,而能够主动从成功的喜悦中走出并投入新的"战斗"中。

对于知识女性而言,职场环境本身就是一种考验,如条件艰苦的工作环境、男性主导的行业氛围等,在这样"如履薄冰"的职场环境中,女性唯有坚韧不拔地勇往直前,才能更好地适应并获得高层次的发展。正如旭妍在企业中创立一个新部门时,曾遭遇了重重困难和外界质疑,如果她当初选择中途放弃,就不会有现在业绩出色的经济科室;朱霞也是在公司核心骨干力量流失而面临破产的危难时刻挺身而出,带着销售团队挨家挨户跑业务,才有了现在市值上亿的公司;红琼在面对条件艰苦的施工现场以及难以沟通的新产业工人时,她没有畏惧艰险,也没有逃避与新产业工人打交道,最终使她树立了威信并出色完成了多个难度极高的建造项目;蓉洁在企业倒闭时,毅然选择放弃企业发放的买断工龄钱,而是将其换为厂房、设备,并带领一批工人创业,正是她的坚持和勇往直前,使她不仅获得丰厚的物质回报,而且收获了极大的成就感和自我价值……本书的知识女性不论是在临危受命,还是困难重重时,都果断选择了接受挑战、勇往直前。对于高职业地位的女性而言,在实现远大的职业目标过程中,即使遇到挫折也坚持前进,这是她们获得职业成功的重要因素。

此外,知识女性在追求高层次的职业地位过程中,不能因纠结于一时的失利而轻易否定自己,拥有高职业地位的知识女性会越挫越勇,并内心坚信

"只有跌入谷底,才会更有力地反击"(凝文语)。除了会遭遇工作失利外,职场女性在工作过程中还经常会遭到他人的质疑和否定,这也是对她们意志力的考验——只有在别人的质疑中义无反顾地坚持,才有可能获得向上发展的机会。高职业地位的知识女性所具备的坚韧性,使她们在怀疑和否定面前,从容不迫地将自身从外人强加于己的隐性困境中解脱出来。总之,不论是自己造成的工作失利,还是外界对自己的质疑和否定,都可以看成知识女性在追求高层次职业地位过程中遇到的"创伤",具有坚韧性的知识女性能够敏锐地觉察到自我效能、自我意识、自我表露等,这使得她们在遭遇创伤后将困难作为"跳板",帮助自己实现更高的目标。因此,职场女性只有真正做到"失不灰心",才能积蓄向高层次职业地位冲击的力量。

综上来看,坚韧性不仅使得知识女性在面对困境、失利和成功时恢复到正常"自我",而且通过让她们关注到可能的"自我"来提升自身的能力水平。这与理查森(Richardson)提出的"有韧性的复兴"观点十分相似。他指出,个体生命旅途中的逆境有助于开发和提升他的韧性,并可能促进个体持久的成长和发展,同时,增强他的优势。[1]本书的知识女性在职业发展过程中所面临的各种挑战和阻力则为她们的职业成长与自我实现提供了宝贵的机会;正是因为她们能够有效地进行识别,充分发挥自身的坚韧性,克服一切困难,同时有效地利用坚韧性挖掘自身潜在才能,最终才能开拓新的职业发展领域,并逐步获得高层次的职业地位。

三、自信心

个体会根据自身价值的不同变化方式、变化时态而对自己产生八种情

---

[1]　Richardson G.,The metatheory of resilience and resiliency,*Journal of Clinical Psychology*,Vol. 58,2002.

感,其中当个体感知到"将来会出现价值增加"时会表现出自信。同样地,知识女性所表现出的"职业自信"即来源于她们感受到的"自身能力可以为工作带来价值增值、个体在企业发展中可以获得价值增值"。在现实职场中,女性在男性主导的职业领域中,特别是在"被赋予男性化"的工作中,如管理决策、谈判、财务预测,甚至在简明扼要地表达自己的观点上,往往会低估自己的能力,表现出低于男性的自信心。[①②]但是本书中的知识女性在讲述自身职业地位获得的经历时,不约而同地表现出一种"志在必得"的自信:她们自身所拥有的学历、知识和专业技能是她们进入职场后表现自信的最初资本;为了获得职业晋升以及更高水平的职业地位,她们需要在工作过程中逐步建立起"敢于挑战未知并坚信自己能够成功"的自信,只有拥有高度的自信,她们才有可能尝试各种未知的工作挑战并获得晋升。本书中具有高度自信的知识女性在以下五个方面的重要特征上表现突出:第一,她们为自己设立高职业目标,并主动选择有难度的工作任务;第二,她们欢迎挑战,并因挑战而强大;第三,她们具有高度自我激励的特质;第四,为实现职业目标,她们会全身心投入工作之中;第五,当面对外界一切困难时,她们依然会坚持不懈。下面,通过对凝文职业发展经历的片段分析,旨在生动呈现知识女性内在自信的特征以及如何助力她们获得高层次职业地位。

片段分析之六

凝文:"我自信,我能行!"

我的第一份工作是在一家地产公司做置业顾问,大概做了十一个

---

① Heilman M. E.,Gender stereotypes and workplace bias,*Research in Organizational Behavior*,Vol.32,2012.

② Gysler M.,Kruse J.B.,Schubert R.,*Ambiguity and gender differences in financial decision making*:*An experimental examination of competence and confidence effects*,Swiss Federal Institute of Technology,Centre for Economic Research,2002.

月左右，当时我接待的两个客户"刺激"到了我：一个客户是研究生毕业，学历很高，应该有自己的公司；另一个是富二代，可能因为太过富有，一张196万的支票就随便放在车里，结果找不到了。我当时觉得触动很大：我为什么要安于现状？我为什么就只能卖房子？我为什么不能成为买家，成为业主？加之当时我已经成为销冠，在这家公司我已经找不到突破，于是我跳槽到一家房地产咨询公司，公司虽然不大，但是我可以接触更大的项目，而且可以跟政府打交道，有助于建立自己的人际关系网。通过与政府部门的人打交道，我的格局变大了，这对我来说是一个从无到有的历史性提升。

2003年非典以后，房地产的楼市就起飞了。我在那个咨询公司做到后期的时候就不太"老实"了，我似乎看到了在这里的瓶颈，这是我不太喜欢的，凭我自己的能力可以做到更好，但是现在的平台已经太小了，这里已经满足不了我的野心和欲望，更满足不了我的职业生涯规划。于是，我毅然辞掉咨询公司的工作，进入了现在的工作单位。刚进入新单位时，我需要从最基层的工作做起，我当时很不甘心，但我还是鼓励自己"缩回来的拳头，出击才会更有力"，就这样我从最低工资开始了新的工作。在转正会上，领导要求团队中的每一个人都要面对其他人对自己缺点的指正，对于处女座的我而言，追求工作尽善尽美的过程已经非常艰辛了，但还要听到这么多不同的声音，压力还是蛮大的。

在工作一段时间后，我面临了一个重要的发展机会，公司有了一个新的项目，而我必须面临着一个选择：一是留在全国知名度高、发展成熟的老项目上，二是进入这个不起眼的新项目，重新组建团队。我当时虽然有些犹豫，但我最终还是选择了后者，因为在成熟的项目团队，我只能成为辅助者、助理，但是在新组建的团队中，虽然有很多未知的挑战，但至少我可以重新找到自己合适的位置，也会拥有更多展现自己实力的机会,就这样,我出色地完成了进入公司以后的第一个项目。

我在这个公司工作的十几年里,我的身体曾出现过两次"抗议",但是每次手术都没有影响我的工作,有一次我刚下手术台的第三天,我就开始工作了,那时他们都管我叫"拼命三娘"。也正是因为我能够克服外界重重阻力和困难,在公司多次并购过程中,我的视野、管理能力、管辖的范畴等各方面都迅速变得强大起来。

凝文的案例全面、深刻地展现了"拥有高水平自信的职场女性如何处理外部的困扰和阻力,如何选择并迎接挑战":从置业工作到咨询工作,再到房地产项目的投资和策划,凝文不断为自己设立更高的职业目标,也从未停止迎接更有难度的挑战,在接受挑战、克服困难过程中,她不断进行自我激励——我相信自己、我能够淡定地处理,最终使她在经历了与身体疾病斗争、与外界质疑抗衡之后,终于使自己变得更加强大;同时,也获得了相应的职业地位——职位连升两级、成为总部五十八个区域总监中最年轻的一位女总监。本书的其他知识女性在其职业地位获得过程中也表现出与凝文一样的自信心,正是这份"志在必得"的自信使她们有能力,并且在实际行动中也主动选择迎接挑战,充分调动自身的一切优势和技能高效工作并不断自我提升,甚至在很长一段时间得不到外部支持的情况下,亦是如此。

具有高水平自信的职场女性不会等别人为自己设立具有挑战性的目标,她们会为自己设定越来越高的目标,主动寻求有困难的任务,不断挑战自我,从而为自己创造差距,这通常被称为"差异缩减"(discrepancy reduction)。就像代曼一样,正是她充分相信自己可以胜任更有难度的工作任务,才会从一个安逸的行政岗位转行做销售,再从普通的电缆销售员跳槽至电缆供应商企业,并主动提出做一个地区的唯一销售代理,最终实现了从打工者到创业者的蜕变。这一路走来,她曾遭遇无数的质疑、批评、挫折,甚至自我怀疑，但对于充满自信的她而言，这些挫折并不会对她造成任何负面影响，反而使她在一步步击破这些阻力的过程中，逐步收获了更高层次的职业地位，并建立起更强大的自信心。

此外，本书的知识女性在面对职场潜在的性别歧视时，她们对自己工作能力笃定的信心能够增加她们承担重要而艰巨工作任务的勇气。事实证明，职场女性所具备的高水平自信能使她们在压力、恐惧和挑战之下更有效地行动，并能更好地控制工作任务的进展，进而提升工作绩效。[1]实际上，本书所提出的"自信心"与兰特(Lent)等学者在社会认知职业理论中提到的"职业自我效能感"概念一致，它反映了个体对自己成功完成相关工作任务的信心水平，具有高职业自我效能感的个体更容易获得好的工作表现，进而取得职业成功。[2]在此需要强调的是，在工作过程中，不切实际的过度自信会导致鲁莽行事，从而对工作绩效带来负面影响。因此，知识女性还应学会控制自己的自信水平，既不能缺乏自信，也不能过度、盲目自信。[3]本书中的女性管理者在工作过程中则表现出了适度自信——在考量自己的选择或做出决策时，她们不会盲目自信或感情用事，而是会审视自己所处的环境，不断搜集信息，最终做出理性判断。

大量的实证研究表明自信心并非个体与生俱来的特质，而是逐渐被开发和提升的，因此职业女性可以通过有意识地训练，增加自己的自信心。一方面，研究者发现，当女性用更低的音调说话时，会感到更强大、更自信；同

---

① Luthans F., Avolio B.J., Walumbwa F.O., The psychological capital of Chinese workers: exploring the relationship with performance, *Management and Organization Review*, Vol.1, 2006.

② Lent R.W., Brown S.D., Hackett G., Toward a unifying social cognitive theory of career and academic interest, choice, and performance, *Journal of vocational behaviour*, Vol.45, 1999.

③ Lerner H., *The confidence myth*, Oakland, Berrett-Koehler, 2015, p.87.

时,人们觉得音调低的女性更善于领导、能力更强、更可靠。①②③英国前首相玛格丽特·撒切尔(Margaret Thatcher)在她的政治生涯早期,为了获得更多尊敬,主动寻找发音训练师,来帮助自己降低声调;有些分析师表示,此举帮她赢得了 1979 年的大选。④由此可见,职场女性通过调低自己的声调,保持平稳的说话语气,可以潜移默化地提升自己的自信水平。另一方面,还可以通过改变身体姿势, 提高自信水平。来自哲学和心理学中的一个新兴研究领域——具身认知(Embodied cognition)的学者发现,高力量姿势——身体放松、向外伸展、占据更多的物理空间,可以提升自信水平。已有研究显示,只要保持一种高力量姿势两分钟,自己确实会感到更加自信、强大、有把握。⑤此外,自由主义政治专家莎莉·科恩(Sally Kohn)在走进福克斯新闻频道的激烈辩论前,会练习这些高力量姿势;当她阔步走进摄影棚时,着实感到了更多的自信、更少的焦虑。⑥因此,职场女性可以通过有意识地摆出高力量姿势——双手叉腰、双脚分开站立,如同一个女超人姿势,来提高自身的自信心水平。

---

① Stel,Mariëlle,Van Dijk E.,Smith P.K.,et al.,Lowering the pitch of your voice makes you feel more powerful and think more abstractly,*Social Psychological & Personality Science*,Vol.4,2012.

② Feinberg D.R.,DeBruine L.M.,Jones B.C.,et al.,The role of femininity and averageness of voice pitch in aesthetic judgments of women's voices,*Perception*,Vol.37,2008.

③ Klofstad C.A.,Anderson R.C.,Peters S.,Sounds like a winner: voice pitch influences perception of leadership capacity in both men and women,*Proceedings of the Royal Society B:Biological Science*,Vol.1738,2012.

④ Dunbar P.,How LaurenceOlivier gave Margaret thatcher the voice that went down in history. Daily Mail,October 29,2011,www.dailymail.co.uk/news/article −2055214/How −Laurence −Olivier −gave − Margaret−Thatcher−voice−went−history.html.

⑤ Carney D.R.,Cuddy A.J.,Yap A.J.,Power posing: Brief nonverbal displays affect neuroendocrine levels and risk tolerance,*Psychological Science*,Vol.10,2010.

⑥ Brecher,J.,How to close the gender gap at work? Strike a pose. NBC News,January 15,2014, www.usnews.nbcnews.com/_news/2014/01/15/22305728−how−to−close−the−gender−gap−at−work−strike− a−pose.

四、进取心

传统的性别观念给男性赋予了冒险精神，使得职场中需要承担风险的领导职位被男性占有；而社会并不期待和鼓励女性抬头挺胸地走向风险，致使管理层女性寥寥无几。由此可见，传统的性别观念将拥抱风险界定为男子气特征，而女性则被赋予了"害怕冒险"的气质；社会不仅期待男性要勇于冒险、女性要保守谨慎，而且认为理想的男性和女性理应如此。除了受传统性别观念的刻板印象影响外，工作场所弥漫着"倡导男性英勇无畏"的信号，研究者发现"男性和女性都会对这种细微信号做出反应，鼓励男性向前的信号可能会让女性对于冒险行为犹豫不决"[①]。然而通过本章第二节对知识女性展开的物我互动深入分析发现，她们面对上述隐性的职场性别偏见和歧视时，并非默默地忍受，而是努力抗争；她们面对工作中暂时的成功时，并非止步不前，而是继续接受新的挑战任务，这一切行动的背后源于她们拥有极强的进取心。始终保持积极进取的心态也是知识女性克服一切外部和心理障碍、勇往直前的不竭动力。本书将知识女性在职业地位获得过程中展现的进取心解构为：拥有"远大的职业理想"和"敢于冒险的勇气"。

一方面，新时代的知识女性已表现出更强烈的"期望成为领导"的进取心。皮尤研究中心（Pew Research Center）在 2012 年进行的一项调查显示，在 18 岁至 34 岁年龄段的职场人士中，有 66%的年轻女性表示"在高薪职业或专业里取得成功与个人生活同样重要"[②]，并超过持这种观点的男性（59%）。

---

① Seitchik A.E., Jamieson J., Harkins S.G., Reading between the lines: Subtle stereotype threat cues can motivate performance, *Social Influence*, Vol.1, 2014.

② Pattern E., Parker K., A gender reversal on career aspirations, Pew research centre（April 2012）, http://www.pewsocialtrends.org/2012/04/19/a-gender-reversal-on-career-aspirations/.

俗话说,"不想当将军的士兵不是好士兵",从本书知识女性的职业发展经历来看,她们在职业发展初期则树立了"成为将军"的职业理想:凝文不断打破自己的销售记录;蓉洁不甘于下岗而选择自己创业;代曼果断从高薪的"打工者"变为从零开始的"创业者"……她们坚定的职业理想是她们内在强大的进取心的真实写照,更是激发她们斗志、激励她们前进的不竭源泉。

另一方面,本书的知识女性在面对未知的风险时,有勇气"放弃手中的那只鸟,而去追求林子中的另外两只鸟"①。她们深知在男性占主导的职业领域中,如果在向最高职位攀登过程中遭遇失败,会比男性跌得更惨;但她们更能清醒地认识到"如果不勇于冒险,连冲破'玻璃天花板'的机会也没有,将永远禁锢在'老男孩网络'中而无法走上最高职位"②。已有研究显示,人们经常因为没有尝试的事、想过但没有选择的路而陷入深深的遗憾难以自拔;而冒险则是让人生充实、无悔的重要途径。③本书的知识女性在追求高职业地位过程中,用实际行动诠释了这个研究结论:如果你是一位从事着以男性为主导工作的职业女性,为了获得晋升,应该勇于冒险,而非瞻前顾后、畏首畏尾。朱莉·尼尔森曾经忠告职业女性"不要让你的老板认为你不敢冒险"④。如果你选择冒险并获得成功,最终的功劳将属于自己;如果你连冒险的勇气都没有,那就很难拥有取得成就的可能,更不会让自己的上级发现自己的能力。

---

① 译注:此处是对英文谚语"A bird in hand is worth two in the bush"(一鸟在手中胜过双鸟在林)的改写。

② Feminist Majority Foundation. Empowering women in business, www.feminist.org/research/business/ewb_glass.html.

③ Beike D.R., Crone T.S., When experienced regret refuses to fade: regrets of action and attempting to forget open life regrets, *Journal of Experimental Social Psychology*, Vol.6, 2008.

④ [美]特雷泽·休斯顿:《理性的抉择:女性如何做决定》,张佩译,北京联合出版公司,2017年,第78页。

第四章 知识女性职业地位获得的教育动力

在现代语境中,人们很自然地将"教育"和"学校教育"作为同义语,在分析教育对个人发展的影响时,也习惯将学校教育当作"教育"本身展开研究。而本书则走出这种狭义的教育观,尝试从广义教育的视角,探寻知识女性从家庭到学校,再到职场的全过程中,教育对她们职业地位获得的影响,最终提炼出"知识女性职业地位获得的教育动力"(如图4-1)。本书根据教育发生的不同时空,进一步将"教育系统"区分为生活时空的家庭教育、学习时空的学校教育和职业时空的终身教育。

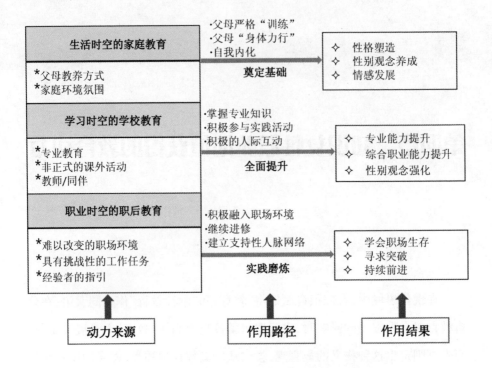

图 4-1　知识女性职业地位获得的教育动力

第一节　生活时空：知识女性获得的家庭教育

教育的意义在于"成人"，把人导入社会生活之中，所谓"能定能应，夫是之谓成人"①。教育发生意义的基础在生活时空，而"家庭"又是个人生活时空发生和发展的基础，因此本书将"生活"界定为狭义的生活，即家庭生活。生活时空的教育是一种"适应性的教育"——个体通过自发的活动发展自身，以达到适应社会环境和生活的目的；人们在参与这些活动时，往往不存在明

---

① 《荀子·劝学》，孟宪承编：《中国古代教育文选》，人民教育出版社，1985 年，第 85 页。

确的发展目标,而且也没有自觉到活动本身的发展意义。[①]但生活时空的教育为女性的情感、性格品质、性别观念等非理性方面的发展提供了必不可少的土壤。由于这些人格构成要素一般都与具体情景和个体行为直接关联,因此本书知识女性所接受的家庭教育主要基于父母的"身体力行""严格训练"以及她们将其不断自我内化而展开的。

一、父母的"严格训练"塑造独特品格

中国传统家庭教育观始终倡导"穷养儿,富养女",在这样的观念指导下,传统性别观念中的"女性特质"进一步被强化,为她们追求高层次职业地位埋下了"阻碍的种子"。然而本书知识女性在面对艰苦工作环境和艰巨工作任务的挑战时,能够不轻言放弃,凭借坚韧意志通过各种考验,主要源于父母从小对她们的"严格训练"。在她们的家庭教育中,父母会以某些培养男孩的标准要求"训练"她们,也正是这样的"严格训练"塑造了她们的"独特品质"[②],进而为她们获得高层次职业地位提供了内在保证。值得注意的是,在对女孩"严格训练"以塑造独特品质的过程中,父亲通常比母亲更鼓励女儿培养某些男子气特质,并且更支持和鼓励她们追求成就。在这里,本书主要分析知识女性如何通过父母的"严格训练"塑造自身"吃苦耐劳"的职业意志(坚韧性)和"争强好胜"的成功欲(进取心)。

---

① 项贤明:《走出传统的教育学理论体系——泛教育理论的哲学建构》,《华东师范大学学报(教育科学版)》,1996 年第 2 期。

② 这里的独特品格主要是指本书第三章中提到的"特质",即"双性化"特征、进取心、自信心、坚韧性。

(一)"吃苦耐劳"的职业意志

随着越来越多的职场女性进入传统男性主导的行业，面对特殊的工作性质和工作环境，她们必须学会适应各种挑战身心极限的工作环境和工作任务。实际上，在普通行业的工作组织中，职场女性为了获得向上的职业发展，也必须能够从容应对艰苦环境的考验以及主动承担艰巨的工作任务。在第三章中，笔者对婷秀入职初期被分配到奶牛场的经历做了片段分析，当时的艰苦环境和艰巨任务是一般职场女性难以承受的，但是婷秀并没有被压倒，反而通过自身努力适应了奶牛场的环境，并出色完成了相应的工作任务。在讲述这段艰苦的工作经历时，婷秀所表现出的坦然、乐观状态与她自身"吃苦耐劳"的职业意志是难以分开的。当她被问及"为何拥有如此强大的内心以及接受如此艰苦工作挑战的勇气"时，婷秀讲述了小时候父亲对她严厉的"培养"。

片段分析之七

婷秀："父亲的严格训练塑造了我的品格！"

我父亲对我和弟弟在学习方面要求很严格。从生活上来看，我记得当时上小学四年级的时候，家里有辆自行车，我家离学校大概有两公里，我每天骑车上学。有一天早上，天阴得特别黑，我妈就让我爸去送我，我爸不送，说："让她自己骑车去！"我当时穿上雨衣，边走边哭，心里委屈极了。我觉得人家家长都能送，你为什么不能送我呢。到了学校以后我全身湿漉漉的，其他同学都已经坐好了，当时我幼小的心灵觉得很委屈，所以到了学校又痛哭了一场。现在想想还有点那什么……但是我长大后挺能理解他的，对于女孩子的培养，可不能娇生惯养。

这件生活上的小事完全可以折射出婷秀父亲所秉持的"对女孩应该严格教育"的培养理念。从婷秀对自我成长和职业发展经历的反思来看,正是因为父亲摒弃了传统的"女孩应该娇生惯养"的观念,而是选择严格要求,才使她进入职场以后,面对挑战身心极限的工作环境和任务时表现出坚韧的职业意志。除了婷秀之外,本书的其他知识女性在职业生涯初期,都或多或少会经历一般职场女性难以忍受的艰苦工作条件和环境;同时,在回溯父母对自身的教育或教养方式时,她们也都在不同程度上表达了"自己是在父母严格要求和训练中长大的"。在培养过程中,父母并没有给她们贴上"性别标签",不论言语上严厉训斥,还是行动上的"身体训练",都在有意识地培养她们坚韧的意志。正因如此,她们没有囿于贴有"女性标签"的、狭窄的职业发展道路,而是能够更加勇敢和自信地迎接职场中属于男性的挑战和风险,同时以追求工作成就感以及自我价值实现作为职业发展目标,并将艰苦环境和艰巨任务作为实现上述职业目标的必经之路。

(二)"争强好胜"的成功欲

在女性追求职业地位过程中,"吃苦耐劳"的职业意志是她们适应并融入职场环境的基础,而"争强好胜"的成功欲则是她们追求高层次发展的内部推动力。通常情况下,传统家庭教育观所培养出的女孩的竞争性和成功欲普遍低于男性,这也间接影响到她们在职业发展中对高层次职业地位追求的主动性。因此,职场中难以突破的"玻璃天花板"除了受到外部环境限制外,在很大程度上由于女性自身追求成功的主观能动性较弱所致。本书的知识女性在追求高层职业地位过程中都表现出了极强的成功欲——她们只会将自己当下所取得的工作成就作为自己追求卓越发展的奠基石,而永远不会满足于当下的发展水平。

在家庭教育过程中,父母的引导在女孩对"成功"的定位中发挥着关键作用:女孩容易满足于当下或一时的成功,成功之后的满足感会进一步削弱她们继续努力的斗志;如果父母对她们取得成功不是一味地夸奖,而是给予适时的"打击",在一定程度上有助于激发女性自身追求更大成功的斗志。本书的旭妍在工作中时刻表现出"要向外界证明自己,并力求获得他人的认可"。当她讲述自己的家庭及成长经历时,为我们揭开了这一行为背后的深层原因——父亲"不表扬"式的教育方式虽然在当时会挫伤她的自信心,但也是对她精神上的"严格训练",对培养她"胜不骄、败不馁",为下一次成功持续积蓄能量具有潜移默化的影响。

> 我从小到大的每一次考试,不论成绩有多好,父亲似乎总是不满意。他经常挂在嘴边的一句话就是:你还可以做得更好。小时候,我非常不理解父亲,总认为"他是不是喜欢男孩,而我作为一个女孩,不论表现得多出色,他都不满意……"所以,我打小就想证明"我虽然是女孩,但也不比男孩差",这个对我性格影响是最大的。我之所以偏爱理科,是因为我从骨子里认为男孩理工科学得比女孩好,所以我就拼命偏科,其实人的性格很多是由家庭环境造成的。工作以后,在职场上的出色表现不仅让我收获满满的成就感,同时也成为父母的骄傲。现在回想起来,父亲当初对我言语和精神的"打压"其实也是对我的一种激励,成为鞭策我不断突破自己的动力。(旭妍语)

虽然越来越多的家庭对子女都开始进行鼓励式教育,但是旭妍的经历则为我们展现出"不表扬"也可以成为一种培养女性成就动机的巨大推动力,甚至比持续表扬和奖励更能激发隐藏于女性内心深处的成功欲。面对父母最初言语上的"打击",她们最初的出发点可能是"证明自己",但当自己逐渐获得更多、更大的成功后,这股"与父母较劲的原动力"也随之转变为更积极的心态——树立明确的职业目标、采取积极的行动策略，一步步攀向职业发展的高峰。由此可见，如果在女孩成长过程中，当她们经历成功时给予一定的精神"刺激"或言语上看似严苛的"打击"，更有可能激发出她们的潜力和追求成功、证明自己"我能行"的强烈欲望。如此"争强好胜"的成功欲一旦被激活，便会成为女性职业生涯发展过程中追求向上发展的不竭动力。

此外，女性在儿童期和青少年时期的教育过程中，父母有意识地引导和培养她们对成功的渴望可以进一步提升她们未来对自己的期望。父母除了在她们成功时给予及时、恰当的反馈外，还可以为她们寻找成功的女性角色榜样，作为她们成长和发展过程中的奋斗目标，一旦她们确立了模仿学习的角色榜样，便会瞄准这个目标全力奋进。角色榜样可以是女性科学家、女企业家和公众领导者等，也可以是母亲自身，母亲的角色形象对激发女孩成就动机、培养优良品质等具有十分重要的模仿示范作用，例如有工作的母亲——尤其当她们享受工作并在其中取得成功时——为女孩提供了一种成就的重要榜样。

二、父母的"身体力行"胜过一切

如果将父母的"严格训练"看作庭教育中培养行为的外显方式，那么父母的"身体力行"则是一种内隐式的教育过程，它并非通过父母言语教导或行为规训教会子女如何做事，而是子女通过观察父母自身的言谈举止，并进行模仿内化而形成自我认知、性格或意志的一部分。父母的"身体力行"属于默化教育的一种形式，即父母并没有意识到自己正在充当着教育者，同样孩子也并没有将自己看作受教育者，但父母在日常生活中的行为表现或者以身作则的举止，已经在潜移默化中对子女的成长产生了极其深远的影响，甚至可以直接进入个体的人格层面，也就是勒温所提出的"人格核心区"的"外围单元"，①从而作用于他们的行为模式、行动风格和人格倾向等。

父母通过"身体力行"，在行动中传递着他们的思想和理念，并为子女未来发展树立了学习榜样。青雨在访谈过程中讲述自己的职业发展经历时，用了很长时间在讲述她的家庭，家庭的影响确实在她追求职业地位过程中发挥着奠基性作用，特别是她多次提到父亲对自身的影响，如自身学习习惯的培养，完全得益于父亲对她的耳濡目染。

> 从学习来看，我爸以前在建筑公司当出纳，他时间也不是特别多，后来他们单位解散了，他就自己干个体。干个体很忙，但是晚上他总会抽出时间来写字，他字写得特别好，他写完了，就拿张纸放在上面，让我练习写。我感觉从他那里学到很多吧，包括文学上的一些东西，我最早接触马克思主义哲学就是从他那里看到的。他不会要求我，他看完就在那里放着，虽然我也看不懂，就想着我爸看，我也跟着看看。（青雨语）

值得注意的是，除了父亲独特的教育理念和行为方式对女孩产生影响外，母亲的个人形象，包括她们所展现出的性格品质、行为举止以及处世态度等，也会成为女孩成长发展过程中重要的学习榜样。她们会学习和继承母亲身上的优良品质，同时母亲对待家庭、工作的态度及处理方式会间接影响女孩进入职场后的职业行为表现。

> 母亲所具备的各种优良品质对我个人发展影响很大。我母亲是农民出身，当时生活虽然很艰苦，但还是挺过来了，主要是因为她具备中国劳动妇女的那种坚韧吧。此外，她的善良对我影响也挺深的。她从来

---

① Calvin S.H., Lindzey C., *Theories of personality*, John Wiley & Sons, Inc, 1978, pp.291-393.

没有打过我和弟弟,即使很生气,也只是骂两句,但从没有像农村妇女那样扯开骂。致使我和弟弟现在从来不会骂人,即便特别生气,也不会跟别人吵架。此外,她对别人也挺善良,比如明知道那个要饭的是骗人的,她也还会去给。母亲还是一个不安于现状的人,当年恢复高考以后,母亲第一年落榜之后并没有放弃,她内心渴望走出农村,获得更好的发展,于是便有了她第二次、第三次的尝试⋯⋯母亲的坚韧、执着、勇于追求更好的发展从小在我的内心埋下了种子,生根发芽,型塑了现在的我。(婷秀语)

将婷秀对她母亲个人特质的描述与她后来在奶牛场的工作联系起来看,我们可以清晰地发现:她在各种"博弈"中逐渐适应了恶劣的工作环境,尝试各种具有挑战性的任务,并最终说服自己坚持下来,在很大程度上得益于从小受到母亲坚韧不拔、永不言败的品质影响。通常情况下,子女在与父母的互动过程中,父母的"身体力行"为她们的行为品质培养提供了两个基点:一方面,父母的行为给她们提供了榜样。子女在成长过程中,通过观察父母的言行举止,吸收了父母行动或品质中的"深层潜能"并将其融入自身意识之中,从而成为日后自身品质和行为表现的参考系,这通常被社会科学家视为社会化的基本动力。正如婷秀的父母,为她培养坚毅品质和形成良好的学习习惯树立了重要的学习榜样,她对这些行为品质从模仿到认同,并逐渐内化于己。另一方面,从婷秀父母对她的教育来看,他们也会有意识地培养女孩具备一定的男性化特质。通过让婷秀独自冒雨上学、忍受艰苦的生活环境等,培养了她的坚毅、执着、吃苦耐劳等品质;而这些特质正是女性进入职场后,帮助她们更好地适应工作环境、获得更高层次发展的基本保证。由此可见,父母的"身体力行"除了为子女成长提供学习榜样之外,他们也在无形中教会子女成为"多重存在"——在与家人的交往关系中,她们可以表现出温柔、关心等女性特质;而在残酷而充满竞争的职场中,则展露出自信、果敢、斗志等传统男性化特质,只有这样,她们才能为自己争取更高层次的职业地位。

三、家庭环境氛围:培养独立与提供支持的土壤

家庭环境氛围,特别是亲子关系,对女性的情感发展会产生潜移默化的影响。这里的"情感状态"并非指某一时刻的情绪表现,而是一种埋藏在内心深处的长期情感基调。传统的性别观念中,女性被认为是情感丰富、倾向于与他人建立情感联系的,但这样的特质又被认为是女性缺乏独立的表现。[①] 基于本书所建构的知识女性职业地位获得的"4A"路径可以发现,"知识女性所拥有的强大情感支持与追求自我独立并存"是她们获得高层次职业地位的内在保证,同时也是区别于男性领导者的优势所在。知识女性追求自我独立与寻求情感支持则源于早期家庭教育中父母所创建的家庭环境氛围。

(一)"我是独立女性的代言人"

本书的知识女性均是"独立女性的代言人"。从依赖父母的女孩发展成为独立自主的职业女性,这个过程与她们生活的宽松自由的家庭环境氛围、父母对其的正确引导、生活时空中具体而流动的情境等紧密相连。女性在成长发展过程中,通过经历具体的生活事件,逐渐积累相关经验,进而培养了她们"追求独立自主"的发展意识。代曼在工作中一贯雷厉风行,是一位典型的独立女性。在接受访谈时,她自己坦言,"这样的独立形象与我从小的生活经历密切相关"。

---

① Gilligan C.,*In a Different Voice:Psychological Theory and Women's Development*,Harvard University Press,1982.

　　我觉得个人职业生涯发展或者说自己的人生跟自己的成长经历、家庭环境以及自己的性格等密切相关。我是 T 市籍贯，父亲是 T 市人，母亲是 J 市人，因为父母当时都在 G 市做知青，所以我出生在 G 市；又因为当时国家出台了这样的政策：如果有两个子女，一个在 T 市的话，另一个也允许回 T 市。但是由于我的个人资料在邮寄过程中被弄丢了，所以我的手续又在母亲老家 J 市办理的，我一到八岁在 J 市长大，而小学和初中又在 Z 市上的。这样几经周折的成长经历，一方面，使我接触到不同地区的人，在与他们相处的过程中我变得更加外向而且善于言谈；另一方面，更重要的是我变得更加独立，从上学以后，父母尊重我的选择，敢于放手让我自己在陌生城市生活，培养了我独立的意识和能力。（代曼语）

　　从代曼的经历来看，她之所以能成长为一名独立女性，与父母"敢于放手"并为她营造了宽松、自由的成长发展氛围密切相关。在很多家庭中，特别是对于女孩的培养上，父母因为过分担心外面世界所隐藏的各种危险因素，而对女孩进行过分保护，看似安全的成长氛围背后，不仅对女孩接触和探索外面世界设立了隐形障碍，而且严重阻碍了女孩培养"追求独立发展"的意识。由此可见，在女性自身独立意识的培养过程中，首先，父母应为她们创造宽松自由的家庭环境氛围，鼓励并引导她们接触外界事物和环境，并教会她们如何应对外界不安全因素的有效方法；其次，父母应改变对女孩培养的传统观念——将她们一直困于自己的庇护之中，而应充分相信她们也同样具有遇事不乱的心态和处理各种问题的能力，让她们在宽松自由的氛围中发展自身独立性。

(二)"我需要情感上的支持"

本书的知识女性虽然都是企业管理层的领导者，但是她们并没有传统"女强人"的刻板标签——不苟言笑、冷漠无情、不与他人亲近等，反而她们会主动建立情感联系、寻求情感支持；她们情感需求的健康发展与她们从小成长的家庭氛围息息相关。本书大部分知识女性都成长在充满关爱的家庭氛围中，对于她们在职业发展过程中建立积极的情感联结具有正向影响。

家庭环境氛围作为女性情感发展的土壤——宽松自由的成长氛围可以培养出独立自主的女性，而充满关爱的家庭氛围又可以避免独立女性完全将自己孤立，通过获得积极的情感支持使自己的成长和发展更加有安全感。然而值得注意的是，世界上从来没有完美的家庭，更没有完美的父母，而如何将这种不完美转化为自身成长的隐性动力，并在职业发展道路上获得坚定的信心，最关键的还是看女性自身。本书的知识女性拥有相对独立的人格以及笃定的职业理想，即使成长在消极的家庭环境氛围中，她们也并没有表现出传统性别刻板印象中女性柔弱的一面，而是凭借自身极强的主观能动性将"家庭教育的消极影响"转化为一种激发自己追求卓越的动力和斗志，并始终以积极向上的态度面对自己的事业，最终获得辉煌而精彩的职业生涯。

总之，家庭教育作为一种外部影响，知识女性会通过模仿学习（父母的身体力行）、接受父母"严格训练"形成自我性格品质、性别观念等；也会通过主动内化和自我激励，将一切消极的影响转变为积极动力，推动知识女性在职业生涯发展过程中勇攀高峰。

第二节　学习时空:知识女性接受的学校教育

"学习时空"中的"学习"是狭义层面上发生在学校的学习活动。本书将学习时空进一步划分为"秩序化学习时空"和"非秩序化学习时空",前者主要针对女性个体所接受的课堂教学或专业教育;后者指向女性个体所参与的各种其他形式活动,包括学生组织、社团活动、实习实践等。她们通过学习时空的学校教育,不仅获得未来工作所需的专业知识技能,更重要的是培养和提升了未来职业发展所必备的综合能力。此外,积极的师生互动在满足女性精神和情感支持的需求方面发挥了重要作用,成为促进她们积极投入学习的隐性推动力。

一、掌握生存的基本工具——"扎实的专业知识"

本书一部分知识女性的工作具有很强的专业性,实际工作与她们所学的专业知识密切相关,如果没有扎实的专业知识和技能,不仅会使自己错失很多提升和发展的机会,而且会遭遇"从技术岗位调离而从事辅助性工作"的危险。因此,知识女性通过学校教育所获得的扎实的专业知识是她们职场生存的基本工具,为她们长远的职业发展奠定了深厚基础;同时,在工作过程中,她们还需要不断地进行专业进修,进一步完善和深化自己的专业知识,从而提升专业知识技能与工作之间的匹配度。红琼身处建工行业,当她回顾自己职业地位获得的经历时,曾坦言:"从普通的技术工人到项目总工,扎实的专业知识是我获得一步步晋升的基本保证。直到现在,我还依然在不断学习和丰富我的专业知识。"下面的片段分析进一步展现了"扎实的专业知识"在从事专业性较强工作的女性的职业地位获得过程中所发挥的重要作用。

片段分析之八

红琼:"扎实的专业知识就是我的饭碗!"

BT城际的建设对我来说是一个考验,不仅依靠我原有的专业基础知识,还需要我不断深入学习,将已有的知识体系一步步丰富,最终帮助我顺利完成了这个项目的建设。我原来的专业是建工,在三十五岁之前,我一直在一家公司做房建;到这个项目以后,开始做建桥。可能在外人看来,建筑行业都是一样的,实际并不是这样的:这对于我来说是一个全新的专业领域,比如模架、桥梁、钻孔桩等,很多专业知识需要重新学习。对于已经三十五岁的我而言,可能并不是最好的选择,而且我当时确实心里有些没底。因为前几年我生小孩,被分配到安全科做办公室工作,对于已经很久没有接触过施工现场的我而言,心理还是有几分胆怯和不自信。但是我后来之所以选择接受这个挑战和考验,是因为我相信自己拥有很扎实的专业知识以及较强的学习能力。现在回想起来,我真的很庆幸自己在学校认真学习专业知识,每年都是专业前三名并不是虚的!我相信知识都是相通的,我已经掌握的专业知识一定会帮我更加快速地掌握新的知识。

当时跟我一起去的还有一个女孩,因为我们是最晚组建的一个班子,而且班子里只有项目经理是干过建桥的,其他人都没有干过,都是一群生瓜蛋子!什么也不懂!第一次开会的时候,其他班子说啥我们都听不懂,回来以后得赶紧学习、向别人请教。我们当时都特别努力,只要有空闲时间,我们就会一起看图纸、讨论学习。经过一段时间的苦苦钻研,终于拿下了这个项目。

对于像红琼这样处在专业性极强的工作岗位的知识女性而言，扎实的专业知识和技能是她们在职场立足和生存的基本工具——不仅可以增加自己主动接受完全陌生的工作的信心和勇气，而且也能确保自己高效、出色地完成工作任务。我们经常可以听到毕业生抱怨："学校中学习的专业知识过于书本化，与实际工作是完全脱节的。"面对这样的问题，应该从两个角度分析：从红琼的经历来看，在学校进行专业学习的过程，是一个将书本读厚再读薄的过程，当自己从事"学以致用"的工作后会发现，曾经学习的最基本的专业原理可能是帮助自己解决工作难题的关键所在。由此可见，在学校教育过程中，女性所接受的显性专业课程帮助她们获得知识、技能等方面的积累，为她们在职业时空开展专业性较强的工作提供了基础和保障。然而我们并不否认"从学校教育中获得的全部知识并非都可以用于工作实践"，特别是对于从事专业性不强的工作的毕业生，毕业则意味着将所学知识抛之脑后；但是在学校教育中所获得的综合能力，对知识女性进入职场后应对各种挑战、完成各项工作等仍然具有重要作用。

二、从零到"零"：能力的全面提升

"从零到'零'的学校教育"，是旭妍对自己学校教育经历的总结，这个形象的表述可以比较准确地反映学校教育对大部分知识女性的意义。第一个"零"没有加双引号，因为从家庭到学校，个体要面对全新的学校生活，包括参与正式的课堂学习、参加各种课外活动或组织、与陌生人建立新的人际关系等；除了行为层面的变化外，校园的学习生活环境也完全不同于家庭，在这里有严格的纪律规则、个体会接受系统的学习训练、进一步形成相对稳定的价值观念等。因此，女性进入真正的"学习时空"后，一切都是未知而崭新的,自己将从"一张白纸"的状态从零学起。第二个"零"加了引号,因为很多知识女性从学校进入职场后会发现,很多课本知识都会"归还"给学校和老师:一方面,很多知识因为长期不使用而被自己真正遗忘,特别是对于专业性不强或者从事与本专业相关度较低工作的知识女性,她们在学校学习的书本化知识无法真正服务于自己的工作;另一方面,与初进学校不同的是,她们不再是"一张白纸",正如"授人以鱼不如授人以渔",她们经过系统的学校教育,多方面能力得到提升,这是一笔她们可能当下无法立即看到收益的隐性财富——强大的学习力,为她们进入职业时空的持续学习和进修奠定了基础;获得高水平的综合职业能力,包括执行力、沟通力、策划力、管理才能等,为她们进入职场后的"实战"奠定了基础。

(一)学习力的培养

在学校中学习的专业知识似乎更加课堂化、书本化,"纸上得来终觉浅,绝知此事要躬行"——作为"纸上谈兵"的学校教育,确实需要在未来工作实践的打磨。"学习力"是知识女性经过学校学习的积累和沉淀,并获得有一定宽度和厚度的知识储备后,能够快速吸纳、扩充已有知识的能力。结合本书知识女性的职业发展经历,学习力具体表现在两个方面:一方面,它表现在知识女性进入工作场域之后,主动将课堂知识与工作实际相结合,有针对性地对知识进行迁移与融合;另一方面,它体现在知识女性面对工作中的新任务时,能够勇于接受挑战、持续为自己"充电"。旭妍是这样描述她在"学习时空"所接受的大学教育:

上大学时你学习的,毕业后都可以归零了,其实我不认为你大学所学的(知识技能)就可以定位你的职业发展水平。大学里教会你的只是方法,真正的学习是从你毕业以后开始的。在大学以及研究生阶段的学习很枯燥且脱离实际,但它教会了我学习的方法。考完一建之后,我有计划在四十岁之前再回学校上个博士,到那时我读博的状态肯定与一直读上来的状态不一样,因为我有了现在的工作经历,会使学习变得更具实践性,也会比一直"纸上谈兵"的学习更切合实际。

经过多年的学校教育,所收获的最宝贵的财富之一确实是旭妍所说的"学习力"。"学习力"是知识女性经过学校教育所获得的"渔",使她们不会因为职场的未知挑战而心生胆怯与恐惧,反而会主动尝试新鲜事物、迎接未知挑战;同时,也使她们在工作过程中需要"一切重新学起"时,拥有足够的勇气和决心,更使她们在经历任何短暂调整而重返职场后,可以快速投入工作之中。此外,在实际工作中,强大的学习能力还可以帮助知识女性在不断为自己"充电"过程中获得巨大的成就感,进一步强化自身的职业自信,同时为今后的工作奠定基础。

在我的工作经历中,申报国家龙头企业这件事对我印象很深,也对我自身工作能力的提升影响很大。这个申报很难,需要准备很多工作,包括透彻地了解财务报表中详细数据、各项数据填到系统里是什么样的,以及我们下边的基地乃至 T 市的整体情况,因为我们企业的发展是要带动整个 T 市的发展,所以又会涉及到具体规划及如何实施。总之,这项工作所涉及的具体工作任务是我从未接触的,因此对我来说是一个巨大的挑战。尽管如此,我依然果断地接下了这个任务,从收集各种资料、获取多方资源开始,通过与各部门沟通和协调,将自己所需要的各项材料进行汇总分析;在这个过程中,我还会请教各个环节的专家,最终,我完全通过自学把这件工作完成了。我觉得这项工作对自己来说是一个提高,比如现在我拿到一张财务报表,基本可以了解里面的大部分数据代表什么,也给我现在的工作提供了基础;再比如通过收集具体的资料数据,我基本熟悉 T 市相关一线基地的情况,虽然我参考的都是以前的数据,但最起码我知道如何获取这些数据,为我开展今后的工作提供了很多方便。总之,这件事对我来说影响比较大,也是最有成就感的一件事。(婷秀语)

在现实的工作世界中,知识女性确实会面对很多未知的挑战,为了更出色地完成工作任务,她们需要不断更新自己的知识储备。经过学校教育系统的学习训练而获得的学习力则是她们迎接工作中各种全新挑战的有力武器,也是她们受用终身的隐性财富。然而在当今职场,女性为了获得更高层次的职业地位,不仅需要具备快速学习新事物的能力,也需要具备高水平的综合职业能力,如人际交往能力、执行力、策划力等,这些综合能力除了在正式的课堂教学中进行培养外,更重要的是通过学校教育中的非正式"课外活动",如参加学生组织、参与各种实习实践工作等获得进一步发展和提升,这也是知识女性从学校教育中获得的另一笔隐性财富。

(二)综合职业能力的提升

如果说"学习力"主要来自正式课堂教学的学习和训练,那么学校教育中的各种非正式"课外活动"则对知识女性综合职业能力的提升有更重要的影响。这里所说的非正式"课外活动"主要指参与学生社团活动、作为班干部组织班级活动、校外兼职和实践等,这些活动使知识女性在校期间,能够充分体验未来工作中可能遇到的各种未知情况。特别是在大学教育过程中,知识女性拥有更多走出课堂、施展才华、提升能力的时间和机会,在尝试各种活动和工作的过程中,不仅提升了未来工作必备的职业能力,也进一步促进了女性对未来职业生涯的思考、对自身职业兴趣的探索等。

在大一的时候，因为学习任务并不是非常繁重，我参加了学生会，在学习部做干事。每周我们部都会组织英语角，一方面，为大家学习英语提供一个平台，方便同学之间相互练习口语，另一方面，也希望通过这样的活动可以丰富同学们的业余生活——走出宿舍，扩大个人的人脉圈。当时参加学生会的目的就是充实自己的课外生活，但现在回想起来，一年的活动组织经历对我现在组织培训有很大帮助，至少可以使我有条不紊地制定培训计划、进行人员安排和分配、做好培训总结等。此外，在大学期间，我也从事过一些兼职，但都是没有任何技术含量的工作——在一个卖手机的地方发传单。因为当时自己没有任何社会经验，发了几天传单，感觉特别累，在空隙时间坐着休息时被老板发现，遭到老板一顿痛说。当时对我触动特别大，感觉上班真不容易呀，就心中暗下决心——一定要好好学习，将来找到一份更好的工作；也正是从那时起，我整个人的状态都转变了，不像大一时那么懒散，开始用功学习了。（宇芳语）

宇芳在大学期间作为学生会学习部的干事——"每周组织英语角，也与其他部员一起组织一些小型活动"——这些经历进一步提升了她在今后工作中所需的组织能力、沟通表达能力等。此外，宇芳的兼职经历不仅让她体验了职业世界中真实的工作状态，更重要的是引发了她对自己未来职业生涯的深度思考，并重新进行了职业发展规划。在谈及学校教育经历时，华辰也表示，"我在大学期间担任我们班的班长，在老师和同学之间扮演一个上传下达的角色，也会组织同学开展一些活动，与学校各个部门的工作人员进行沟通协商。此外，在大学期间，我一直在外做兼职钢琴老师，连续几年的兼职经历让我了解了这个行业如何进行宣传、推广、招生等一系列工作……这些经历对我现在开办自己的工作室有很大帮助，比如如何以更加恰当的方式与学生家长、聘请的老师们进行沟通"。

由此可见,不论是参加学生组织、当班干部,还是从事兼职工作,丰富的非课堂活动经历培养和提升了知识女性在现实职场所需的综合职业能力,使她们在面对工作过程中各种未知的挑战时,不再惶恐和畏惧,而是能更加从容地应对。此外,在学校教育的过程中,教育者如果能够有意识地打破学校与工作之间的边界,为女性学生提供更多的工作体验机会,从而使她们在接触真实的职场环境过程中,积累相关工作经验,进一步提升她们进行职业生涯探索和定位的针对性,这比完全书本化的职业生涯规划课更具现实意义。总之,从零到"零"的学校教育在培养和提升知识女性各种品质和综合职业能力中发挥着重要作用。根据泰希勒(Teichler)的观点,这充分体现了学校教育所特有的优势和自身的重要功能,即"服务于知识的增长、学生价值、态度和个性的培养,它为学生从事特定职业提供了相关知识基础"①。

三、积极的师生互动:"老师的关注拉了我一把!"

在学习时空中,知识女性所接受到的"教育"除了体现在"主客体关系"之中,即正式课堂学习和参加的课外活动,还通过"主体际关系"表现出来,其中最主要的是发生在课堂教学中的师生互动,特别是在大学前教育中,教师因其自身的权威以及丰富的经验,是学生获得知识、提升能力、培养各种观念的重要引导者。对于女性学生而言,一方面,在课堂上,她们不敢主动表达自己的观点,而很容易在教学过程中被边缘化——成为聆听者和记录者;另一方面,她们在人际关系方面表现得比男性学生更为敏感,且容易过分在意他人的想法,从而造成内心不必要的焦虑和紧张,同时也会间接地影响到

---

① Teichler U., Kehm B.M., Towards a new understanding of the relationships between higher education and employement, *European Journal of Education*, 1995(2).

她们的学习生活。在这样的情况下，如果老师能够有意识地关注到女生情感上的起伏变化，并有针对性地给予帮助，有助于女生在学习期间逐步建立自信，并促进她们更主动地参与学习、积极地进行自我表达。

> 我转学到 T 市以后，内心多了一些自卑感。因为 T 市的中学课本和我原来学校用的完全不一样，所以感觉自己在学习上有些跟不上；然而，我又是一个很要强的人，因为一路走来都是很优秀的，所以当时的内心落差和自己要强的自尊心一直在抗衡，矛盾的心理状态使自己无法全身心投入学习中。我现在依然记得——我们的几何老师拉了我一把！当时，自己几何学得不错，加上我们的几何老师跟自己经历类似，他是之前做知青，后来从外地调回来了，所以比较能理解我。他给了我很多关注，后来又让我担任几何课代表，慢慢成为班长，我的自信也一点点找回来了。在全班同学中，我总能第一个解出几何题。正是老师对我的关注，找我谈心，帮我排解内心压抑的情感，给我表现自己、重拾自信的机会，最终使我恢复了"战斗状态"。（代曼语）

代曼的经历展示了师生互动在学校教育中的重要性。在学校教育过程中，学生学习和老师教学并非单向行为，而是在双向互动中展开的动态学习与教学过程。如果只是一味地强调学校教育中单向度的教与学，结果只能将原本属于交往行为的教学活动变成"目的合理性行为"，即学生成绩、知识技能等成为教育的重心；把"促进人自身全面发展"的教育活动转变为一部分人"改造"另一部分人的活动，从而使得技术理性或工具理性完全主导了教育的方向，并进一步强化了它在现代学校教育中的合法化统治地位。因此，在学校教育过程中，教师应特别关注"需要更多情感支持、期望建立情感联结"的女生，她们在情感上的起伏变化会对个人学习、生活产生较大影响，而积极的师生互动则可以有效帮助她们找到精神或情感共鸣以及情绪表达的出口，在潜移默化中促进她们积极情感的发展并间接影响到她们的学习和交往行为。

第三节　职业时空：知识女性践行的职后教育

"职业时空"中的"职业"主要指女性进入职场后所从事的工作，根据泛教育论中对职业时空的教育形式的论述，本书将知识女性在职业时空中获得的教育视为职后教育，并将其限定为工作场所发生的一切教育活动形式。同时，本书进一步将职业时空的教育动力解构为两个部分：一是来自"环境的教育"——难以改变的工作环境教会她们如何在职场生存；极具挑战性的工作任务激发她们不断寻求自我突破并持续学习；二是来自工作组织中"人的教育"——工作导师的指引、"女性命运共同体"的情感支持、普通同事之间的信息流入与经验共享。

一、职场环境的磨炼：学会职场生存

尽管在"男女平等"基本国策宣传和倡导下，当今职场基本营造了一个平等、公平的工作环境，但很多行业和职位仍然以男性为主导、充盈着主流的男性文化和价值观念，"女性如何在这样的工作环境中生存和立足"成为知识女性进入职场后接受到的第一层"教育"。"学会职场生存"，即知识女性努力进行自我调整，在难以彻底改变的职场环境中，学会主动融入组织文化氛围中，使自己适应当下的工作环境和工作任务。

职场环境对"知识女性职场生存"的训练主要表现在两个方面：一方面，

通过将她们置于艰苦的工作环境之中,不仅让她们认识到职场环境的残酷,而且进一步训练了她们的适应能力、提升了她们对企业的忠诚度等。本书中的大部分知识女性都经历过置身于自己无力改变且只能前进的工作环境中,艰苦的工作环境会进一步激发她们的内在潜能,促使她们积极主动地进行自我调整,逐步适应当下环境。反过来,对艰苦环境的适应也会使她们更加珍惜来之不易的工作机会,进而提升她们对企业的忠诚度。

> 我刚到这个公司时,就被分配到公司下属的一个奶牛场工作,那里不论是生活条件还是工作任务,都是一般女性很难接受的。简陋恶劣的工作环境加上繁重的工作任务,几度让我心生放弃的念头。但是我后来经过了冷静思考,告诉自己"公司不可能派一个研究生过来,只为做这些繁重且技术含量不高的工作,可能公司是另有打算"。通过及时调整自己的心态,并主动挖掘一些可以锻炼自己的任务,我逐渐适应了这里的环境。工作半年之后,我被调回总公司工作了。有了这样的工作经历之后,我发现这可能是公司对自己的考验,但确实对我之后的工作状态影响很大。每当我想到现在工作任务如此繁重而心生辞职之念时,都会想到那半年的奶牛场经历,内心鼓励自己"那么艰苦的日子都挺过来了,不能轻易放弃这个用自己辛勤付出换来的工作"……(婷秀)

在现实职场中,与婷秀经历类似的案例还有很多,许多情况下企业对人才的培养是不分性别的,知识女性为了能够在职场立足,需要积极面对、主动融入各种艰苦的工作环境,并学会其中的生存之道。因此,工作组织为了进一步提升职场女性的环境适应力并促使她们获得更高层次的职业发展,必须消除"女性无法适应艰苦工作环境、只能从事轻松工作任务"的性别偏见,让她们充分经历环境的磨炼。

　　另一方面,变幻莫测的职场环境对知识女性进行的"教育"还表现在"引导知识女性主动选择并规划自己的职业生涯,而非被动地等待职场对自己的选择和安排"。如果知识女性不会主动地进行职业生涯规划,则意味着她们丧失了对自己职业生涯的"话语权",很多重要资源和宝贵机会便从她们身边悄然离去。蓉洁在 20 世纪 90 年代中期遭遇企业倒闭,在自己重要的职业生涯选择期,她可以选择买断工龄而获得一笔买断津贴,但这样的选择只能使她"被动下岗"并面临很长时间的待业,从而使自己陷入迷茫的职业生涯停滞期。然而她并没有被动地接受职场对自己的安排,而是选择放弃买断津贴,将其换为厂子的现有设备和厂房,进行自主创业,她的职业生涯也因此发生巨大转折。

　　"职业时空"中残酷的工作环境对知识女性的打磨,使她们主动学会"适者生存"——通过积极的自我调整适应艰苦的工作环境;通过主动选择自己的职业生涯发展道路而把握住任何有利于自身发展的机会和资源,这也是"职业时空"教育的第一步。学会"职场生存"之后,知识女性决不能只是"温水煮青蛙"似的止步不前:在企业——这个不进则退的工作组织中,知识女性为了获得更高层次的职业地位,她们还必须积极应对工作任务本身对自身能力等各方面的"新要求",通过持续学习,在突破自我与持续前进中获得卓越发展。

二、不断变化的工作挑战:突破与前行并存

　　在学会职场生存之后,知识女性并非被动、机械地完成自己的工作,而会进一步挖掘自身的"潜力发展区"、打造核心竞争力,进而寻求更大的自我突破,这也是来自职业时空中的第二层"教育"——来自工作任务的挑战。这一层次的"终身教育"主要表现为"向知识女性分配有挑战性的工作任务,进

一步激发她们实现自我价值的成就动机"。本书的知识女性在面对陌生而有难度的工作任务时，并没有选择放弃，而是利用工作本身创造的机会，不断寻求自我突破；通过进修等形式提升自己的能力水平，使自己始终保持"终身学习"的状态。

（一）实现自我突破

"实现自我突破"是工作任务本身对知识女性产生的第一层面的"教育结果"。有难度的工作任务是职业时空的终身教育为职场女性设置的一道极具挑战性的屏障，其目的是激发女性挖掘内在潜能，为顺利完成任务而主动提升相应的能力，最终帮助女性不断实现自我突破。本书的知识女性在职业生涯发展过程中，正是因为一直接受有挑战性的工作任务而不断尝试工作中未曾企及的领域，从而使她们能够不满足于已有的能力水平或者止步于当下的职业成功，而是持续开发自身潜在的能力以迎接更有难度的工作挑战。

片段分析之九

代曼："在突破自己中寻发展！"

我最初是在一家台企和美企工作，后来跳槽到一家规模很小的夫妻公司，但是干了一个月后，因为自己当时还是很有野心和想法的，我觉得这里学不到什么，没有发展空间，便跳槽了；再后来，有一个契机使我进入一家电缆公司做销售。那时每个月八百，干了半年以后看这些人没有业绩，就减了一半工资，然后发提成，很多人一看这样的情况直接走了；我这个人不一样呀，很认真，而且我认为既然项目都已经跟的差不多了，我要坚持下来赌一把。我跟这个老板干了一年多，拿下几单生意之后，就发现我该做的也都做了，在这里也没有太大的发展空间了，就又萌生出跳槽的想法，这可能也跟我具有挑战性的性格有关。

后来，在一个电缆的展销会上，我遇到了职业生涯中的伯乐。我之前的销售工作都是在给代理商做，而这家企业是直接的厂家，所以我进入这家企业，自己就成了代理商，虽然工作难度增加了，但是自己的发展平台也就变得更大了。就这样我在这个企业又干了几年，起初，我从最低端的小事情开始做起，到后来接触全新的、更有难度的工作——签合同、清算、结算等，这些工作任务使我对这个行业有了更深入、全面的认识，更重要的是培养了从事这个行业工作所需要的核心能力。后来，我又觉得没有意思了，自己也无法再突破了。

虽然我当时业绩做得很出色，但是我一直都没有被提拔；同时我也很清楚现实：在民企，今天可以把你提拔为经理，明天就可以把你打回业务员，因此我选择离开这个企业。后来，我有幸接触到一个经销商企业，他们不直接对接客户，我在帮他们拉来几个客户之后，我直接提出我的条件：我要做 T 区域唯一的代理。这次是我职业生涯的一个转折点——从给别人打工，到自己开启了带有创业性质的职业生涯。这次合作是对我职业生涯的又一次重大挑战，我心里有时觉得压力真的挺大，自己当时把牛吹出去了，很霸气；但是我有帮他们把 T 区域的市场做起来的信心。其实，那时的创业经历，还是有给别人做的成分，因为虽然团队是我自己的，但是品牌是别人的，于是这一两年我开了自己的公司。自己独立创业，意味着从品牌，到资金，再到企业的市场定位等完全由我决定，这对我而言绝对是一个全新挑战。

从代曼的职业发展经历来看，她一直循着一条"挑战—突破—发展—瓶颈—新挑战"的路径不断追求更高层次的职业地位。代曼的经历启示我们：有难度的工作任务帮助知识女性找到了自己继续发展的"弱势"，也是需要进一步开发的区域，因此具有挑战性的工作是推动知识女性向上发展的外部教育力量。如何将这种外部教育力量转化为知识女性追求更高层次发展的内在动力呢？关键则在于知识女性能从具有挑战性的工作中发掘自身的潜能，并拥有开发这一"潜力发展区"的信心。本书的知识女性基本都勇于尝试有难度的工作任务，并在完成工作中努力寻求自我突破：旭妍用"考证"来突破自己能力的上限，一个又一个难以攻破的证书是她发现自己更大潜能的风向标，更是她不断胜任新的、有难度的工作任务的基本保证；婷秀在接触与自己专业相差甚远的行政工作时，慢慢发掘了自己的潜能，并一直在尝试学习法务、会计等本职工作之外的知识。由此可见，有难度或完全陌生的工作任务并不可怕，关键是知识女性能够在挑战这些任务的过程中，准确发掘自身职业生涯的"潜力发展区"，有针对性地提升自我核心竞争力，最终获得更大的自我突破并实现更高层次的职业发展。

相比而言，宇芳的职业生涯始终处于一种"顺其自然无所求"的状态——"七年的人事专员加两年的培训专员"才换来她在职业地位上的一点提升。不可否认的是她所处的企业存在"关系胜过一切""技术工作的地位超越了辅助性工作的地位""男女差异对待"等隐性屏障，固化了宇芳职业上升的道路。但是在工作中无法接触到任何有挑战性的任务，长期重复的工作早已使她"安于现状、无心奋斗"。由此可见，缺少来自挑战性工作任务的"教育激励"，使宇芳完全失去了努力学习其他可能对自己有用的技能或知识的动力，只能在工作中按部就班地干着自己的"本职工作"。从更深层次进行剖析，职业时空的"教育"与知识女性自身之间是相互作用的：如果宇芳在工作过程中并非只抱着被动接受的心态——分配给我的工作，我会按时完成，但绝不主动探索工作之外自己可能的发展潜能，而能够主动寻找或为自己创造更多有挑战性的工作任务，也许有可能改变现在枯燥的、日复一日的工作状态。总之，只有不断完成有难度的工作任务，才能进一步激励自己不断前进，从而形成一个正向循环："接受有挑战性的工作——开发潜能——敢于尝试更有难度的工作——继续挖掘新的潜力。"

（二）保持"终身学习"而避免淘汰

在职业时空的教育中，有难度的工作任务和挑战除了激励知识女性不断寻求自我突破外，还使她们始终保持学习状态，以确保顺利攻克工作难题并管理好团队，这是极具挑战性的工作任务对知识女性作用的第二层面的"教育结果"。本书的知识女性虽然已经从学校进入职场，但她们始终保持着"终身学习"的状态，只是学习方式更加多元化，对待学习的态度以及自身在学习中的状态与学校教育时有较大差异。首先，从教育内容和形式上来看，知识女性在职业时空中接受的"教育"已不局限于课堂教学，而是包含多种参与形式的"再学习"，具体包括两种：第一种是选择一所知名大学，攻读MBA或者进修更高的学位；第二种是通过考取本专业领域的职业资格认证，不断提升自身的专业技能水平。在本书中，对于工作专业性不强的知识女性，普遍会选择第一种形式。当知识女性进入管理岗位之后，她们已不再只进行自我管理，而需要对整个团队进行管理，这自然对她们的综合能力提出了更高要求。本书中的知识女性之所以可以不断获得更高层次的职业地位，与她们时刻保持终身学习、持续进步的状态密切相关。在访谈过程中，蓉洁给我留下了很深的印象：当谈及她的管理之道时，她表示自己唯一的优点就是爱学习，虽然已经五十多岁，她依然没有停下更新自己知识的脚步；通过攻读MBA，她不断更新自己的管理理念和策略，进而将理论化的管理知识再用于自己公司的管理实践之中。

我从2000年开始，基本上一直在学习。我那时在Q大的总裁班，学习了三年，主要学习了公司的整个模块管理；后来，去P大读了一年的

MBA;现在在参加 T 大和 N 大的进修班。我觉得知识必须要更新,不更新的话你管理不好企业。在讲课的过程中,老师会将他们经历了几十年的东西总结出来,然后进行理论提升;因为你没有时间,也没有能力去梳理总结这些,但在他们提升的理论基础上,我再将其用于工作的时候,会使自己的工作提升一个新高度。就像毛泽东所说的,"理论——实践——再实践",如果你没有实践,即使教授讲,你也没有深切体会,更理解不了;只有你干过了,你才有体会,然后你再去实践,你会提高得更快,这是一个反复提升的过程。(蓉洁语)

除了像蓉洁一样参加 MBA 的进修班外,对于专业性较强的知识女性,她们即使进入职场很多年,对所从事的工作已经十分娴熟,仍然会不断考取等级更高的职业资格证书或参加专业进修。华辰表示,"当我在工作室为其他小朋友上课时,自己是处于一种极速输出的状态,而如果不进行输入的话,总感觉自己会被淘汰"。包括红琼、旭妍也有过相同的感受,她们是在不断考证中证明自己的实力,让自己时刻保持学习的状态而不被安逸的旋涡所吞噬。

我记得当时因为怀孕而被分配到安全科,在那里工作特别清闲,基本都是女生,每天大家聚在一起就是闲聊、打牌。可能因为那段时间过于安逸,工资总是拖欠着,加之科里在以不同的形式裁人,我那时体验到了前所未有的危机感——无法从事本专业的工作,使我陷入了极度不自信的状态。于是,我选择通过学习、考证证明自己脑力没有退化。我在一年内,一次性通过了注册监理师、注册造价师,这些资格证书的考取使我对以后重返专业岗位增加了些许自信。(红琼语)

　　在访谈过程中,包括红琼在内的多位受访者都曾表示"学习状态"的保持不仅使她们能够有效应对工作任务本身的挑战,更重要的是使自己通过不断更新知识储备而更加自信,同时免遭淘汰。当今职场,竞争日益激烈、技术更新速度逐渐加快,知识女性如果不能在自己的专业领域时刻提升专业知识和技能水平,很可能会遭遇被淘汰的风险。

　　其次,知识女性对"教育"的态度以及在接受教育过程中的状态已经完全不同于进入职场前的"学生状态"。一方面,更丰富的职场实践经验使得她们的学习过程具有更强的目标性,她们不是盲目地、囫囵吞枣式的学习,而是根据实际工作任务需要而展开有针对性的学习和进修。

　　　　我刚进入公司,就参与了一个与国外公司合作的对外项目。你也知道,学校中学习的英语都是应试下的,无法完全应对与老外的交流以及项目管理。我当时住的地方旁边就是图书馆,中午别人休息以及周六日我都会泡图书馆,然后做一份大的 schedule(日程表),那时候完全是零,需要自学专业软件 projector(幻灯片),同时也需要提升自己的英语水平。就这样利用一切时间泡在图书馆学习,那时候会有一天的时间全天都不休息,包括晚上,然后第二天再睡觉,一直不断重复这样的作息。其实上班前两年很拼,非常拼。因为当时没有任何人带你,不像现在,他们都是"90后"呀,还好他们可以靠着我,但是我那时候只能靠自己。(旭妍语)

　　除了初入职场对一切工作需要从头学习之外,旭妍为了实现"三十四岁前打造自己核心竞争力"的目标,几年之内全部一次性通过了"十大难考证书"中的造价师、高级经济师等。对于旭妍而言,取证已不单单是为了证明自己的能力,更是一种对自我的鞭策以及使自己时刻保持学习状态的方式。她本可以选择不考取那些单位要求之外的证书,或者花更长时间去拿下,但是她为了成为"不被别人或者工作所主宰，而是要主动选择工作"的职业女性，她告诫自己"四十岁之前就开始享受人生是一种奢侈，更是一种虚度"。凝文也常称自己是"拼命三娘"，她利用业余时间进修了 T 大的 MBA。另一方面，她们在继续教育的过程中，会更加敏锐地关注到超越于知识本身的其他东西。正如代曼所言：

> 刚去 Q 大进修的时候，我会默默地关注与自己一起学习的人，我坚持要与比自己强的人交流，因为高层次的人自然就会把自己"拎起来"了。自己如果想要融入人家，必须强迫自己提高，这样才能达到人家那个高度。此外，在这些地方上课与之前学校上课不一样，以前更注重学习知识或为了考试，但现在更重要的是改变自己分析问题的思考方式和认知角度。通过这样的学习，不管你接触什么层次的人，你都可以侃侃而谈了，你心理有底呀，因为你接触过、了解过；而且你也会很自信，对于女孩子而言，从内心散发出的自信就是一种独特气质。

对于已经拥有丰富工作经验的知识女性而言，重返"课堂"进行学习，除了使她们的知识和能力水平获得提升外，更重要的是积累了重要的社会资本。正如代曼所描述的，参与进修的"学生"一般是业内的优秀人士，与他们进行交流学习，不仅提升自己思考问题的能力，而且扩大了自身的人脉资源网络，这是一笔重要的隐形财富。总体看来，"持续学习"似乎是获得高层次职业地位知识女性的职业状态，同时也为她们更高水平的职业发展奠定了深厚根基。职业时空中的职后教育积淀不仅会在无形中影响知识女性的言谈举止，更重要的是会激励她们为追求更高层次的职业地位展开积极行动。

实际上，现实职场对女性的残酷在于职业女性需要不断反复证明自己的实力，才有可能改变职场对她们的刻板印象。如果职场中的这一现状难以改变,我们则可以从一个更加乐观的角度来看待这一职场性别偏见:将它作为激发知识女性不断挖掘自身潜能的"教育力量"——推动知识女性在自己职业生涯的前半段,用比别人多出几十倍的努力证明自己的能力,不仅使自己免于一直陷在"无法被别人认可"的尴尬处境中,而且通过持续学习、打造职业核心竞争力,使自己获得了更加扎实的职业地位。总之,不断变化的工作挑战、有难度的工作任务对知识女性职业发展的推动力在于激发她们学习的热情、时刻保持学习的状态、使自己拥有"主动选择工作而非工作选择我"的主动权。

三、支持性人际网络:经验积累与情感交流

不论在生活时空、学习时空还是职业时空,教育对知识女性的影响除了发生在"主客体关系"中,还通过"主体际的交往互动",促进知识女性的成长与成才。众所周知,人的发展离不开人与人之间的合作,这不仅是基于个体作为一般生命有机体的成长发展规律,而且是由人作为主体的社会规定性所决定。此外,工作组织中的支持性人际互动之所以成为职业时空的一种重要教育形式,原因在于女性倾向于在自己和他人的关系中定义自己,具有建立人与人联结的需要。南希·裘德罗(Nancy Chodorow)的理论观点也印证了这一点:女性比男性拥有更强的人际关系需要,它暗示着女性更可能倾向于寻求彼此的友谊、联系和感情。[1]此外,作为职业时空中终身教育的一种途径,人际互动有利于促进知识女性实现个体次级社会化,即帮助知识女性真正"嵌入"制度化的社会结构中,从而确定自己在组织职业生涯中的位置和角色。

---

[1] Chodorow N., *The reproduction of mothering*: *Psychoanalysis and the sociology of gender*, University of California Press, 1978, p.93.

中国文化属于集体性文化,在这种文化背景下,中国人从家庭生活进入工作场所后,所展开的人际互动是建立在家伦理基础上,由家庭关系向外延伸形成职业时空中的人际关系。人际互动基本上是建立在相关利益基础之上,而中国人之间的人际互动与情感关系是分不开的,[1]这使得中国人长于平衡互动过程中的工具性与情感性动机和利益。从本书中的知识女性的职业发展经历来看,"经验积累"与"情感交流"不仅体现了中国人在人际交往中的工具理性与情感需求,而且构成了职业时空中职后教育的具体途径。"经验积累",一方面表现为知识女性通过与团队年轻成员的沟通交流与经验共享,不断更新自己的理念和知识,同时,使自己获取新的工作灵感;另一方面,知识女性通过与经验丰富的老员工或者更加了解自己的领导进行沟通交流,及时发现自身存在的不足,进一步促进自我反思与提升。来自组织人际互动的"情感支持"集中体现在,知识女性与自己经历或处境相似的女性员工结为"命运共同体"。在共同体内部,女性员工之间会获得情感共鸣和相互支持,这是一种更隐蔽的教育动力,有助于帮助女性员工以更加积极的心态面对企业文化中的隐性歧视和性别偏见,主动追求更高层次的职业地位,最终实现共促发展。

(一)信息流入与经验共享

本书所访谈的知识女性处于不同的年龄阶段,特别是对于职位较高且年龄较大的女性管理者,她们的公司或团队中不断涌入年轻员工,与年轻成员进行互动交流是她们更新自己的理念和知识的重要途径。企业管理层的知识女性在工作中并不会独断专行或奉行权威主义,她们深知年轻职员虽然缺乏工作经验,但是他们拥有很多新奇的想法、对外部世界的新鲜事物和

---

① Chai S.K.,Rhee M.,Confucian capitalism and the paradox of closure and structural holes in East Asian firms,*Social Science Electronic Publishing*,2010(6).

实时动态具有更敏锐的洞察力;如果将他们的思考或想法融入实际工作中,会产生更多创意,也会进一步增加团队或公司的活力。

> 我们公司倡导"无人际关系压力"的工作氛围,而在我的团队中,又有很多"90后",他们拥有很多新鲜的想法,我也愿意和他们去交流,因此团队气氛十分活跃。此外,在我的团队中,我不仅要求自己,而且还会教育其他人要有学习的意识;同时,我也鼓励大家彼此进行交流讨论,只有在言语沟通以及经验共享过程中,才会进一步产生新思想的火花,碰撞出更好的 idea(主意)。(凝文语)

对于企业高层女性管理者而言,团队之间的交流不仅是一个信息流入与经验分享的过程,更是一个不断学习、更新自己知识和观念的过程。她们鼓励自己的团队成员在互动交流过程中,勇于表达自己的想法和观点——男性与女性、年轻与年长,都可以通过这样的讨论,展现自己的思维过程、与同伴分享智慧,更重要的是自己在潜移默化中积累更加丰富的工作经验。此外,在这样一个大胆表达自我见解的氛围中,团队成员在认真倾听他人观点的基础上,可以坚持自己的看法,或修正自己的观点,进而不断调整自我认知;特别是对于女性员工而言,讨论交流和思维碰撞可以进一步促进她们自身的思考与学习,让她们充分感受到尊重和平等,进而激发她们更主动地表达自我并积极与他人合作。

(二)促进自我反思与提升

本书的知识女性通过与了解自己的领导或有经验的老员工进行深度交流,不断促进自我反思,逐渐找到获得进一步提升的方向和途径。一方面,领导对自身工作表现的评价和建议,在一定程度上可以作为自我职业生涯规划的重要参考。"可能因为领导站在更高的角度,因此,他们可以对自己进行更加客观、全面的评价;也可能因为领导阅人无数,所以能够敏锐地洞察到我所具备的优势。"(婷秀语)此外,领导所给予知识女性更加切实的工作指导和发展建议也有助于启发和引导她们不断重新认识自我,从而能够及时发现自己在工作中的不足以及被自己忽略的优势和潜能,进行有针对性的自我提升。

　　我最初的职业理想是做医生,后来进入这个工作单位以后,先接触了项目申报,之后又做了行政管理。虽然刚开始有些抵触,但是在后来的工作中我慢慢发现自己挺适合做行政的,而且领导交付给我很多重要工作,让我在能力上获得了全方位提升。所以,很多时候我对自己的认识与别人眼中的自己可能是不一样的……(婷秀语)

一方面,领导的"慧眼识珠"可以使知识女性在职业探索上少走一些弯路,同时,也可以有效识别她们在某些工作上的优势和潜能,从而给予有针对性地培养。另一方面,当知识女性在工作岗位上"用力过猛"而使自己的精神之弦紧绷时,与领导之间的深谈如同"悬崖勒马",可以及时"挽救自己"。特别是对于自我要求很高且具有强烈成功欲的知识女性而言,她们很容易陷入高压的工作状态,这不仅影响到她们顺利完成工作任务,而且她们的紧张情绪也容易影响到周围人。在这种状态下,对自己十分了解的上层领导或者与自己共事多年的老员工及时给予疏导,来自他们"发自内心的点拨与共鸣"会帮助知识女性认识到问题背后所隐藏的深层原因,从而在自我反思中找到解决问题的正确方式。

　　有段时间,我的工作被别人"瓜分"了,心里有很多委屈无处发泄,有的时候只能自己躲在车里哭。后来，跟我合作多年、现在被调到集团总部工作的一位领导了解了我的状态后，主动找到我，和我深聊了好久。她一语点破了我现在这种状态的原因："你委屈的原因是因为你不遗余力，你付出了120%的努力，使得你变得浑身都是刺，你碰不得，他（总经理）说你一两句，你就会觉得很委屈。"后来，我很认真地回顾了自己这几年的工作状态，确实是我将自己的精神绷得太紧了，因为自己在工作上亲力亲为，将自己全部的精力都投入其中，所以容不得别人的任何质疑。我的这位领导还建议我给自己放一个假：离开现在的工作环境，彻底地释放一下，给自己一个缓冲。后来我真的有一段时间放下工作，休息、度假回来之后，自己的心态也平和了一些，进入到了一个更好的工作状态。（凝文语）

在现实的工作组织中，女性员工更需要有一个了解自己、在关键时刻能够点拨自己的"导师"。不论是在工作上的引导与鼓励，还是在精神上的安慰和疏导，都会使陷入迷茫或无助的自己，及时停下来，进行自我反思和审视——或是寻找问题背后的深层原因，或是重新定位和规划自己的职业生涯，最终使自己在职业发展中不断获得进步与提升。

（三）构建组织内部的"女性命运共同体"

本书的知识女性作为优秀职场女性的代表，她们在职业生涯发展中依然可以感受到来自职场的性别偏见，以及来自男性主流价值观对自身追求更高层次职业地位的阻力。在这样的职场现实中，部分知识女性会选择将工作组织内部的女性员工联合起来，使她们成为工作中的"女性命运共同体"。工作组织中的"女性命运共同体"充分体现了伦理本位的社会特征，"共同体"的教育作用集中体现在对组织内部女性员工的"情感教育"上：在"命运共同体"内部,首先,将所有人的情感联系在一起,每个人都心系他人,故伦理关系中彼此互以对方为重;其次,她们的行为是组织化了的,其目的性指向共同体中每个人的发展利益;最后,任何一个人不为自己而存在,但互为他人而存在,每个人都会成为彼此精神或情感上的依靠。此外,"女性命运共同体"使得作为"部分的个人"与作为"整体的共同体"在发展与情感的需求和目标保持一致,即她们期望并要求工作组织消除区别看待男性和女性员工的组织文化、避免贴上传统刻板印象的"性别标签"、改变对男性和女性员工进行区别评价等;同时,工作组织应充分关注女性员工的需求,并赋予她们更多平等的发展权力和晋升机会。

在"女性命运共同体"内部,每个女性职员的社会性被扩展并带入一个新的境界,同时这个共同体也成为每个女性自身的延伸与拓宽。在其中,每个人所受到的"教育"熏陶是"要让自己在情感和行动中变得更加独立、强大;同时,遇到任何工作阻碍时,不要默默忍受职场中的各种性别歧视和不平等待遇,而是学会将遭遇相似挫折的人联合起来,共同争取有利于自身职业发展的权利"。在进入这个共同体之前,每一位职场女性可能由于各自的先天资质、倾向和成长生活背景的不同而表现出很强的异质性;但是当她们在工作组织中形成这样的"命运共同体"之后,她们都将作为一个"总体的人"而存在,因为身份的改变,使得她们更关注职业发展过程中女性所遭遇的共性问题,如不平等的工资待遇、狭窄的晋升道路等,从而更加积极地将女性员工团结起来,为谋求共同发展而充分发挥自身力量。

第五章　知识女性职业地位获得的教育阻力

第四章通过深入知识女性成长发展所经历的多维教育时空内部，分析了生活时空的家庭教育、学习时空的学校教育和职业时空的职后教育在知识女性职业地位获得过程中的动力作用。然而教育在知识女性职业发展过程中并非只发挥着促进作用，因此为了更加全面地解读知识女性职业地位获得的"教育意蕴"，本章从教育的负向功能视角，进一步剖析了不同时空中对知识女性成长发展产生阻力的教育要素（如图 5–1）。从总体来看，生活时空、学习时空和职业时空中存在的教育阻力基本可以归纳为三个方面：一是观念意识层面，不同教育时空中传统性别文化和观念直接影响着各时空教育者的教育观念、对待女性的态度和期望等；二是行为互动层面，不同时空教育者的微观教育操作对女性行为习惯、人格品质等产生着潜移默化的影响；三是外部条件层面，女性在不同教育时空中获得的不均衡的教育资源、发展机会等间接影响了她们潜能的开发，进而阻碍她们获得更高层次的职业地位。本书将上述三个方面的教育阻力进一步还原到生活时空、学习时空和职业时空的教育过程中，并结合知识女性职业地位获得的真实经历，具体深入地分析这些教育阻力如何阻碍她们追求高层次职业地位。

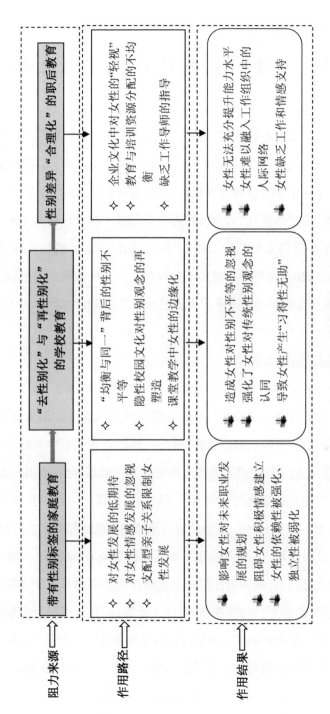

图 5-1　知识女性职业地位获得的教育阻力

第一节 生活时空：带有性别标签的家庭教育

性别是个体出生以后获得的第一个身份，它直接决定了家庭教育过程中父母对待子女的态度、发展预期、教养方式、亲子关系等，本书将这种具有明显性别差异的生活时空教育形式界定为"带有性别标签"的家庭教育。这种"性别标签"主要体现在"对女性发展的低期望""对女性情感发展的忽视"以及"地位不平等的支配型亲子关系"等，它们作为女性成长发展过程中的家庭教育阻力，在一定程度上阻碍了女性现代社会性别观念的形成、主体意识的建立，甚至会抑制她们未来追求高层次职业地位的主动性。

一、对女性发展的低期待

中国传统的性别文化中长期存在着性别刻板观念，它作为社会延续既有性别模式的重要手段，通过父母开展的家庭教育在无形中被延续、继承和传播。很多传统的中国家庭以及偏远的农村地区依然存着"重男轻女""养儿防老"等观念，这直接造成父母对女孩发展的低期待。父母对女孩发展的低期待渗透在她们成长、学习、生活的方方面面，间接地影响到她们对未来职业发展的定位和规划。儿童从一出生便耳濡目染地了解到男人应该干什么、女人的职责又是什么，例如男性需要承担更多的养家糊口责任、应该追求更高的职业成就；女性有一份简单、轻松的工作即可，需要承担更多照顾、关爱等方面的责任。尽管越来越多的父母会引导女孩独立自主，但是在他们内心深处并没有形成与对待男孩一样的高预期。本书有一部分受访者对父母的低期待在行动上予以"反击"，有的则表现出顺应和听从。

　　我奶奶家这边一直都是单传,从我爷爷到我爸爸,家里每一代都只有一个男孩,所以全家人都期盼着我是个男孩。从我出生以后,我便可以感觉到家人的失望,他们对女孩的偏见是我一直都难以忍受的。在他们看来,男孩才能和成功相联系,所以父亲对我似乎一直都没有抱太大希望……正因如此,我一直都在找机会证明自己——我虽然是女孩,但我可以和男孩一样优秀。在高中学习中,我拼命偏向理科,因为传统观念中理科属于男性;在选择工作时,我毅然决然地选择进入男性主导的行业;在工作过程中,我也主动承担更多的工作任务和有挑战性的项目……这一切行为都源于"我要向父亲证明女孩也可以像男孩一样优秀"(旭妍语)

　　在小学时,我是一个成绩很好、听话、乖巧的女孩;上高中以后,我的成绩开始出现下滑,理科方面的科目,像数学、物理等,我开始感觉跟不上了,觉得自己可能是不开窍吧,所以成绩就很一般了,心理状态也很差。可父母觉得这个很正常,他们对我说:"女孩本来不适合学理科,你这样很正常。"可能因为他们对我没有什么要求和太大期望吧,我虽然选择了理科专业,但在工作选择时,我因为不太敢挑战非常有难度的工作,所以我换的几份工作都是跟行政、文字相关的工作。(宇芳语)

通过对比旭妍和宇芳所经历的家庭教育可以清楚地发现,父母对女孩发展的期待水平较低,甚至宇芳的父母对她的发展并没有什么要求,这种态度表面上看似是对女孩的成长保持顺其自然而不施加任何压力,本质上反映了父母对女孩在学业表现,甚至在未来工作上并不抱有非常高的期望。持有传统性别观念的父母并不支持女孩选择理工科,而认为她们只适合进入人文社会科学领域学习,在未来工作选择上,他们同样认为女孩更适合从事行政或文秘等辅助性工作。[①]父母对女孩的这种低发展预期在很大程度上会影响女孩进入学校教育后对不同学科、专业的兴趣、自信心，甚至会影响到她们未来的职业选择。此外，父母对女孩所持有的偏见给她们的心理和精神造成了一种无形的压力，进而导致她们在没有学习数学、物理等课程之前，已经对自己的能力产生质疑甚至恐惧感。正如本书的宇芳，在高中时，将理科成绩的下滑直接与"自己不开窍"（能力差）相联系，这与父母从小向她灌输"女孩不适合学习理工科"的观念直接相关。此外，根据 PISA（国际学生评估项目）（2015）的相关数据显示，15 岁女孩"设想自己在未来从事科学和工程领域工作"的可能性远低于同龄的男孩[②]。由此可见，父母对女孩在专业学习上的低期待直接造成她们在所谓的"男性学科或专业"上表现出低自我效能感，进而对选择男性占主导或男性优势的工作存在抵触情绪或表现出极度不自信。

父母对女孩较低的发展预期，对于主体性不强、比较顺从的女孩而言，会直接降低她们对自身未来职业发展的预期、削弱她们对自身能力的自信心，最终呈现出与宇芳类似的成长发展状态。值得注意的是，虽然旭妍的父母也表现出对其发展的低期待，但她在学业表现、职业地位上依然取得了成功，这与她自身的主观能动性密不可分。由此可见，父母对女性的发展期待与女性自身的主体意识之间存在相互作用，如果女性表现出顺从、接受等态度，则会使父母的低期待转化为女性成绩平平、职业地位低等现实状态；相反，如果女性在精神上不接受父母的低预期，同时在行动上努力证明自己，反而会将其转变为自身发展的动力，特别是进入工作世界以后，这一动力会持续激励女性追求更高层次的职业地位。

---

① Abu-Shanab E., Al-Jamal N. Exploring the gender digital divide in Jordan, *Gender, Technology and Development*, 2015(1).

② OECD., *PISA 2015 Results （Volume I）: Excellence and Equity in Education* OECD.Publishing, 2017.

此外，父母在教育过程中对女孩发展的低期待决定了他们对女孩的关注度与男孩存在显著差异。通常情况下，父母对男孩给予的关注更多，这种关注包括惩罚和批评、鼓励和表扬；而对女孩而言，大部分父母对她们的学业表现持有传统的观念——女孩掌握基础的知识、技能即可，没有必要拼命地学习、争做事业上的女强人。反而父母会对女孩的行为举止、与男性安全交往等方面给予更多关注，这集中体现在传统女性特征的塑造上。父母在对女性的教育过程中，虽然对女孩在未来职业发展水平或成就上的期待较低，但对女性是否具备传统女性的优秀特质要求较高。正如宇芳所言：

> 在我很小的时候，父母就开始"训练"我的言行举止，教我很多待人接物的规矩和礼仪。因此，我从小就是别人眼中的"乖乖女"——听父母的话、很少和父母发生争执。此外，父母期望我是一个多才多艺的女孩，所以，在我小时候，就开发了很多艺术特长，比如跳舞、弹电子琴等，他们认为这些可以修身养性吧。

父母在教育子女的过程中，鼓励男孩追求成功、勇于接受挑战、积极克服困难等，却引导女孩修身养性、训练举止、学习规矩和礼仪等，这进一步强化了男孩和女孩在性格特质、性别观念、行为表现等方面的差异——男孩变得更加勇敢、坚定、强壮且积极上进；女孩则变得更加温柔、细心、柔弱且安于现状。宇芳即为具备这些典型传统女性特征的知识女性，由于她在家庭教育过程中被父母无形地灌输了"女性可以有自己的事业，但是更需要在家庭中投入更多的精力"，使得她在职业地位获得过程中并没有表现出强烈的成功欲和好胜心，在工作岗位上兢兢业业工作九年才晋升为培训主管。

总之，父母对女孩的发展预期为女性的成长发展提供了一种性别的社会期待，并在潜移默化中型塑着女性的性别观念、个人特质、行为规范等，这些被强化了的性别刻板印象不仅成为她们稳固的性别图式，而且成为她们未来建构自身职业生涯的重要参照。

二、对女性情感发展的忽视

根据吉利根对女性发展的分析可知，女性的成长发展是基于网状关系而展开的，她们更关注与他人之间的关系、联结以及情感投入，这也决定了她们对自身的情感状态更加敏感，同时情感发展状态也会影响她们对外界环境的适应、与他人的交往以及自身的行为方式等。从本书的受访者成长经历来看，生活在"重男轻女"家庭氛围中的女性，她们的情绪表现、情感状态等总是被忽视，进而造成她们内心安全感的缺失、对他人不信任或难以与他人建立情感联结。实际上，女孩具有更强烈的与他人建立联结的倾向，在这种联结关系建立的过程中，她们的积极情感逐渐获得发展，如有爱、关怀、信任、安全感等；相反，如果父母不能对女孩的情感发展给予足够的关注或家庭环境氛围中缺少关怀，那么女性情感会更加封闭且内心极度缺乏安全感。在所有受访者中，华辰则是一位内心缺乏安全感、情感上渴望寻求更多支持的女性。她在谈及自己成长的原生家庭时，说话声音略带颤抖，面部表情也显得很凝重——原生家庭带给她更多的是伤感回忆，甚至在无形中为她的生活笼罩上一层阴郁的暗纱。

在我很小的时候，我的生活就充满了父母的争吵，有的时候，我甚至想将自己蜷缩在一个地方，永远听不到他们的争吵声和打骂声。这样的家庭环境使我每天都生活在担惊受怕的恐惧之中，我既害怕因为自己做的不好而连累妈妈，又想尽快逃离这样充满恐怖气氛的环境。我每天都盼望着自己赶快长大，这样我就可以独立生活，也可以带着妈妈逃离这样的环境……当我真的长大以后,我在拼命地工作,我希望自己变得更加强大;我想赚更多的钱,让自己和妈妈过上更好的生活。然而我现在有了自己的工作室,自己的事业也已步入正轨,但我还是有很多担心,外在的一切保障并没有让我内心感到踏实……(华辰语)

华辰的家庭成长氛围带给她一种"消极的教育影响",而这种消极影响背后主要源于缺乏父母关爱,这种关爱并非是衣食无忧的物质保障,而是父母对她情感的关注。尽管华辰通过不断拼搏努力地工作,获得了他人眼中的"成功",但是略显"扭曲的情感发展"使她"华丽外衣"的背后隐藏着极其缺乏安全感的内心。"我需要努力,更加努力,来证明我自己。当我真正进入职场以后,我之所以会拼命地工作,是想让自己尽快独立;当我经济独立以后,我似乎找回了一些安全感,但是我一旦停止下来,不安全感会马上涌入心头。安全感的缺失甚至在慢慢影响着我未来对配偶的选择和对婚姻的态度。"在接受访谈时,华辰的事业已经慢慢步入正轨,工作室的生意也非常好,从旁观者的角度来看,她内心极度的自卑感似乎在逐渐消减;然而她却跟我坦然,"一切外在的物质保障依然无法使我在情感上得到慰藉"。由此可见,在女性成长过程中,特别是在积极情感的建立阶段,如果父母不能够敏锐地洞察她们的内心需求、情绪变化等,同时缺乏对她们关心和关爱,则很容易造成女性积极情感发展障碍,进而使得她们长期受到消极情感的控制而影响到她们整个职业生涯的发展。

三、支配型亲子关系限制女性发展

在传统的社会文化中,男性占据着支配性或主导性地位,而女性则处于从属性地位中,这种地位上的性别不平等在当今的文化模式中依然存在。根据本书对知识女性成长经历的深入分析发现，女性的从属性或依附性倾向可以追溯到她们与父母所建立的亲子关系上。在父母看来，女孩比男孩更加脆弱，并且更需要被保护；在这样的观念指引下，父母对女孩表现出更强的支配性，并为她们的生活、学习甚至未来的职业生涯进行各种安排和规划。宇芳在谈及与父母的关系时指出：

> 我从小到大，父母都把我的生活起居安排得非常好。此外，他们总会告诉我哪些事情应该、该怎么做；哪些话应该说、该怎么说；哪些人应该交往……我感觉从小就在她们给我框定的范围内做事，不敢逾越。

虽然宇芳表示"这是父母对自己关爱的表现"，但她却没有意识到与父母之间形成的这种"支配型亲子关系"在无形中限制了她的发展：首先，父母对其生活起居的安排、言谈举止的限制等影响她尽早获得独立，同时逐渐培养了她顺从、听话等柔弱的性格，进而造成她在追求更高层次职业地位过程中表现出较低的主动性。其次，父母在家庭教育过程中施加给女孩的强烈支配感，使她们始终处于被安排、被分配的状态，进入工作组织以后，也同样处于"等待命令、听指挥"的工作状态。从宇芳的职业地位获得经历来看，她只完成领导为她分配的工作，而从不主动尝试或挖掘有挑战性的工作任务；在竞聘中被资历比自己浅、能力水平明显低于自己的男同事顶替时，她也不会主动向领导争取更多的机会。宇芳在职业发展中所表现出的这种被动发展状态，与她在家庭教育过程中长期处于支配型亲子关系之中有很大关系。因此，支配型亲子关系在女孩的成长发展过程中如同一道隐形的屏障，看似将她们置于安全和安逸的环境中，实际上强化了她们性别观念中女性柔弱、顺从、从属的特质，并且在行动上限制了女性积极探索、主动尝试各种未知的挑战或任务，最终导致她们在职业地位获得过程中表现出安于现状无所求的状态。

第二节 学习时空："去性别化"与"再性别化" 的学校教育

在我国,男女平等基本国策为实现妇女解放、促进妇女与经济社会同步发展、妇女自身全面发展提供了总的指导方针,为女性在各个领域争取权力和机会的平等提供了基本保障。在教育领域,各阶段女性受教育人数比例以及女性整体的受教育水平都大幅度提升,基本实现了"男女数量均衡";同时,在各级各类学校中,女性拥有和男性在同一间教室、接受相同教育的机会,在院校报考和专业选择时,女性也可以和男性公开、公平地竞争。[①]从表面来看,男女之间"数量均衡、机会平等"似乎意味着学校教育真正实现了"去性别化";然而校园的隐性文化、课堂教学过程等诸多方面依然复刻、传播着传统的性别观念或性别刻板印象,这种"再性别化"并不利于男女学生塑造现代社会性别观念,反而将带有性别偏见的观念和文化进行了固化和再传承。在"去性别化"与"再性别化"的学校教育过程中,一方面,女性会逐渐忽视教育过程中的性别不平等,并且将其视为合理现象而予以接受;另一方面,她们再塑造的性别观念会进一步加强她们对传统性别文化的认同,并将其融入自身的性别观念体系之中,从而对她们未来的职业地位获得产生潜移默化地消极影响。

---

① ［美］芭芭拉·J.班克:《社会性别与高等教育》,朱运致等译,凤凰教育出版社,2015 年。

一、"均衡与同一"背后的性别不平等

不论国内还是国际，所颁布的教育政策以及教育总体规划均指向性别平等，如 1960 年颁布的《取缔教育歧视公约》中明确指出消除教育中的一切性别歧视；我国发布的一系列重要法律和政策也都对"女性在入学、升学、就业、学位授予等方面享有同男性平等的权利"做出规定。这些法律、政策在教育机会和权利层面提出的性别平等规定，不仅确保女性拥有与男性平等的受教育权，而且使得教育领域发生了性别比例逆转，特别是最近十年，女性在学校教育中的优势越来越明显，具体表现为三个方面：高等教育中女生数量的增长超过男生；女性的教育水平正在超过男性；女性进入大学后的学业表现也越来越优于男性。[①]此外，在各级各类学校教育过程中，男女可以进入同一所学校、学习同一门课程、使用同一本教材、接受同一个教师指导，同时可以受到相同的校园文化熏陶，公众则由此推断学校教育真正实现了性别平等。然而上述这些数量上的"均衡"与过程中的"同一"并没有真正消除教育内部的性别不平等，而是被"去性别化"的学校教育所掩盖。从本书对受访者的深度访谈也可以发现，几乎所有的受访者在谈及自己所经历的学校教育时，并没有提到让自己印象深刻或比较明显的性别不公平现象，一部分受访者还明确表示"现在女生和男生可以平等地享受受教育权利，至少在城市是这样；同时，在教育教学过程中，我们都接受着相同的专业训练、共享着相同的教学资源，所以，我并没有感受到学校教育中存在性别不平等"。这进一步说明学校教育在践行"男女平等"基本国策的过程中，形式上的"去性别化"已经掩盖了教育过程中更为隐蔽的"性别不平等"，使得女生逐渐忽视了

---

① 李春玲：《"男孩危机""剩女现象"与"女大学生就业难"——教育领域性别比例逆转带来的社会性挑战》，《妇女研究论丛》，2016 年第 2 期。

学校教育中隐藏的性别不平等现象。为了进一步剖析学校教育过程中导致男女学生之间产生发展差距和差异的真正原因，本书进一步深入挖掘了那些隐藏的、被人忽视的性别不平等现象。

在专业选择方面，虽然当前高校招生时并没有限制不同专业报考学生的性别，并且鼓励男女生根据自己的学习兴趣选择相应的专业，从表面来看，学生们拥有选择专业的绝对自主权，但是如果深入相关专业的学习过程以及与专业相关的工作领域中，则会发现隐藏的性别不平等。一方面，在专业学习过程中，很多教师依然持有传统的、带有偏见的性别观念，他们认为男性更擅长学习理工科专业，因此对男生在课堂学习中给予更多的关注、对他们的表现和成就给予更充分的肯定、给予他们更多锻炼和展示的机会等；然而教师对女生的关注度则相对较低，特别是当女生无法顺利解决专业性问题时，教师通常以"女生不适合学习此类专业、女生自身能力不行或不够聪明"等对其进行否定。可想而知，在这样的学习氛围中，女生虽然可以进入传统的男性优势专业进行学习，但教师的差别对待依然使她们无法获得发展机会、培养质量等方面的平等，反而因为带有偏见和歧视的性别文化观念进一步导致女生在"男性优势"专业中学习效能感低下、学习兴趣减退、学习成绩不理想等。

另一方面，对于很多女生而言，她们即使在"男性优势"的专业领域中学业成绩优异，但进入与专业相关的工作领域中依然会遭遇到隐性的性别歧视。本书有一部分受访者来自理工类专业并从事本专业相关的工作，她们虽然在学校中成绩优异，但进入职业世界之后，从招聘到入职，再到开展具体的工作，她们都面临着更为严峻的挑战并持续遭受着来自工作场所对"理工女"的歧视和偏见。

我在学校中成绩一直都是名列前茅，不仅因为我自身刻苦努力，主要因为我很享受学习理科带给我的喜悦，特别是做数理化习题的过程，让我可以获得极大的成就感。但进入职业世界之后，我在学生时代建立的自信似乎被一点点削弱，在男性占主导的行业中，我自身的优势始终无法得到认可。在找工作时，因为我父母在这个单位上班，我作为子女，凭借这层"关系"也进入了这家单位。然而在刚刚入职时，我无法充分发挥自身的才能和优势，因为这里工作的大部分女性都从事着基础性、辅助性的工作；在分配任务时，领导似乎认为我是女性，无法完成难度高的任务，特别是那些传统的"男性工作"，因此并不给我分配与我专业相关的工作任务。（旭妍语）

像旭妍一样的工科女还有很多，她们在校的学习成绩优异，但进入职场之后，也依然会面临着隐性的歧视和不平等对待。即使家长和老师改变了专业选择和学习上的性别偏见，允许甚至鼓励女生学习理工科专业，但她们在进入"第二道门槛"——劳动力市场时，依然会遭遇不公和排挤。由此可见，不同时空的教育是存在相互影响和制约的，每个教育时空中隐藏的性别不平等都会限制女性追求更高层次的职业地位。此外，不同教育时空中传统的性别刻板印象会相互传承和复刻，使女性的成长发展始终处于偏见和歧视的环境中，长此以往，女性自身对这些带有偏见的性别观念也产生了同化和认同，并默默地选择在这个框架体系中规划自己的职业生涯。

女性除了在专业选择上会面临性别偏见外，学生组织和社团中也隐藏着诸多性别不平等。在学校教育过程中，有领导经验对学生的自信心和自尊心有积极影响，而在很多学生组织和社团中，各部门管理岗位上的女性比例很低，如学生会的主席、各社团中的主要负责人等；相反，女性在学生组织中通常扮演着执行者的角色，即使有机会参与管理、组织、领导等工作，也通常局限在各部门的副职中，使得女性在学校教育期间普遍缺乏培养和训练领导力的机会。在第四章分析学校教育的动力时提到,学校教育提升了知识女性的综合职业能力,特别是通过学生组织、班级管理和社团工作,女性获得了更全面的训练和提升。然而本书中也有一部分受访者指出,她们虽然主动参加了一些学生组织,但并没有获得与同组织中男生一样的锻炼机会。

> 我在大学时参加了很多社团或学生会工作,主要是期望获得更多锻炼自己、展示个人才能的机会,但是在这些组织的日常工作或组织活动过程中,我更多的是被分配辅助性或基础性工作,并没有机会参与策划、组织、领导等工作。(蜜桃语)

实际上,参加学校中的学生组织与进行专业选择一样,如果我们仅看到表面机会的平等和数量的均衡,则会认为学校教育过程中不存在性别歧视或不平等;但是如果我们深入"均衡与同一"的教育过程背后,便可以发现隐藏的性别差异和偏见——教师和家长在专业学习上的性别偏见、女生无法在学生组织中获得更多的领导机会等。这些隐性的性别不平等在无形中制约了女性能力的进一步提升、限制了女性未来的职业发展空间、阻碍了女性充分开发自身潜能等,最终影响女性在职业世界获得更高层次的职业地位。

二、隐性校园文化对性别观念的再塑造

隐性的校园文化是传播性别观念、塑造个体性别意识的重要途径,对于年轻一代男女学生的成长发展会产生深远影响,具体表现在重构性别规范、建构性别价值和性别角色规范、型塑性别观念意识以及对待性别差异的态度等。上面已经提到,学校教育在"去性别化"过程中,并非始终保持"性别中立",隐含着性别差异的校园文化在无形中通过教师、教材、课程、教学以及

学校中某些制度和非制度的形式复刻、传播着性别文化，特别是对于女性学生平等参与学校教育产生了一定的消极影响。本书将隐性校园文化对学生性别观念再塑造的具体方式归纳为三个方面，即对"女性"的忽视、对"男性标准"的强化与传播以及"女性榜样"的缺失等。

（一）对"女性"的忽视

这里的"女性"并非是指具象的女性学生，而是指抽象的女性经验、特质和女性文化等。由于现代学校教育和校园文化中仍然充斥着主流的男性文化，这种隐性的文化在无形中将与男女相关的一切经验、特质、文化等赋予优劣的价值区分，即将女性特质和经验贬抑为消极、被动的，赋予女性服务他人、奉献自我、给予关怀的形象角色；而将男性的特质和经验宣扬为积极而富有价值的。实际上，在男女自身的特质中都同时包含积极和消极的成分，学校文化应予以正确地宣传和传播。一方面，如果女学生长期处于单一的男性价值观和主流文化之中，她们不仅会逐渐失去对自身女性特质和经验的关注，而且会进一步对男性占主导的文化以及男性文化对女性的偏见表现出默许的态度并形成强烈的认同感，最终导致自我疏离和自我否定。此外，校园文化中对"女性"的忽视不仅会对女生自身的培养和发展产生不利影响，从更深层的角度来看，更是对女性文化的轻视。在倡导多元化的现代社会中，男女双方所具备的独特经验完全可以形成相互抗衡、彼此丰富的性别文化，为实现男女平等基本国策所倡导的"男女和谐发展"新局面提供文化土壤和环境氛围。然而校园文化将"女性"排除在主流文化之外，使得许多珍贵的女性文化遗产在单一庞大的男性主流文化压制下无法保留和传承，例如，抗日战争时期涌现的女战士、致力于女性解放运动的女领袖等很少出现在校园文化宣传或课本教材中，进而使得新时代的女学生无法深切感知前辈女性的来时路、无法形成独立完整的女性经验、更无法将女性文化一代代传承。长此以往,即使接受过高等教育的知识女性依然无法彻底改变"女性作为第二性"的处境,同时她们在内心深处也无法根除女性作为弱势的自卑,这种文化的缺失甚至会对女性未来的职业生涯发展产生极其深远的消极影响。

另一方面,在具体的课程学习过程中,对"女性"的忽视主要表现为两种形式:一种是通过"数量差异"反映特定观念,在各级各类教育课程文本中,提及女性的篇幅与男性相比相差甚远,女性只被当作社会发展和人类文明进步中的配角和历史上的注脚,而并非以各领域的积极参与者的形象出现在历史舞台,盖尔·塔基曼曾将这种呈现匮乏称为"对女性符号的消灭"。另一种方式则是通过形象塑造渗透特定观念,即以严格的男女有别的生物本质论为基础进行男女定位,而缺乏社会性别观念的渗透。在课程内容中,对性别、人格特质、角色期待、行为规范以及公共生活的方方面面不仅表现出明显的性别差异,而且基本上以刻板化的印象塑造女性角色。总之,在显性的课堂教学过程中,带有性别偏见的隐性校园文化潜移默化地影响着女生性别观念的形成和重塑,并将传统性别文化观念在女生的观念体系中进一步固化,从而使她们在未来的生活和职业发展中深信不疑地践行着传统的性别刻板观念。

(二)对"男性标准"的强化与传播

校园文化对女性相关的经验、特质、文化等方面的忽视,使得相应的"男性标准"在学校教育过程中逐渐得到强化和传播。隐性的校园文化隐藏着这样的性别观念,即一切与男性有关的特点及事物被看作有价值的、规范的,而与女性相关的一切则被贬值,并认为是偏离常规的。本书综合前人已有的研究以及本书受访者的学校教育经历,将学校教育过程中被强化的"男性标准"归纳为以下两个方面。

第一,在课程框架的设计、课程知识的选择以及课程的组织上,充分体现着社会中占主导地位的价值观,而与"性别"相关的价值判断是主流社会价值观的一种重要表现形式,同时中外主流的性别价值观都体现了"男尊女卑、男主女从"的价值观念和定位。因此,男性因具有文化符号体系的操作权、话语理论体系的创作权和语言意义的解释权,在传统课程范式的创造和规定上自然具有主导权。传统的课程知识无一不体现着男性中心的价值体系,集中反映着男性所关注的领域和议题;课程知识中的男性霸权使得课程内容中的人物行为分析,也是基于男性立场,从维护男性群体的权利出发进行解释,完全忽略了女性群体的判断和感受;同时,学校教育中传统的课程框架是基于男性经验而建立起来的,体现着"客观、普遍、理性、权威、规范"等特征的男性经验强调课程知识的客观性以及课程建构的实证主义分析。一方面,传统课程论主张课程知识的客观性是一种不依赖人的主观意志为转移的客观事实,但是女性主义者对"认识对象"是否对立于人的主观意志之外提出质疑,她们强调应将"客观性"置于具体场景中分析,由此可见,传统的课程建构中以"客观主义"作为不加怀疑的先验性原则,行使着"性别主义"的控制功能,最终导致女性经验被完全排除在课程体系之外。另一方面,课程建构中的实证主义分析主要是以演绎法作为研究论证的主要方法,以既有理论观点为基础展开一系列论证,但已有的理论和知识体系又以男性经验为主导,并没有纳入女性的经验与知识,从而在课程建构中进一步固化了男性标准和经验。此外,实证主义通常遵循二元对立的思维方式,在这种思维框架中,女性因其传统的、无法变更的"女性气质"而始终处于次要、边缘、附属的地位之中,只能使用男性的思维方式和话语言说,从未在课程研究和知识生产中发展为认知主体。

第二,在学校的权力结构中,男性处于领导和管理的核心位置,同时男性经验也作为学校教育和日常工作开展中的重要参考标准。各级各类学校教育中,大部分学校存在着"男将女兵"现象,这种权力分配方式不仅使得"男性标准"在校园文化中得到进一步强化和传播,而且对于女生性别观念的塑造以及性别角色分工意识的形成都会产生消极影响。在学校的人事结构中,通常情况下,声望较高的学科中男性教师比例较高、各部门的副职中女性比例较高,特别是院长或校长职位上女性更是凤毛麟角。校园中这样的教职工角色分工在无形中成为学生观察模仿与角色认同的重要参照标准和依据,特别是对于女学生而言,学校中"男性的领导优势"和权力等级中"男高女低"的现象,一方面,使得她们对"男性更适合做领导者"的性别刻板印象更加认同,并逐渐将其同化进自己的性别观念体系中;另一方面,在一定程度上削弱了女生进入职场后争取更高层次职业地位的自信心,同时将"男性在工作组织中的绝对领导权力和地位"视为一种自然的、习以为常的现象,进而失去追求更多机会和权力的主动性。

（三）校园文化中缺乏"女性榜样"

本书在第四章分析家庭教育的动力时提到,母亲是女孩在家庭教育过程中重要的学习榜样,正如婷秀从母亲身上学习到了中国传统女性的坚韧、善良等;华辰从母亲对工作的热忱中感受到事业对女性独立的重要性,由此可见,"女性榜样"对女性成长发展具有重要的引导作用。当个体进入学习时空之后,女生学习和参照的榜样更多的是教材中的女性人物形象以及学校中的女教师;然而学校教育中的这两种女性形象无法为女生提供更多积极、效法学习的典范,进而不利于她们建立主体性和多元角色。一方面,学者们的已有研究普遍发现,学校教材中,特别是中小学的课本中,依然描述的是一个男性文化占主导的父权制社会,女性的角色、特质、文化和贡献通常被忽略或轻视;在较少的女性角色和形象中,也基本是强调"女主内"的家庭角色,而对女性积极参与政治、经济、文化等方面的建设避而不谈。此外,教材中的人物形象也被赋予了"男女有别"的特征：在人格特质方面，男性被描绘成"聪明、勤奋、有活力、坚韧、机灵、果断、富有创造性"等，女性则被描绘为"认真、细心、有同情心、文静、幼稚"等，上述性格特征在无形中塑造了男女刻板的角色分工——男性被鼓励追求公共领域，特别是事业上的成功，同时男性在职业选择上通常集中在政治家、科学家、企业家、军人等职业地位层次较高的职业上；而教材中的女性一般囿于家庭生活中，即使拥有外出工作的权利，也基本局限在收入较少、地位较低、技术水平较低的职业上。由此可见，基于教材而传播的"男女有别"的性格特质、社会角色分工等，对学生性别观念的塑造具有深远的消极影响。特别是对女生而言，她们通过学习教材中女性人物形象所表现出的特征，不断对传统刻板的性别观念认同、内化并将其整合进自身的观念体系之中，最终，在未来的职业生涯及家庭生活中复刻着传统的性别角色分工。

另一方面，学校教育中女教师的形象也是女生重要的学习参照榜样。学校如同一个小型的亚社会，在这里的权力等级关系、角色分工、人际交往等为学生提前建立职业世界的各种概念提供了参考依据。上面我们已经提到，"男性标准"在学校的权力结构和角色分工中占据主导位置，在一定程度上决定了女教师在学校教育过程中地位偏低、权力较少的处境；而校园内教职工的角色分工又通常成为学生观察模仿、习得性别角色观念的对象，因此男女教师之间形成的这种"男主女从、男高女低"的角色分工进一步强化了女生所习得的、传统刻板的性别观念，进而在她们头脑中勾勒出未来职场中自己可能所处的地位以及所扮演的角色，同时在内心深处对这种"安排"给予了默许和认同。由此可见，女教师在学校系统中的从属地位和配合现象，极易使女生形成"男性优越"的典型刻板印象，不仅造成她们内心对女性形象的自卑，而且误导她们将"男女社会地位的不平等"视为理所当然，从而弱化女生对自身的学习期望、动力和成就水平等。

总之,不论是教材中女性优秀角色的缺失,还是学校系统中女教师地位低和权力少,都会导致女学生在社会化过程中无法获得习得角色所应有的学习榜样,同时还会强化刻板、错误的性别角色观念——女性不如男性、女性只能从属于男性等。因此,在校园文化中树立、展现更多的女性榜样形象,不仅为女生未来积极追求高层次职业地位提供学习榜样和前进动力,而且有助于改变男女学生心中"女性是小心眼、狭隘、不善于思考"等方面的偏见和贬斥。

三、课堂教学中女性的边缘化

通过上述分析可知,学校教育过程中对女性经验、特质、文化等方面的忽视以及对"男性标准"的强化与传播,构成了影响女性发展的外部阻力;在外部因素潜移默化的影响下,传统的性别观念在女性身上得到进一步固化,通过内外部因素的双向作用,最终导致课堂教学中女性的边缘化,本书进一步将其归纳为两个方面:一方面,由于教师对待男女学生差异化的态度和行为,使得女学生在教学过程中"被边缘化";另一方面,女学生对主流男性文化价值观念的认同,使得她们逐渐放弃表达自我、挖掘自身潜力的机会,主动选择"边缘化"。

(一)教师对男女学生差异化的态度与行为表现

斯宾德(Spender D.)提出,教师们常常意识不到自己的性别偏见在多大程度上影响了课堂互动,在很多情况下,他们甚至没有意识到自己的观念体系中存在传统刻板的性别观念、在课堂教学过程中表现出对待男女学生差异化的行为等。已有的许多研究表明,教师在教学中有意或无意地对两性学生采取男女有别的教育方式,本书将其总结为三个方面:一是教师对学生期待中的性别差异,二是教师所采用的教学方式中的性别差异,三是教师对学生评价中的性别差异。

首先,教师对两性学生所表现出的差异化期待直接影响了学生的学业表现、学习成绩以及自我认识的发展。美国著名的心理学家罗森塔尔曾提出"期待效应",即教师对某一群体的积极期待或较高期望促使他们在言语和行为上对这类群体给予更多的鼓励和帮助,进而提高了这类群体的自信心,并有助于他们表现更多的积极行为。同样地,教师在对待男女学生的态度上也表现出明显的"期待效应",即女学生在课堂教学中总是被寄予较低期望,甚至在能力上被低估;相反,教师对男生则寄予了更高的期待,并对他们给予了更多关注。很多教师的性别观念中仍留存着男尊女卑、男强女弱的思想,如"男生比女生更适合学数学、物理等学科""女性天生羞怯、缺乏自信"等,这种对男性和女性能力、特质等方面的认知是建立在本质主义的认识论——"生物决定论"基础上,并通过他们的言语、态度等传播了这种性别偏见。此外,这些偏见,一方面,使得教师在理科教学过程中给予男生更多提问、交流和关注;另一方面,进一步强化了女生"认为自己不适合选择理工类专业或未来从事相关工作"的刻板性别观念。

其次,教师在教学方式的选择上也表现出明显的性别差异。上面所分析的教师对待两性学生的差异化期待以及对他们能力、特质等方面带有偏见的态度,直接决定了教师对男女学生所采用的教学方式必然会表现出性别差异。实际上,从脑科学的角度来看,男女两性在脑部结构和发展水平上确实存在差异,[①]但是并没有研究表明这种生理上的差异直接决定"男性在智力水平以及某些能力水平优于女性";同时,女性在脑发展上也存在自身的优势,因此在教学过程中,教师应该改变传统性别观念中"男性更擅长理科、

---

① [美]丹尼尔·亚蒙:《女性脑》,黄珏苹译,浙江人民出版社,2018年。

思维能力更强"等偏见,切勿将两性生理上的差异扩大到其他方面。为此,教师首先应将学生视为独立的个体,然后再将其视为不同性别的学生:从独立个体的学生角度来看,教师应采取相同的、平等的教学方式开展日常教学和师生互动;从不同性别的学生角度出发,教师在教学方式的选择上,可以结合两性生理发展的差异以及男女生各自的需求,采用更有针对性的方法和充分的关怀,促使男女学生更好地发扬个性、发掘自身潜能。总之,教师的教学方式不应带有任何性别偏见或优劣上的差别对待,否则会进一步强化女生在课堂教学、师生互动中的"边缘化"地位。

最后,在教学评价上,不论是教师对学生进行的评价还是学生进行的自我评价均存在着性别差异。教师在对学生课堂表现进行评价的过程中,会无意识地给予男学生较多的正面评价,同时使用的评价语也更准确、清晰;相反,对女学生的评价则使用较为含糊的语言或有所保留。教师对男女学生截然相反的课堂评价,会进一步增加男生的优越感和自信心,却在潜移默化中削弱了女生在学习过程中的自信心和主动性,甚至会影响到她们未来对自身职业生涯的规划和发展水平。此外,在学生的自我评价方面,由于很多女生无法获得教师更多的正面、积极评价或肯定,使得她们产生了"习得性无助"[①]。女性的"习得性无助"是在教育过程中学习和强化的,由于她们长期无法获得他人的肯定、鼓励,并始终处于边缘化和不平等的环境氛围中,导致女性内心深处失去对事情的控制力,并产生"无论做什么都于事无补(对于改变性别不平等这件事)"的想法。此外,女生在学校教育中产生的"习得性无助"会导致她们形成悲观、消极的思维方式,并会直接影响她们进入职场后对自身职业发展的准确定位、对自身职业能力的正确认知、对各种高难度任务的积极应对等。

---

① 郑新蓉:《性别与教育》,教育科学出版社,2005 年,第 156 页。

总之,教师以"性别"作为心中的一把尺子,用不同的标准度量男女学生的行为,进而产生了差异化的期待,这种带有偏见的态度促使教师在课堂教学过程中采用不同的教学方式,进而衍生出不同的评价准则;反过来,教师带有性别偏见的教学评价进一步强化了他们对两性学生的不同期待和要求。最终,教师在教学过程和师生互动中对待两性学生所表现出的性别偏见直接将女生置于"被边缘化"的处境。

(二)女性声音的弱化

虽然女性拥有了与男性平等的受教育权利和机会,但是在教师差异化的期待、教学方式和教育评价的影响下,她们通常作为"知识的接受者"出现在教学过程中,她们可以很开放地接受教师为自己灌输的知识以及其他同学的观点,但由于自身缺乏主动表达自我真实想法的勇气和信心,进而在师生互动和同学互动中"主动选择"边缘化。一方面,女生在受教育过程中逐渐同化了刻板的女性人格特质,即女生应保持安静、顺从,女生更易于控制,而且是被动的学习者,这些刻板的性别观念在无形中抑制了她们积极表达自我见解、敢于质疑和发问、主动挑战权威的行为,逐渐使她们习惯于在课堂教学互动中以沉默、听取、记录等方式出现,最终导致女性声音的弱化甚至消失。另一方面,有些女生虽然意识到自己的声音具有一定力量,但她们内心依然更倾向于接受、吸收和认同权威人士的观点,并将其视为确定的真理。特别是在讨论课的课堂上,女生怯于表达自己的观点,也缺乏与他人辩论的勇气,因为她们担心自己的观点不正确或与权威人士的观点不一致。如果女生长期处于课堂教学的边缘位置,不仅她们的声音会弱化或消失,而且她们在做决定或事情时也会缺乏主见、自我质疑,因为没有自己的声音或想法引导她们,最终她们只能更依赖于他人的指示和信息,进而使得自身的独立性逐渐丧失。由此可见,女性在课堂教学中的边缘化使得她们逐渐成为

"知识的接受者"而非"知识的创造者"，这里所说的"创造者"主要指向敢于挑战权威、主动表达自我观点并将其融入她们所获取的知识体系中；而作为"接受者"的女性普遍缺乏创造性，她们在需要原创性的任务中总是表现地很无助和困惑，因此她们更习惯于从事常规性、条件要求明确的任务，这也进一步导致很多女性在职场中也缺乏打破常规、挑战权威、承担创造性任务的勇气。

第三节　职业时空：性别差异"合理化"的职后教育

职业时空中的职后教育是影响知识女性在组织内部获得职业地位提升的重要决定因素。然而性别差异早已根深蒂固地存在于企业文化之中，并在无形中被"合理化"为普遍接受的性别观念，这种"合理化"具体表现为：固化的企业文化始终将女性视为职业世界的"弱势群体"，并没有对女性自身的优势给予充分肯定，致使女性员工因为她们的"女性身份"而遭遇各种不公平对待；此外，职业女性与同级别的男性员工相比，她们无法获得平等的继续教育与培训机会，使得她们在进一步提升自身工作能力、增加相关知识储备和经验积累方面遭遇瓶颈；最终，女性员工在企业中普遍缺乏有经验的工作导师给予深入、全面的指导，进而导致她们在职业发展过程中遇到更多的阻碍和迷茫。

一、企业文化中对女性的"轻视"

在工作组织内部，通常将支配"集团文化惯习"视为一种必然，并假设任何成员都能接触到这些惯习，所以将这些支配性惯习转换成一种易于接受的文化资本形式,即企业文化。它通过"浸染"的方式影响知识女性进入职业世界后的性别观念、行为习惯、职业规划等。尽管本书的知识女性在访谈中并没有直接指出自己所在企业中存在性别偏见的具体文化形态,但是她们在讲述自己的职业发展经历时曾多次提到企业中一些不合理的规章制度、领导对自己带有偏见的态度等,这些经历和遭遇都从侧面反映了企业文化中的性别观念,而这些带有性别偏见或歧视的文化观念往往成为阻碍女性获得更高层次职业地位的隐性屏障,特别是对于那些意志不够坚定、职业目标不明确的职业女性而言,更容易对这样的文化采取默许态度。基于本书中的知识女性真实的职业发展经历,我们将企业文化中对女性的"轻视"归纳为三个方面:一是企业文化中隐性的规章制度忽视了女性员工的特殊需求,致使她们在职业发展的关键期错失很多提拔、晋升的机会和资源;二是领导对女性员工普遍存在偏见的认知和态度,造成女性在工作过程中无法得到与男性平等的发展机会;三是工作组织对女性带有性别偏见的评价机制,进一步弱化了女性员工的职业自我效能感、职业兴趣以及工作投入度。

(一)忽视女性特殊需求的规章制度

在国家积极推进"男女平等"基本国策的背景下,工作组织内部成文的规章制度基本消除了对女性的歧视或明显的性别偏见,表面上消除了女性职业发展中制度障碍。然而隐性的、不成文的规章制度作为企业文化的一部分,虽然不是以书面文字的形式被固定下来,但它们却在企业员工的内心被固化,并成为普遍接受和默许的"共识",因此它们在工作组织内部同样具有较强的影响力。这些隐性的规章制度通常忽视女性员工,特别是处于孕产期女性的特殊需求,进而对她们整个职业生涯发展造成不利的影响。

　　我清楚地记得当时自己怀孕四个多月的时候,领导将我从原来的部门调至行政部门,而且把我安排在一个角落处的工位上。后来,我才得知,我们公司怀孕的女员工都会被安排在"闲职"岗位上,这早已是公司不成文的制度安排。虽然公司表面上是为了避免繁重的工作对怀孕的女员工造成太大的身心压力,但在我看来是对女性的偏见,认为女性在怀孕期间无法胜任正常的工作安排,特别是在生育以后,公司还会以女性员工精力、时间的限制而不再将其调回原来的核心部门。当时,我极度反对这样的安排,便主动选择靠前的工位,并且尽可能多承担一些工作任务,只为自己的能力和状态不会在安逸的工作中"退化",同时也期望得到领导的更多重视。(凝文语)

实际上,在现实的工作组织中,还有很多与凝文有类似经历的职业女性。她们所在的企业中或多或少都会存在对女性员工不公平的规章制度,这些隐性的制度安排建立在传统刻板的性别文化观念预设基础上,无形中对所谓的"女性职场劣势"进行攻击。长此以往,很多女性员工也无奈地接受了这些带有明显歧视的规章制度对自身职业发展的"安排",而且企业文化对这些隐性制度的吸纳和传播进一步促使工作组织中性别差异的"合理化",这种被"合理化"的性别差异也会严重影响领导对女性员工的态度以及工作组织对她们的评价。

(二)领导对女性员工偏见的认知和态度

领导所秉持的文化价值观念在一定程度上也反映了企业文化的核心要义,特别是在相对传统的企业或一些国有企业中,很多领导的性别观念中仍存在对女性严重的歧视和偏见。一方面,反映在对女性员工工作过程中的成败归因上,他们依然倾向于将女性的失败归因于她们的能力水平低,而将成功则归因于她们的运气等,对男性则会给予完全相反的归因。领导对女性员工的成败归因方式如同学校教育中教师对女学生进行的评价，这些消极的评价会导致她们更低的自我评价并逐渐削弱女性的职业自信，同时也会进一步减弱她们主动尝试有难度的工作任务或挑战的勇气和信心。

> 在石油行业，女性的职业地位比较低，我跟别人也总这么说，同样一件事，一个男性失误了，领导会说没事，他只是偶尔失误；但是女性如果失误了，就会说女性是天生不行。（旭妍语）

领导眼中的"天生不行"从根本上否定了女性员工的能力，并将其置于不如男性的劣势处境中。在第四章分析职业时空的教育动力时指出，不断变化的工作挑战是提升职业女性能力、塑造优秀品质的重要教育来源，而领导对女性带有偏见的评价则会进一步降低她们积极迎接工作挑战的主动性。当她们面对有难度的工作任务时，首先会在内心进行自我否定并给予自己消极暗示——女性不适合也缺乏足够的能力完成如此高难度的工作；女性员工所表现出的胆怯和不自信不仅使她们失去锻炼、提升自己职业能力的机会，而且失去了充分展现自我、挖掘自身潜能的宝贵机会，甚至错失向领导证明自身真正实力、获得认可和提拔的机会。由此可见，领导对女性的性别刻板印象和带有偏见的评价不仅使他们在分配任务和职务晋升时不会优先考虑女性，而且间接影响职业女性对自身的评价和认知，从而导致她们主动放弃工作过程中有难度或挑战性的任务。

另一方面，领导对女性员工是否具备管理者或领导者特质也存在偏见的认知。由于男性长期在管理岗位上占有绝对优势和控制权，在工作组织内部逐渐形成"男性特质即为领导者特质"的企业文化；同时，领导基于性别刻板印象，偏见地认为女性所具有的特质不适合做领导者，在人员选拔、职位晋升时自然将女性员工阻挡在管理层岗位的大门之外。在这样的情况下，为了迎合企业对管理者特质的期待和标准，很多期望获得高层次职业地位的女性不得不表现出某些男性化特质,但是她们又必须面对"被喜欢"或"被尊重"的两难处境,即如果她们表现出更多的男性化特质,可能会使她们在竞争管理层岗位时具备一定的优势,从而获得他人对自己的尊重;但她们又会因为缺乏传统性别观念对女性特质的期待，而不被他人喜欢。对于男性而言,获得职业成功而被尊重与赢得他人的喜欢和欣赏之间是显著正相关的,即取得职业成就会增加他人对自己喜欢的可能性;对于女性而言,这种两难处境如同两边拉紧的绳索牵制着职业女性的发展，使得女性比男性消耗更多的精力和时间用于平衡这两种作用力。

（三）带有性别偏见的评价机制

工作组织对员工进行的评价不仅是对员工工作表现的认可或否定,而且是他们进行职业生涯规划、制定职业发展目标、进行自我定位和评价的重要参考。如果员工在组织内部能够经常获得积极肯定的评价，他们的自尊心、自信心以及对组织的忠诚度会进一步增强;相反,如果员工无法获得更多的肯定或者很难达到组织制定的评价标准，他们的职业自我效能感会逐渐减弱,对工作的投入度和热情也会随之降低。实际上,很多工作组织所采用的评价标准或评价机制都存在着显著的性别差异和偏见，即使在男女员工所完成的工作任务、工作效率、为公司带来的收益等完全相同的情况下,女性员工得到的奖励、认可和积极评价也比男性少很多,最终导致女性员工在薪酬和晋升方面始终处于劣势地位。

　　在我们单位的企业文化中,似乎埋藏着很深的性别偏见,加之我们单位的男性员工比较多,而且占据着企业的核心部门,进而使得女性员工很难获得晋升和提拔。有一段时间,领导从侧面表达了"男性员工优

先晋升"的态度。我前几年晋升主管时，就亲身经历了"被挤掉"的无奈和无助。(宇芳语)

在这个单位工作十几年了，为这个单位也付出了很多心血，也取得了很多业绩，但每次竞聘更高的职位时都会被"截胡"，基本都是"空降"过来的。他们对这里不甚了解，而且能力表现并没有比我强很多，我非常不甘心。但这个现实我必须面对——与你各方面能力素质相当的男性同事，确实会受到领导更多的关注和肯定，在晋升时也会被优先考虑。(凝文语)

实际上，职业时空与学习时空有很多相似之处：女性员工在工作过程中的工作表现、所取得的工作业绩如同学习过程中的学业成绩，领导或组织对她们的评价如同学校教育中教师对女学生进行的评价。通过对本书中的受访者的真实经历分析可知，学校教育中对女生存在偏见的评价进一步延伸到了职业时空，这种存在性别差异的评价机制使得女性长期处于消极、悲观的状态——她们付出比男性更多的努力，但依然无法获得组织的认可和积极评价。长此以往，女性的职业发展潜力无法得到开发、追求高层次职业地位的信心和勇气逐渐锐减，进而使得她们对领导岗位望而却步，始终无法逾越置于她们头顶的那层"玻璃天花板"。

总之，上面所提到的企业文化对女性员工的"轻视"为开展职后教育形成了一种带有性别偏见的教育环境氛围，这样的氛围在无形中加深了工作组织对女性的偏见和歧视，同时将这种性别差异进一步"合理化"并固化为女性与生俱来、不可改变的特质，并将其与男性特质进行优劣比较和评价。女性员工在这种性别差异被"合理化"的工作组织中会进一步错失很多继续教育和培训的资源、机会等，从而阻碍了她们追求更高层次的职业地位。

二、继续教育与培训资源分配的不均衡

继续教育与培训是个体进入职场后所接受的一种职后教育形式，也是女性们进一步提升自身工作知识和技能水平的重要途径，更是她们获得晋升的基础和保障。然而企业文化中固有的性别偏见——女性不适合做领导者、女性主要负责基础性或辅助性工作等，使得女性员工无法获得与男性平等的继续教育与培训。本书进一步从三个层面解析这种不均衡的分配：第一，在继续教育与培训项目的设计上，企业缺乏专门的女性管理人才教育与培训项目；第二，在继续教育与培训的具体内容上，缺乏性别敏感度，致使女性员工只能获得一定专业知识和技能的提升，而无法帮助她们形成合理的性别观念意识以及提升她们敏锐洞察性别偏见和歧视的能力；第三，在时间安排上，企业缺乏对女性双重角色的考虑，致使很多女性没有充足、合适的时间参与培训。

在继续教育与培训的项目设计上，通过本书对知识女性职业地位获得经历的分析可知，有一部分知识女性为了提升自身的管理才能而选择报考知名大学的 MBA 或参加一些管理培训项目，但这是由她们自己出资、利用业余时间进行的学习，并非是工作组织给予她们的资助和支持。此外，部分受访者表示她们自己选择的学习课程或项目实用性价值不强，无法真正做到学以致用。

> 我们在攻读 MBA 过程中也很迷茫，在学习过程中所获得的管理经验可能很难用于我管理自己的团队或公司中；但我又不知道如何进行有针对性的选择，所以只能多报几个大学的管理课程或总裁班进行学习。（蓉洁语）

蓉洁的经历进一步引发了我们两方面的思考:第一,本书的部分知识女性为了获得更高层次的职业地位,她们只能完全依靠自己进修和学习,却没有得到企业为她们进一步提升而给予的教育与培训支持。通过自我途径展开的继续教育和学习培训可能无法有针对性地快速提升她们的工作能力、业务水平等。主要因为这些教育培训面向各种不同类型的公司,所讲授的课程指向解决具有一定普遍性和共性的问题,却无法结合各个公司的特点进一步有针对性地提升管理者素养、能力水平等。第二,本书通过深度访谈发现,大部分受访者所在的工作组织并没有为她们提供继续教育与培训的资源或机会。基于上面我们对企业文化对女性的"轻视"的分析可以发现,很多企业将男性视为组织管理层岗位的储备人才,而对女性期望成为管理者的职业抱负以及进一步提升自身职业能力水平的迫切需要视而不见,最终使得女性管理者无法获得与男性平等的职后教育与培训,从起点上剥夺了女性与男性公平竞争的机会。因此,为了消除企业文化将性别差异"合理化"后对女性员工产生的不利影响,企业在设计继续教育与培训项目时,应充分考虑女性员工的能力特点、内在需求、学习方式等,在组织内部独立地或与知名高校合作开发一些专门针对女性管理者的项目,可以是针对有志进入管理层岗位工作的女性员工抑或是已经成为管理者的职业女性,帮助她们充分了解企业管理者层的工作方式、拓展内部人际关系网络、挖掘自身潜能等。

在继续教育与培训项目的具体内容上,由于大部分企业中性别差异趋于"合理化",它们所开展的职后教育集中在提升个体的职业能力和专业技能上,并不注重培养组织内部员工形成合理的性别文化观念。特别是对于女性员工而言,有限的职后教育也基本局限于能力的提升,她们无法有效甄别阻碍自身职业发展的制度障碍、缺乏更好地融入组织环境以及构筑人际关系网络的有效策略。因此,工作组织为女性员工提供的职后教育依然是建构在男性主流的、带有性别偏见的文化规范和观念之下,使得她们在接受继续教育与培训的过程中,无意识地型塑着传统的、带有偏见的性别文化观念。由此可见,缺乏性别敏感度的职后教育与培训并不利于、也不适合女性的职业发展。此外,它无法帮助女性员工更敏锐地洞察组织内部存在的无意识性别偏见和阻碍她们追求更高层次职业地位的制度障碍,进而直接影响到女性员工职业目标的设定以及可能采取的行动策略。

在继续教育与培训的时间安排上,女性员工入职初期都会接受公司的入职培训,这是一个帮助她们尽快熟悉工作环境和工作任务的最基本的培训;但是在她们职业发展的中期,面临着职位晋升时,又必须要承担"生产"的责任,进而导致她们错失了进一步提升的机会,当她们重返职场后,很多企业将她们安排在"闲职岗位"而不为其提供职后教育与培训的机会和资源。女性员工普遍面临着"升职位"与"生孩子"相互冲突的问题,如果企业不能为女性员工合理规划和安排继续教育与培训的时间,则会使她们错失宝贵的晋升机会,从而进一步加固了女性员工职业地位获得过程中的"玻璃天花板"。总之,工作组织在设计继续教育与培训的项目内容、进行时间安排时,应充分考虑女性自身的需求以及她们在职业发展过程中所面临的特殊困难,而非剥夺她们的职后教育机会或在形式上为她们提供机会和资源,但实则无法真正助力她们获得更高层次的职业地位。

三、缺乏工作导师的指导

女性进入工作组织后,她们需要有工作导师的指导和帮助,包括对工作任务的熟悉、对组织关系网络的融入以及获得精神或心理的内部支持等。职业时空的工作导师如同学习时空的教师或研究生阶段的导师,一方面,他们在组织内部有一定的影响力和权力,同时具备丰富的工作经验,可以为职业女性顺利完成工作任务提供切实的指导；另一方面，工作导师作为女性员工进入职场的工作榜样，可以为她们传授更多关于职场的"默会知识"，如怎样与不同类型的同事和领导相处等。通过本书知识女性的职业地位获得经历可知，大部分女性在职业发展中没有工作导师的指导，也正因如此，她们在融入工作组织过程中遇到了很多障碍，而且走了很多弯路。

(一)增加完成工作任务的难度

不论进入哪个行业领域，在学习时空所学到的专业知识与现实职场中所接触到的工作存在很大差异，正如旭妍所言，"纸上得来终觉浅，绝知此事要躬行"，如何将所学知识运用于工作实践以及如何在最短时间内了解工作项目并顺利完成，是本书的大部分受访者初入职场时所面临的共性问题。她们在讲述这段职业经历时，都曾表示"希望可以有个工作上的前辈带一带自己，从而使自己能够快速熟悉工作"；然而几乎所有的受访者都缺乏这样的指导和帮助，她们只能在各种困难中自我学习、曲折前进。

> 我刚入职不久，就被分配到经济科室工作。当时，我几乎没有独立带项目的经验，而公司也没有安排一个工作导师在实践中给我一定的指导和经验传授，所以，我只能自己摸索和尝试着干。我清楚地记得任何工作从查资料、学软件、项目规划和设计等一切工作都是靠我自学完成的。那段时间，因为只能依靠自己完成整个项目，我压力非常大，几乎每天要靠饮酒助眠。(旭妍语)

本书还有一部分知识女性在工作初期也拥有与旭妍类似的经历：唐茹开辟T市的市场时，从租赁工作室到招募新员工，再到挖掘潜在客户等，都只能靠自己完成；婷秀进入一个新部门工作后，也是需要承担一个项目的申报工作,而她因为没有任何项目申报的经验,也没有人给她指导和点拨,她只能每天熬夜学习与申报相关的所有东西……可以想象一下,如果她们在工作过程中拥有一位工作导师,可以传授她们更多的项目管理经验、解决现实工作困境的多重行动策略等,则会使她们避免不必要的时间和精力损耗,同时减缓女性在工作过程中产生的高压和无助感。此外,由于缺乏工作导师的实践指导,女性员工在工作上无法获得更有价值的建议或工作反馈,进而限制了她们进一步挖掘自身的工作潜能。

(二)难以融入组织内部的人际关系网络

女性在职业发展过程中总是处于弱势或孤立无援的状态,主要因为组织内部的人际关系网络中男性作为有影响力且拥有更多权力的一方,决定着谁可以进入这个关系网络的内部核心,因此女性如果缺乏在关系网络中处于核心位置的工作导师指导,她们很难融入这样的人际关系网路,进而无法获得争取更高层次职业地位的机会。通过本书知识女性的职业发展经历可知,尽管她们通过自己的努力取得了一定的工作业绩,但由于她们难以融入男性占主导的关系网络之中,而无法获得更多的内部消息、资源和机会,最终只能被禁锢在"副职"或中层管理岗位上。马蒂斯(Mattis)对工作导师在女性获得管理层岗位中所发挥的作用的研究表明,"工作导师可以帮助女性员工更好地了解企业管理者从事哪些工作、需要具备哪些素质以及他们是如何获得晋升的,并且会为有才华的女性员工创造机会,辅助她们职业成功"[①]。由此可见,对于职业女性而言,工作导师所传授的这些经验与获得工作本身相关的技能和知识同等重要,这通常是女性在职业时空的教育中难以获得的"默会知识",同样也是决定她们能否冲破"玻璃天花板"而获得更

---

① Mattis M.,Advancing women in business organizations:Key leadership roles and behaviors of senior leaders and middle managers,*The Journal of Management Development*,2001(20).

高层次职业地位的关键所在。

此外，工作导师的性别在决定女性员工是否能顺利融入组织内部的人际关系网络中发挥着重要作用。男性工作导师在帮助女性员工融入工作组织中的"老男孩网络"中具有绝对优势，他们可以通过自己所建立的关系网以及自身影响力，为女性员工接触高级管理层提供更多机会以及内部信息，从而帮助她们有效应对组织政治环境中的挑战。[①]然而工作组织中有威望和权力的男性管理者普遍存在性别偏见和刻板印象，因此他们更愿意吸纳同性进入组织内部构筑的人际网中，并表现出更强烈的与同性共事的倾向。对于女性工作导师而言，虽然她们对女性员工的处境、需求更了解并能表现出一定的共情；但是她们普遍处于中低层管理岗，在组织内部的人际网中也处于边缘位置，因而缺乏足够的权力和声望。由此可见，缺乏工作导师，特别是男性工作导师，是女性员工难以融入组织内部"老男孩网络"的重要影响因素，这进一步导致女性员工始终难以突破晋升中的"玻璃天花板"而获得更高层次的职业地位。

总之，知识女性进入工作组织后，由于缺乏工作导师的指导，一方面，她们在顺利、高效地完成工作任务上遇到更多障碍，她们需要通过自己的努力进行尝试和探索，加之工作组织对女性能力的刻板偏见，造成女性员工的双重压力；另一方面，女性员工无法获得工作导师的指点和引荐，进一步增加了她们融入组织内部人际关系网络的难度。

---

① Ragins B.R.,Townsend B.,Mattis M.,Gender gap in the executive suite: CEOs and female executives report on breaking the glass ceiling,*Academy of Management Executive*,1998(1).

第六章　知识女性职业地位获得的教育提升路径

　　本书在第四、五章中,深入分析了生活时空的家庭教育、学习时空的学校教育和职业时空的职后教育在知识女性职业地位获得过程中发挥的动力作用以及产生的阻力作用。本章从教育提升的角度,基于知识女性职业地位获得的"4A"路径、职业地位获得的教育动力以及教育阻力,从抽象的"教育观念"和实践的"教育行动"两个层面,反观教育,进一步探寻助力知识女性职业地位获得的教育提升路径(如图6-1)。

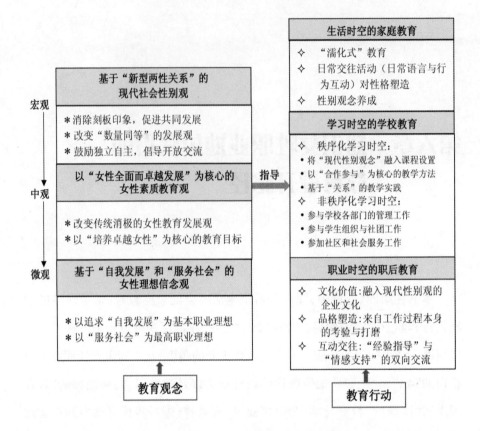

图 6-1　知识女性职业地位获得的教育提升路径

第一节　教育观念

不论是家庭、学校,还是社会,在对女性进行显性和隐性、正式与非正式的教育时,都应秉承统一的教育观念:树立"现代社会性别观",引导女性养成正确的性别观念和发展意识;树立"女性素质教育观",为女性更全面而卓越的发展、更好地融入社会以及在职场中取得更高层次的职业地位奠定基础;树立"女性理想信念观",培养女性兼具"追求自我实现"与"服务社会"的理想信念,促进女性在职业地位获得过程中从"小我"向"大我"的转变。

一、基于"新型两性关系"的现代社会性别观

在当今多元化的社会中,应摒弃在中国延续千年的"男尊女卑"的传统性别文化,逐步构建以"新型两性关系"为核心的现代社会性别观。本书提出的"新型两性关系",旨在建立一种"男女和谐发展,而非以男性标准来评价和要求女性"的性别观和发展观。它超越了男性主义建构下的男女平等,打破了以男性标准和质量为旨归的"男女一样"逻辑,而是真正倡导"在尊重男性与女性自身客观生理差异基础上,促进男女之间和谐共处,最终实现各自基于自身特质的全面发展"。此外,今天的"男女平等"已不再仅仅是追求权力和机会的平等,而是在女性获得的各种平等权力和机会基础上,真正促进女性职业核心竞争力、领导力的进一步提升,最终实现在各行业领域、各职位层次(特别是顶层)上男女和谐发展,这是追求"男女平等"的长期奋斗目标,更是构建和谐社会的美好愿景。

(一)消除刻板印象,促进共同发展

消除传统的性别刻板印象是女性获得更加平等的发展空间、促进自身全面发展的基础保障。基于"新型两性关系"的现代社会性别观,本书主张消除"性别定型"文化产生的男女刻板印象,包括一切与女性概念相联系的、被视为天然合理而赋予女性的特质、群体特征、行为方式、角色分工等,形成对"女性"的新认识:一方面,女性与男性确实存在生理上的差异,但是女性所表现出的特质与男性特质之间并无所谓的"好与坏、强与弱、优与劣"的价值差异,因此女性同样可以充分发挥自身特质和能力,获得职业生涯的卓越发展;同时,也可以与男性并肩前行,共同为社会发展贡献力量。另一方面,在

职场中,女性和男性拥有各自己的优势,而女性同样可以胜任男性占主导的职业或职位。随着男性主导行业中女性人数的与日俱增,传统的职场性别刻板印象受到挑战——女性在职业发展中展现出传统职场所青睐的特质,正如本书的知识女性,她们如同"战士"一般,表现出自信、坚韧、进取、敢于冒险、勇于挑战身心极限等,她们的行为表现以及所展现出的特质有助于改变当今社会对女性的认识,并对重塑"女性形象"具有积极作用。此外,在"尊重男性与女性各自差异"的现代社会性别观的指导下,社会文化应鼓励男女在人格上相互尊重,并且强调在社会分工前提下,构建"任何工作都具有重要价值"的职业观,从"男女各撑半边天"发展为"男女同撑一片天",最终促进男女共同和谐的发展。

(二)改变"数量同等"的发展观,树立"质量平等"的发展理念

从"男女平等"被写入基本国策之后,女性在法律上获得了与男性平等的权力和机会,如选举权、教育权、工作权等,这样的"进步"使整个社会认为女性与男性之间已经实现了真正的平等。然而让我们仔细想想,男女比例在各方面平分秋色的"数量同等"真正意味着"男女平等"吗?实则不然!男女比例在社会生活的各个方面等量齐观并没有真正解决男女平等问题。因此,本书在"消除男女刻板印象"基础上,进一步提出消除"数量同等"的发展观。

女性在社会发展的多个领域获得了与男性平等的机会,固然是社会推动"男女平等"进程中的重大进步,但是"男女平等"工作的推进决不能止步于此,应该更多地关注在女性成长发展过程中,是否在发展条件、发展质量等方面实现了与男性的平等。比如,在学校教育中,很多女生并没有将"性别不平等"视为严峻的现实问题,因为在她们看来,已经获得了与男性同等的受教育权——可以在同一间教室,接受相同的教育,这样的"性别平等"被胡

克斯(hooks)视为"世俗的女性主义"(bourgeois feminism)[①],它将女性学生在学校教育中推到看似与男性平等的主导位置,实则将性别偏见逐渐埋没;在这样的教育环境中培养出的女性学生,仍无法获得全面、自由的发展——缺乏独立自主意识、坚定的自信心以及无法对未来职业发展进行清晰规划等。在社会发展的其他领域亦是如此。因此,"新型两性关系"下的现代社会性别观应将关注的焦点从表面上的"数量同等"转移到关注女性发展质量的深层次问题上。

在女性教育与发展过程中,本书提出"质量平等"的发展理念,主要体现在以下两个方面:一是在学校教育过程中,教育者应更加关注女性的发展需求、发展期望,有针对性地为女性学生制定培养方案、进行课程设置;此外,学校应以职场对人才的能力要求、用人标准等为参考,在教育过程中,有意识地提升女性在职场中的"弱势能力",同时培养女性学生在未来职场中获得卓越发展所必备的特质,真正为女性的职业发展做好充足准备。二是在职业世界中,用人单位除了在"就业入口"上为女性提供平等的工作机会外,更应关注女性在职业发展不同阶段的发展质量,通过为职业女性提供平等的培训、晋升机会,充分考虑她们在职业发展中的特殊问题,如生育问题、工作——家庭平衡问题等,为女性获得更高层次的职业地位提供良好保障和发展机会。如果学校和职场能够更全面地考虑女性教育和发展中存在的"质量问题",将上述"质量平等"的发展理念融入女性成长与职业发展过程中,则可以真正将"男女平等"向前推进一步。

（三）鼓励独立自主,倡导开放交流

女性通常被认为是一个"矛盾体"——低社会期望和自我价值困惑、双

---

① Bell Hooks, *Feminist theory*: *from margin to centre*, South End Press, 2000.

重压力与社会评价(工作和家庭)、性别角色冲突等,这些冲突矛盾使得女性长期处于被动发展的状态:她们除了通过努力获得自身职业地位外,还会和丈夫共享社会地位;在工作过程中,她们怯于为自己的权力"发声",总是默默忍受着职场中的"隐性歧视"。女性长期的被动发展状态除了受到传统文化、社会环境等外部因素的影响外,在很大程度上还受到女性自身主观能动性的影响,拥有独立自主的发展意识会帮助女性获得更多的发展机会。在"新型两性关系"中,女性要以完全独立自主的形象出现:第一,本书所提出的"现代社会性别观"鼓励女性成为"自由的人",倡导教育培养具有自由人格的独立女性。一方面,女性通过接受丰富的文化知识、挖掘自身潜能、培养各种能力,使自己从不依附于男性、走出自我封闭到立足社会、逐步实现自我价值。另一方面,在对女性的教育过程中,教育者可以通过理性训导,使女性尽早受到理性的调节和约束,从而引导她们树立"追求完全独立自由的生存与发展状态"的坚定信念。第二,鼓励女性成为"重要的人",引导女性充分认识自身价值,并激励她们进入各个领域的顶层,从而获得卓越发展。只有让女性认识到自身的重要性,才能使她们充分感受到自己作为一名独立女性的尊严和价值,同时树立自己作为一名社会公民应承担"服务国家和社会发展"的职业理想。

除了鼓励女性独立自主外,还应倡导她们勇于进行开放交流。首先,当今社会应该努力营造一个包容、开放、自由的社会文化氛围,改变男性在各个领域拥有绝对话语权的局面,进一步激发女性积极地进行自我表达,鼓励精神质询和不同观念、文化间相互尊重的对话。其次,在男性长期占主导地位且拥有权威话语权的职场中,应该尊重差异性和多样化,工作组织不仅鼓励男女员工之间进行相互交流,而且应打破职场中不同地位、身份、阶层职员之间的界限,为他们提供更多建立相互联系的机会,在表达与交流过程中,使职业女性逐步获得追求更高层次职业地位的强大自信以及为自身利益而表达内心诉求的勇气。

二、以"女性全面而卓越发展"为核心的女性素质教育观

本书提出的"女性素质教育观"并非只针对学校教育,而是辐射到女性成长发展所经历的三个教育时空(生活、学习和职业),同时强调并坚持"促进女性自身的全面发展以及鼓励女性积极追求卓越的职业发展"。在女性的成长发展过程中,"教育"始终面临着一个两难的困境:应该建立与男性一样的女性培养标准,还是应该以女性自身发展特点为根本,开展符合女性特点和需求的教育。①本书所提出的"促进女性全面而卓越的发展"则将上述两难困境相融合,进一步立足男女同校的教育体制下,但充分尊重男女两性的发展差异,根据女性自身的特点和现实状况,对女性开展一定的针对性培养,具体表现在两个方面:一是对女性的发展期望上,应改变传统观念中"女性能力不如男性""女性不适合做管理者""女性不适合学理工科"等不利于女性发展的观念;二是基于本书在"4A"路径中所提出的女性追求高层次职业地位时表现出的能力、特质以及行动策略等,将其作为促进女性全面而卓越发展的核心,并以此作为开展女性素质教育以及女性人才培养的重要参考。

本书所提出的"女性素质教育"不同于"狭智教育"(偏于知识的教育),②而是一种直接指向女性自身、以提升和完善女性素养和品质为根本宗旨、促进女性全面而卓越发展的教育。"女性素质教育观"主张建立一种整体、多元、动态的女性教育发展观念和制度体系:一是要避免站在男性立场或视角规划女性的发展,克服妇女发展认识上的男性化、片面化、表面化和单一化;二是应避免将女性发展的某些指标或某个阶段作为对女性群体发展整体认

---

① 覃红霞:《求异与趋同:中国女性高等教育的变迁与反思》,《江苏高教》,2009 年第 3 期。

② 张楚廷:《高等教育哲学通论》,高等教育出版社,2010 年,第 241 页。

知的依据；三是避免进入男女刻板印象的认知误区，即大肆宣扬男女差异或极力标榜以女性的经验、立场为立足点。此外，任何教育者必须意识到男女各自所表现出的性格特质、心理倾向等是由"生物线索、社会线索、文化线索、教育线索等形成的合力所决定的特点，绝非优点或缺点"①。因此，女性素质教育应结合女性自身的发展特点，在不同时空的教育中既要形成现代的女性全面发展观，又要以"促进女性获得更高层次的职业地位"为目标，有针对性地培养女性各方面的能力、特质和行为方式等，从而实现女性在职场中的卓越发展。

（一）对传统女性教育发展观的修正

传统消极的女性发展观具有明显的"性别定型"之特点，具体表现在对女性能力的主观定论、对女性性格特点的片面评价、对女性生存和职业状态的框定假设等，不仅造成女性内心的自卑和低自我评价，而且在无形中抑制了她们能力的发挥，甚至削弱了她们主动追求高层次职业地位的积极性。②本书所提出的"女性素质教育观"主要从以下三个方面对传统女性教育发展观进行修正。

首先，在对女性的性格品质培养过程中，家长应改变传统的性别刻板观念，不仅培养女孩的"专属特质"，如温柔、娴熟、文静等，更应该有意识地培养女孩某些男性特质，如果敢、自信、勇于接受挑战等，这些性格特质会使女性在测试、比赛中充分发挥自身潜能、积极追求卓越表现，从而为女性实现自身全面而卓越的发展提供内在保证。

其次，在对女性的能力和发展预期上，不论是家长还是老师都应改变对

---

① 许洁英：《妇女与少数民族国际学术会议综述》，《妇女研究论丛》，2001年第4期。

② 易理国、冯梅：《改革开放中的女大学生心态及管理》，《湖南师范大学社会科学学报》，1993年第1期。

男女有失偏颇的观念定位,如女性的理性思维、逻辑思维等不如男性,避免男女两性向极端化发展——女性往往会选择所谓的"女性学科",甚至在未来劳动力市场选择"女性职业"。[①]特别是当今社会已经进入 5G 数字时代,教育者应树立"学校和职场中与数字技术相关的专业和工作对男女均适用"的教育理念,培养女性在数字专业领域的自信、支持并鼓励女孩选择数字相关专业,从而提升女性在数字相关职业的参与度。

最后,在对女性自身生存和职业状态的框定上,不同时空的教育者对女性的发展和女性角色都应抱有积极期待。在对女性的职业启蒙教育中,父母应该改变向女孩灌输"干得不好不如嫁得好"的观念,从而帮助她们形成正确的家庭观和职业观,使她们避免将"职业作为自我生存和发展的附属品"。此外,父母应引导女孩正确认识"获得一份职业"和"追求卓越发展"之间的关系——前者是女性经济独立的基础,而后者是女性追求精神独立、实现自我价值的应然选择。在学校教育中,教育者对女性的教育与培养应以"促进女性的全面发展,并鼓励其追求职业生涯的卓越发展"为核心目标,有意识地培养女性学生未来职场的领导力,为她们获得更高层次的职业地位做好充足的准备。在职业时空中,工作组织应更加关注女性员工长远的职业发展,为女性员工"潜力发展区"的开发以及核心竞争力的培养提供更多教育培训机会,确保她们与男性员工在职场中实现和谐发展。

(二)制定"培养卓越女性"为核心的教育目标

不同时空中的女性教育和培养都应既符合社会需求,也应关照女性自身的发展需求。一方面,根据社会所需要的女性人才标准,对女性进行有针对性地培养。当今社会发展中,女性不再囿于低端职业领域或从事辅助性工

---

① 闫广芬、田蕊、熊梓吟、孙立会:《面向 5G 时代的"数字性别鸿沟"审视:成因与化解之策——OECD〈弥合数字性别鸿沟〉报告的启示》,《远程教育杂志》,2019 年第 5 期。

作,越来越多的行业顶端领域出现了女性身影,因此应将社会对高层次女性人才的需求作为女性教育的核心目标之一,在促进女性全面发展的基础上,有意识地开展卓越女性教育和培养。另一方面,随着女性自身社会地位的提升,她们对自身职业发展期望也逐渐提高。为了更好地满足女性自身的发展需求,应以"培养卓越女性"为目标,通过开展各种形式的教育活动,最大限度地挖掘女性内在潜能,培养她们成为具有广博知识、较强职业竞争力、优秀领导力以及丰富情感的高素质女性人才。为此,本书基于知识女性职业地位获得的"4A"路径,进一步提炼出促进女性卓越发展的教育目标:在能力提升方面,提高女性对职场环境的适应力、培养女性持续自我提升的学习力、发展女性对未来职业发展的规划力、加强女性对行动计划的执行力;在性格塑造方面,打破传统性别观念对女性性格和形象的刻板定位,着重培养知识女性的"双性化"特征、坚韧性、自信心、进取心等;在职业价值观培养方面,鼓励女性走出"自我舒适区",引导她们树立追求"潜力发展区"的职业发展意识、树立服务社会的责任意识等。

总之,以"女性全面而卓越发展"为核心的女性素质教育观强调消除传统观念中消极的女性发展观,改变教育观念中对女性能力、气质等方面的刻板印象,以及对女性未来生存和职业发展中的消极角色期待;同时,应以"培养卓越女性"作为教育目标,重点培养女性获得卓越发展所必备的能力、特质及行为方式。此外,在女性教育理念的形成中,决不能忽略女性自身的认知建构和职业价值观的形成,应引导女性在职业生涯发展中既要努力追求"自我价值"的实现,也要树立"服务社会"的责任感和使命感。

三、基于"自我发展"和"服务社会"的女性理想信念观

基于"自我价值实现"和"服务社会"的女性理想信念观是本书提出的第

三层次的教育观念。理想信念是个体职业生涯发展中的精神之"钙"——没有职业理想,或者理想信念不坚定,就会导致精神上"缺钙"。基于对知识女性所追求的多层次职业地位的解析,本书进一步提出女性职业生涯发展的三重境界:个人生计,即本书所提出的物质性职业地位,它是女性实现经济独立、在社会立足的基本保证;自我发展,即女性所追求的精神性职业地位,它体现了女性追求工作成就感以及职业发展中的自我价值实现;公民职能,即女性所追求的最高层次职业地位——社会性职业地位,她们为服务社会发展、心系百姓生活、投身公益事业而努力工作。上述三重境界应是层层递进、相辅相成的,前两层境界指向女性以"自我发展"为基点的基本理想信念,第三层境界则指向女性以"服务社会"为核心的最高职业理想。

(一)以追求"自我发展"为基本职业理想

本书提出的"以追求'自我发展'为基本职业理想"的女性理想信念观,与中国社会的个体职业发展特征一致。一方面,鼓励女性追求自我发展,进一步明确女性不应只局限于传统文化观念中"性别"所赋予自己的"从属地位",而应主动追求经济独立、职业成就、社会认可以及自我价值实现。另一方面,从整个中国社会来看,个体的富贵、贫贱,升沉不定,流转相通;虽然也有凭借与无凭借之等差不同,然而凭借是靠不住的,全看本人要不要强。[①]因此,本书强调知识女性要勇于追求自我发展,源于她们完全有能力凭借自己的努力而提升自己的职业地位。在培养女性追求"自我发展"的职业理想过程中,最重要的是从小培养女性独立自主、追求高水平自我发展的意识。当女性逐渐建立起实现自我充分而卓越的发展意识后,首先,她们会形成"经济独立的职业观",即在物质上不依附于男性而实现完全的经济独立,它是

---

① 应星、周飞舟、渠敬东:《中国社会学文选》,中国人民大学出版社,2011 年。

女性在职场立足的根本,也是她们追求自我价值实现的基础,更是她们实现真正自由平等的第一步;同时,这与本书所提出的"知识女性进入职场后,以物质性职业地位为最初的职业目标"相吻合。其次,女性在职业生涯中不应止步于"物质性职业地位",而应以"追求工作的成就感以及自我价值的充分实现"为更高的职业理想和奋斗目标,它标志着女性在职业发展中精神和人格的独立,也为她们实现更高层次自我发展奠定了基础。总之,在不同的教育时空中,教育者应有意识地将上述两种以"自我发展"为核心的职业理想融入具体的教育实践中,从而培养女性形成正确的成就动机和职业发展观,最终实现女性从经济到精神的完全独立。

（二）以"服务社会"为核心的最高职业理想

在女性人才培养过程中,应以"发展坚定的责任感和使命感"作为她们追求的最高职业理想。女性"服务社会"的崇高职业理想与她们"以一名社会公民的身份和应尽的义务"要求自己密切相关:作为一名公民,一定要成器,而不仅仅是某项工作的"操作机器";作为一名拥有独立自主意识的女性,更应在追求自我发展的基础上,为国家命运和民族未来负责。

以"服务社会"为核心的最高职业理想具体可以诠释为:知识女性在实现最高理想信念过程中,有的人可能奉献于国家或她所在的城市,有的人可能为了公共利益而舍弃快乐、安逸、名气,也有的人可能为了公益而呕心沥血、默默付出。本书的知识女性在获得了稳固的"小我型"职业地位后,会继续追求更高层次的职业地位:唐茹奉献爱心做公益,朱霞为了社会发展而积累财富,蓉洁为了提升百姓生活品质而做良心商业。她们所展现出的"服务社会发展和百姓生活的使命感和责任感"是对崇高职业理想的完美诠释。具体到女性教育与培养过程中,一方面,对于不同时空的教育者——生活时空中的父母、学习时空中的老师、职业时空中与女性职业发展直接相关的重要他人等,都应有意识地培养女性树立正确的职业理想,引导和帮助她们探寻人生意义和生存目的,并能够自觉应用所掌握的真才实学为社会、为国家、为人类进步作出的贡献。另一方面,从女性自身来看,她们需要明确意识到"自己接受教育的目的绝不仅仅是获得一份维持生计的工作,而是通过教育建立起对未来生活的道德信仰,形成自身做人的准则,培养自己'我将无我,不负人民'的使命担当"。只有具备这样的发展意识,才有可能在职业认知上逐渐培养"我作为一名社会人,应为社会发展贡献一己之力"的职业意识和责任感。

在对女性理想信念观的培养过程中,应充分发挥不同教育时空中"文化熏陶"的作用,如家庭中父母的价值观念、学校中的校园文化、职场中的企业文化等,通过文化陶冶,促使女性树立上述两个层面的理想信念。当逐步建立了这两个层面的理想信念后,女性更有可能获得真正意义上的独立平等,从而进一步实现完全意义上的自由和充分发展。此外,女性理想信念观的形成与其道德发展层次和水平密切相关。与科尔伯格基于权力的道德发展理论不同,卡罗尔·吉利根(Carol Gilligan)进一步提出女性基于责任的道德发展理论,主要包括三个阶段:第一阶段,对自身生存的关注;第二阶段,对个人责任的关注,自我牺牲和对他人的关怀;第三阶段,关注对他人和对自己的责任,自我和他人是相互依赖的。[1]其中,第一阶段和第二阶段前期指向本书提出的"基于'自我发展'的职业理想",主要从自身出发,鼓励女性通过职业生涯发展追求经济独立和精神独立;第二阶段后期和第三阶段则与本书提出的"基于'服务社会'的职业理想"相吻合,其中,"对他人的责任"则是指向关注团队、社会、百姓等多方的利益和发展,这既与较高层次的道德感相联系,又是女性职业生涯发展中更高层次的职业目标。因此,对女性理性信

---

① Gilligan C.,*In a different voice: Psychological theory and women's development*,Harvard University Press,1982.

念观的培养,可以与其道德观的发展结合起来,在每一个教育时空中,开展将理想信念观和女性道德观相融合的教育,使其成为助力女性主动追求高层次职业地位的内部动力。

<h1 style="text-align:center">第二节　教育行动</h1>

"教育观念"对开展不同教育时空中的女性人才培养提供了理念指引。在分析具体的教育行动时,仍以三个教育时空为依托,分别深入女性成长发展所经历的生活时空、学习时空和职业时空中,探索助力女性获得高层次职业地位的教育实践路径。通过对知识女性职业地位获得过程的深入分析可以发现,她们始终在各种关系互动中展开一系列行动,最终逐步实现更高层次的职业地位目标;同时,女性自身"建立关系的倾向"以及在"关系中获得发展"的特质,使得本书以"关系"贯穿于女性所经历的各个教育时空始终,不仅注重不同时空中各种关系的建立,而且进一步探索了基于"各种关系"展开的、适合女性发展的教育行动实践。①

一、生活时空:现代性别观和个人品质初步形成的家庭教育

针对生活时空的家庭教育,本书提出基于父母与子女之间的交往活动而展开的"濡化式"教育实践,即父母通过言传身教向子女转达某种价值观念和行为准则,对子女个人价值观念体系的建构和职业发展中的自我定位

---

① 在此需要说明的是,本书所提出的"教育提升路径"并非完全覆盖女性成长过程中所接触到的各方面教育形式和教育活动,只是基于本书的研究发现有针对性地探讨不同教育时空中对女性职业发展影响较大的教育实践行动。

具有较强的引导作用,同时对个人品质的形成也会产生一定的影响。

(一)"濡化式"教育

社会学习理论将儿童性别认同以及按性别分类的行为发展,解释为发育中的孩子和他或她直接接触的社会环境之间时时刻刻、日复一日互动的结果,这种环境主要包括父母和其他照料者。在生活时空的教育过程中,父母通过"濡化"的形式展开家庭教育。"濡化式"教育具有"传统性"的特点,所谓"传统性"在这里意味着重复和沿袭,同时也意味着延续和变迁;由于教育具有保存传统的功能,势必会通过家庭教育向子女延传某些父母获致的东西。①父母对子女开展的"濡化式"教育主要通过日常语言和行为互动两种形式,以自觉或不自觉的方式,将自己的性别观念、具体行为方式和习惯体系渗透于培养和教育子女的过程中,促使子女将父母的观念、行为、习惯等转化为自身的性别观念体系和与之相符的行为规范,并发展为人格的一部分。在具体的"濡化式"教育过程中,父母应从根本上转变对女孩的教养方式和交往行为:一方面,父母应改变自身传统的性别观念,如女孩应该"乖巧、温顺、可爱"等,可以通过日常言语交流,帮助女孩树立正确的性别观念和女性意识,使她们不再以"传统女性刻板印象"作为自己言行举止的标准,真正从精神上获得解放和独立。另一方面,父母应通过与子女之间的日常交往活动,着重培养女孩未来职业发展可能需要的个人基本素养,即"4A"路径中提出的"特质、能力和行动策略"。此外,在女孩的成长发展过程中,父母还应有意识地培养女孩具备某些传统观念中只属于"男性的优秀品质",如对成功的渴望、勇于冒险、积极尝试新鲜事物等。

日常语言作为日常生活不可分割的有机组成部分,是影响孩子成长和

---

① [美]希尔斯:《论传统》,付铿译,上海人民出版社,1991年,第240页。

发展的一种特殊环境。首先，日常语言具有强烈的情境依赖性、模糊性、多义性等特点，恰好与生活时空中的家庭教育所具有的丰富性和主观性相对应。在家庭教育中开展极具主观色彩的"性别教育"时，父母应特别注意个人主观主义，避免将自己错误的"性别观念常识"传递给子女，从而导致传统性别刻板印象在子女性别观念的形成中进行复制。其次，"语言在成为集体知识储存基础的同时，也成为这种知识储存的工具"[①]，而这里所提到的"知识"在家庭教育过程中通常表现为"常识"。在帮助女孩形成正确、合理的性别观念和价值体系时，父母会通过日常的沟通交流，将自身所持有的"性别观念常识"、对子女发展的期望等以言语的形式传达给子女，子女会逐渐将其融入自己的价值观念之中，并通过与父母的日常交往，逐渐对这些"性别观念常识"进行提取、同化，从而不断生成自身的人格和性别认知图式以及对外界的认知体系。

在行为互动上，父母应有意识地通过与子女参加活动、做游戏等身体互动和陪伴，培养子女未来职业生涯发展中可能需要的个人基本素养或特质。值得注意的是，行为互动离不开"情感基质"，即父母合理的情感表达以及父母与子女之间建立的情感联系，它是父母对子女开展"濡化式"教育的基础。正是与父母积极的身体和情感互动，使得子女不至于成长为冷酷无情的"机器人"。本书在第四章分析家庭教育对知识女性成长和发展的影响时提到，"家庭教育是女性情感发展的土壤"。本书中的华辰从小缺乏父母的关爱，情感发展受到严重影响；长大以后，她内心仍极度缺乏安全感，尽管她通过努力工作，获得了衣食无忧的物质生活，蒸蒸日上的事业使她逐渐走向职业生涯的巅峰，但是这些光鲜亮丽的成就背后，仍然埋藏着一个缺乏安全感的自我。由此可见，通过与父母的行为互动而获得的"情感基质"是女性职业发展

[①]　Peters R.S., *The concept of education*, Routledge & Kegan Paul Ltd., 1967, p.98.

过程中的精神支持，而父母与子女之间能否进行积极的情感和身体互动则对子女未来的长期发展也会产生深远影响。

（二）女性现代社会性别观念的建立

心理学家将儿童性别观念建构的过程看成是互动性的（interactive），这意味着女孩在与环境（父母）展开持续的互动过程中逐渐形成个体性别观念。根据认知发展理论可知，孩子作为性别学习中的积极参与者，他（她）们的性别观念建立经历了性别认同和性别角色认同两个阶段。本书所提出的"濡化式"教育作为一种基于亲子互动的家庭教育形式，父母在充分、全面地了解儿童性别认知发展过程的基础上，通过日常语言和行为互动两种形式，可以帮助孩子顺利完成性别及性别角色认同。

性别认同，即对一个人在基本生物学特性属于男或女的认知和接受，包括正确使用性别标签、理解性别的稳定性、理解性别的坚定性、理解性别的生物学基础。[1]当孩子两三岁时，能准确说出自己是男孩还是女孩（从"性"的角度认识自己），但是孩子可能会相信，通过改变服饰、发型等外在特征而可以改变自己的"性别"；在五到七岁时，随着孩子认知成熟的提升，他（她）们开始建立稳定的性别观，并有意识地尝试建立符合文化对自身性别期待的观念，同时孩子开始看重那些与自身性别标签相一致的对象的行为和态度。在这一阶段，父母的引导对子女性别态度、观念和行为的养成至关重要。第一，父母应改变"性别思维定势"，即在日常生活中，由于经常面对与性别相关的问题，久而久之便会形成固定化的性别思维模式，也是我们通常所说的性别刻板印象或性别标签。通常情况下，父母观念中的性别刻板印象会通过她们对女孩所秉持的态度表现出来，进而直接反映在女孩对自身的看法上。

---

① 林崇德：《发展心理学》，人民教育出版社，2009年，第240页。

正如本书中的婷秀,在她很小的时候,父亲便让她冒着雨独自骑车上学,父亲并不认为女孩天生娇弱而需要各方面保护;父亲对她的态度,使得婷秀在工作中即使遇到非常艰苦的环境,她也坚信自己能够挺过去。由此可见,父母所勾勒的"女孩应成长为怎样的人"的蓝图,反映了他们对女性所持的态度。在这种态度的表达和传递中,父母应避免将传统性别观念中对女性的消极刻板印象和固定的角色分工,如"从属、服从、以家庭为重"等观念灌输给处于性别认同阶段的女孩,而应有意识地向她们讲述从古至今独立自主女性的故事或光荣事迹,通过分析她们的性格特征、行为表现等,从观念和思想上遏制并消除传统女性标签的形成,同时正确引导女孩将独立自主的优秀女性作为评价自己的标准和未来发展的目标。

第二,父母可以借助一些外在特征或外界环境要素帮助女孩建立现代社会性别观。在服饰方面,鉴于传统的女孩服饰(如裙子)更为精致、更有限制性,从而会对女孩开展某些游戏、运动产生约束,并间接地培养了女孩刻板的性别化行为。因此,父母应为年幼的女孩提供一种中性的穿衣风格选择,既防止女孩在观念上过早地形成性别思维定势,又避免她们在游戏和运动中受到限制。在玩具或游戏方面,尽管学前儿童还没有完全实现性别认同,但大部分孩子到这个年龄已经产生了对性别化玩具和游戏的偏爱。一项研究表明,女孩在三岁时,只有29%的孩子要求得到典型的女性化玩具,而到了五岁,这一比例变成73%。[1]此外,儿童对被认为适合另一性别的玩具会采取回避态度,即使这些玩具很吸引人。[2]因此,在女孩逐渐完成性别认同的阶段,父母给予女儿的玩具类型决定了她们是否会形成对特定玩具刻板的

---

[1] Powlishta K.K., Serbin L.A., Moller L.C., The stability of individual differences in gender-typing: Implications for understanding sex segregation, *Sex Roles*, 1993(29).

[2] 这一现象被儿童发展方面的专家称之为"热马铃薯效应"(Martin C.L., Eisenbud L., Rose H., Children's gender-based reasoning about toys, *Child Development*, 1995(66).

性别认知，而这一认知会对她们之后更广泛的性别观念产生影响。由此可见，父母应善于利用外部环境要素或改变女孩自身的外在特征等，帮助她们顺利完成性别认同，进而避免形成传统的性别刻板印象。

性别认同是性别角色认同的基础，性别角色认同是对一个人具有男子气或女子气的知觉和信念。在这一阶段，儿童倾向于模仿和他（她）们自己相像的以及具有高声望的人，通过接受并内化她们的性别观念，逐步形成自身的性别认知图示。①幼儿期大多数儿童开始对父母角色建立认同，内化父母的性别态度、观念、标准等，而女孩的性别角色认同是从认同一个女性角色开始，通常是以母亲作为那个角色的典型代表。本书中的婷秀的母亲善良和坚韧的品质、华辰的母亲的独立女强人形象等都会不同程度地反映在她们身上。因此，母亲自身的形象，包括她们的性格特征、个人的职业发展、多种角色的平衡等，都会通过"濡化式"的教育影响到女孩自身对自己的定位和评价，特别是间接影响到她们未来的职业生涯目标和发展轨迹。此外，在性别角色认同阶段，父母还可以有意识地为女孩树立其他重要的"角色榜样"，如当代具有卓越成就的高知女性，通过深入了解她们的成长历程、在各行各业所做出的杰出贡献以及她们所秉持的价值观念等，为女孩建立自身现代社会性别观提供重要参考依据，从而对她们今后的职业生涯发展产生积极的引导作用。

（三）女性个人品质的培养

在对女性个人品质的培养过程中，父母需特别注意自身对女孩的"心理操控"。所谓的"心理操控"，即通过影响他人的思想和感情，使他人按照自己的想法行动。此时，控制方（父母）和被控制方（女孩）之间是绝对不平等的关

---

① 林崇德：《发展心理学》，人民教育出版社，2009 年，第 240 页。

系,同时,很多父母对女孩的"操控"往往是无意识的,以一种不动声色的方式,在很多细节和小事上压抑她们的思想或情感表达。结合本书知识女性所展出的独特个人品质,我们针对家庭教育过程中父母如何消除对女孩的"心理操控",做了进一步阐释。

第一,女性的个人品质中应具备一定的男性优秀特质,这是她们应对职场环境、获得高层次职业发展的重要武器。本书中的知识女性在追求高层次职业地位过程中,展现出诸多传统性别观念中的男性化特征,如坚韧性、进取心、自尊自信、勇于冒险等。一方面,这证明了男女所展现出的个人特质并非天生只属于某一性别,它们是在社会文化、自身发展过程中被建构出来的;另一方面,这也启发父母在家庭教育过程中,应避免无意识地为女孩设计"思想和行为发展的框架",从而消除自身对她们过分的"心理操控"。

实际上,游戏是孩子的"工作",不同种类的游戏为孩子提供了扮演不同成人角色的机会,而且可以帮助父母消除对女孩的"心理操控"。然而通常情况下,父母会给女孩买洋娃娃、支持她们玩过家家的游戏,同时对于女孩提出的"想要尝试具有一定冒险性游戏"的要求,总会以"女孩不适合参与这些活动"对其表示拒绝。如果女孩长期被父母限制在具有"女孩属性"的游戏中,会使得她们失去了很多体验各种角色和经历的机会;随着年龄的增长,这种游戏性别偏好的刻板程度不断增强,加之女孩自身并没有勇气或兴趣挑战这些限制,从而使性别刻板观念在她们内心进一步固化。

为了避免上述情况的发生,父母可以通过以下方式消除"基于游戏的心理操控":首先,父母应减少对女孩培养过程中的焦虑感,逐步树立"女孩也可以像男孩一样拥有暴露在有风险的环境中的机会"。在儿童游戏过程中,父母可以在自己的保护下,有意识地鼓励并引导女孩多接触那些具有跨性别属性的玩具或游戏,如竞技类游戏,一方面,可以培养她们具备一定的竞争性,并激发她们在游戏过程中的成功欲;另一方面,对培养她们"毫不畏惧风险、敢于尝试有挑战性的新鲜事物"有积极作用。其次,考虑到游戏偏好的性别分化还会限制孩子的习惯性玩伴的性别,父母应鼓励女孩和男孩一起参与球类运动、向男孩发起挑战或比赛等,为她们创造更多的与男性接触、合作和竞争的机会,为她们日后进入男性主导的行业工作奠定基础。最后,父母还可以通过对女孩所表现出的行为进行合理的奖赏,对其行为进行强化,例如父母对女孩在学校体育活动中获得优异成绩或者尝试完成了一项具有冒险性的活动而给予奖赏,这种奖励会进一步培养女孩尝试或参与有挑战性的活动的兴趣和勇气。

第二,父母在家庭教育过程中,应注重提升女孩的独立性和自尊水平。已有研究发现,父母对儿童的接受性和开放性对个体自尊水平和独立性培养具有积极作用。首先,在日常生活中,如参与家庭重要事情的计划与决策时,父母应鼓励女孩大胆地提出自己的见解与主张,尊重她们的立场和观点,从而提升她们的自尊水平。其次,鉴于传统性别刻板印象将女性置于从属地位,造成女性对他人的过分依赖而无法独立思考,同时,因过分担心犯错而怯于发表自己的观点,父母应有意识地鼓励女孩发展自己的行为准则,避免她们依赖他人的判断评估自己的价值,从而使她们进入职场以后,会主动建立自己的是非评判标准,而非人云亦云。最后,在培养女孩独立性方面,父母应尽量减少对女孩的照料和帮助。通常情况下,由于父母给予女孩更多的照顾,而使她们受到"自己比男孩更需要帮助"的暗示,由此可见,来自成人的帮助在无形中会强化女性自身无助感的信念。当她们进入职场后,特别是遇到本书所提到的艰苦工作环境和艰巨工作任务时,她们的第一反应很可能是"我自己很难独立适应这样的环境或完成如此艰巨的任务"。因此,父母在女孩成长过程中,应有意识地减少对她们的帮助,逐步消除她们对外界他人的习惯性依赖,进而使她们变得更加独立自主。

第三,父母应促进女孩个人品质中"积极情感"的发展。正如本书中的华辰,由于她从小缺乏父母对自己情感上的关心,导致她成年以后害怕孤独、极度缺乏安全感;此外,本书知识女性的"双性化"特征中的"人际关系敏感度"以及她们展现出的"巧妙的人际互动",都反映了女性所拥有的"积极情感"在职业地位获得中的重要作用。因此,在女孩成长过程中,父母可以通过对话方式和对话内容,有意识地引导女孩建立积极的情感。例如,父母可以通过经常与女儿讨论过去的经历以及人际关系相关的话题,帮助她们深入了解他人的情感变化和经历,从而促进女孩在人际交往、沟通互动方面的积极情感的发展。

二、学习时空:以"赋能"为基础的学校教育

这里所提到的"学习时空的教育"主要指向"提供学习资源、环境和指导"的学校教育,本书将学习时空划分为秩序化学习时空和非秩序化学习时空,并针对这两种学习时空,提出以"赋能"为基础的学校教育。此外,本书进一步提出以下三种"赋能"方式:第一,采用"合作参与"为核心的教学方法,为女生提供更多参与课堂讨论、合作学习的机会,将她们从教育场域的"边缘"带回课堂教学的"中心";第二,展开基于"关系"的教学实践,包括构建赋权、解放、分享、关怀为基础的师生关系以及合作生成性的同学关系,通过这些关系的建立,进一步激发和培养女性自身的主体意识、平等意识和自我意识;第三,在非秩序化学习中,为女生提供更多参与学校各层面管理工作的机会,全面提升女性参与管理的意识和能力,同时逐渐改变传统观念中"女性不适合做管理者和领导者"的性别刻板印象;此外,为女生创造更多参与社区学习和社会服务工作的机会,帮助她们建立与社会的广泛联系,从而培养她们强烈的社会责任感。

本书所提出的以"赋能"为基础的学校教育不仅向传统学校教育中生产

"独立自主的思考者"以及开发个体的高效能发出挑战,而且揭示了"数量同等"的教育平等观背后的深层问题,促使学校教育从保障男女受教育机会的平等,进一步走向关注男女在受教育过程中的"质量平等",通过真正关照女性的内在需求和发展特点,促进她们全面而卓越的发展。

(一)秩序化学习时空:班级中的课堂教学

秩序化学习时空具有严格的权力分配,组织结构中成员具有明确的等级关系,组织中的个体因受到一定秩序约束而内心承受较大压力。本书将班级中的课堂教学作为秩序化学习时空的代表,分别从课程设置、教学方法、教学过程等方面,全面阐释如何通过"赋能",使女生更充分地融入课堂教学之中。

首先,将"现代社会性别观"融入课程设置中。结合本书所提出的"现代社会性别观"[1]的具体内涵,在学校教育的课程设置上:应增加社会性别教育,帮助学生树立正确的性别观念;同时,在传统主流的男性文化占主导的课程内容基础上,引入"女性经验",并设置"女性特色课程"[2]以促进女性全面的能力提升和卓越发展。

社会性别教育应以独立的课程设置,成为现代大学课程体系的重要组成部分,通过开展有针对性的教育活动,帮助男女同学树立正确的性别价值观,从而改变他们性别观念体系中传统的性别刻板印象。社会性别教育对于女生而言,第一,帮助她们重新认识"女性",并形成正确的"女性发展观"。政治上,女性应该平等地享有人权;经济上,女性应该肩负促进社会经济发展的责任;个人发展上,女性应该以独立自主的姿态,追求充分自觉和自为的

---

[1]　现代性别观的具体内涵参见本章第一节"教育观念"中对其进行的具体阐释。

[2]　本书所提出的"女性特色课程"并非培养传统女性特质或针对传统女性角色而设置的课程,而是针对女性自身特点,开发女性潜能、培养女性全面而卓越发展的综合能力的课程。

发展。第二,通过接受系统的社会性别教育,女生可以提升自我评价能力,正确看待自身的优势和劣势。第三,社会性别教育通过讲授性别观念形成和发展的历史,能够从根本上改变女性内在心态并提升其自觉意识,进而形成对传统性别观念的批判性认识。第四,社会性别教育有助于进一步激发女性的主体意识、竞争意识、勇于超越自我的斗志以及开拓创新的精神,使她们进入职场后,能够主动追求更高水平的职业地位。

社会性别教育对于男生而言,可以帮助他们树立正确的社会性别观念,从根本上消除对女性固有的性别偏见;此外,有助于男生提升"与女性形成共赢发展"的意识,从而促进他们与女性在各方面实现通力合作,最终形成男女的和谐发展。此外,对于教师而言,通过讲授社会性别教育课程,可以不断更新自己的性别观念体系,充分认识到"男女两性的差别是客观存在的,但在智力水平上并没有区别,而是各有所长",从而逐步消除他们心中"男性擅长数理化而女性不擅长""男性逻辑和理性思维优于女性"等刻板印象。最终,使教师能够按照双性化教育模式对男女学生进行教育和评价,即在理解和尊重的前提下促进两性之间的合作、建构更加和谐的学习环境氛围。

此外,后现代女性主义学者曾批判地指出:"在当下的知识条件下,一个受教育者的智力训练不过是按照男性的模式来重塑女性,受教育者所接受的知识并非一套理想的、中立的知识系统,而是学习透过一双男人的眼睛来重新解释人与事。"[①]因此,课程知识除了来自科学、客观、理性的男性经验外,也应纳入来自对话和研究主体的参与性活动,即女性经验,并将其作为课程知识的重要来源,通过整合情感和智力,避免那些扭曲和否认女性教育经验的课程形式。实际上,任何课程知识都会存在偏见,并不存在一种可以压倒一切而占绝对优势的知识形式,只有同时融入女性经验和男性经验,才

---

① 刘云杉、王志明:《女性进入精英集体:有限的进步》,《高等教育研究》,2008 年第 2 期。

会进一步增加课程知识的多样化，使得课程知识能够诠释多种多样的主体感受和经验。此外，通过让更多的女性参与到课程知识的选择、建构和编制中，进而加强对"女性的自我认识、思维和行为方式"的关注，不仅在课程中可以凸显女性的个人认知、促进女性语言的发展，而且可以消解男性在课程领域的绝对霸权地位、消除课程知识对女性自身歪曲和虚假的理解。[①]

除了在课程知识的选择中融入女性经验和感受外，学校教育可以尝试开发女性特色课程。这里提出的"女性特色课程"并非传统女子学校所开设的具有"女性属性"的课程，如插画、护理、茶艺等，而是一系列"源于女性""关于女性""为了女性"的特色课程，如女性与性别关系的课程、女性与社会关系的课程、女性生存与健康类课程等。在具体的教学实践中，从基础教育到高等教育，结合上述课程，教育者可以开展不同内容深度的教学活动，帮助学生充分了解女性在人类社会发展中所作出的贡献、女性真实的发展状况以及与女性相关的社会生存、健康、职业发展等方面的内容。从女性自身发展来看，这类课程有助于培养女性的理性思维和批判性思维，帮助她们进行清晰的角色定位、合理规划自己的职业生涯，从而为她们更好地融入社会、解决未来工作和家庭双重角色转换奠定基础。

其次，采用以"合作参与"为核心的教学方法。在传统的课堂教学中，尽管女性获得了"与男性平等的坐在一间教室、学习相同知识"的机会，但是她们在以男性价值观为主导的学校教育中，仍处于被动的边缘地位——男性经验和价值取向仍然是课程知识的主要来源，女性学生总以"记录者"的身份接受各种知识的"灌输"而缺乏表达自我观点、真正参与教学实践的机会。上述女性在学校教育中的真实处境往往被"数量同等"的教育平等观所掩盖，进而阻碍了女性独立自主意识的培养以及自身潜能的开发，进一步导致

---

① 王珺：《阅读高等教育——基于女性主义认识论的视角》，天津人民出版社，2007年，第166页。

女性进入职业世界后,被贴上"能力不足"的标签。为此,本书提出以"合作参与"为核心的教学方法,旨在改变女生在正式课堂教学过程中的"边缘化"地位,使她们拥有真正平等的参与学习、发表个人观点的机会。

以"合作参与"为核心的教学法是对传统教学方法中权力、等级、知识生产与传播形式的挑战;它不仅关注专业知识和技能的习得,更强调学生对自身如何进行学习的思考、将所学知识放在社会背景中进行检验、从多元化的视角审视各种现实问题等。[①]具体地,第一,这种教学法倡导"学生即教师,教师即学生"的教学理念,鼓励学生与教师之间的相互参与(mutual participation)。正如贝尔·胡克斯(bell hooks)所指出的,"教师应将学生视为具有复杂的生活背景和经验的全人,而非仅仅是知识的被动接受者"[②]。因此,这种教学法不仅需要教师备课、搜集丰富的教学材料,而且学生也需要积极准备上课所需要的资料、提出自己的问题和困惑等,从而形成"师生共建"的教学活动。"相互参与"的教学形式避免了以教师为中心和以学生为中心而展开的教学实践的弊端。对于学生而言,他们通过课前的充分准备,能够提前组织并整合与教学内容相关的一系列问题,进一步为他们积极参与课堂学习、讨论以及吸纳他人多元化的观点奠定了基础。对于教师而言,"相互参与"改变了传统教师以讲授为主的教学模式,学生作为教学的"合作者",为教师提升教学质量提供了重要指导和参考依据。

第二,教师应尊重并鼓励多元化个人经验的表达。传统的教学方法将教师作为知识传授的权威,以讲授的形式向学生灌输主流的知识、理论和观点;而主流的知识往往是基于男性经验建构的,缺乏对女性经验的关照。因此,教师通过将多元化的个人经验和观点,特别是女性学生的个人体验,纳

---

① Ropers-Huilman B.,*Feminist teaching in theory and practice: situating power and knowledge in poststructural classrooms*,Teachers College Press,1988,p.93.

② Bell Hooks,*Teaching to transgress: education as a practice of freedom*,Routledge,1993,p.119.

入课堂教学中,作为对传统知识观点的重要补充,从而引导学生进行批判性学习和反思。此外,将女生的个人经验纳入课堂教学中,还有助于进一步唤起女性意识,使她们充分体验到"教育与自身的相关性"①,逐渐改变女生在教学中边缘化、被动的、从属的地位。

由此可见,以"合作参与"为核心的教学法弥补了传统教学方法之不足,为学生创造了"平等、生成、赋能"的体验式学习机会,使学生能够从个人经验出发,积极探寻、建构、应用他们所学到的知识,从而真正融入学习过程之中。此外,教师采用"合作参与"为核心的教育方法不仅是对学生多元化经验的尊重,更需要以教学实践中师生与生生之间广泛的合作关系为基础。

最后,开展基于"关系"的教学实践。关系理论(relational theory)指出"人总是处于一系列关系之中,通过与他人建立联系,促进自身的发展"②。女性主义关系理论(feminist relational theory)进一步强调了在动态、支持性的关系中,女性会获得更加繁荣的发展(flourishing)。对"关系"的强调实际源于对"平等、尊重、关怀"的关注,长期以来,女性在各种社会关系中始终处于被动、边缘、从属的地位;只有将女性从各种关系的"边缘"带回到关系的"中心",为她们创造更多发声、分享、参与的机会,才能够真正促进她们的发展。让我们将目光回归到教学过程中,上文所提到的以"合作参与"为核心的教学法将教师和学生置于联合行动中,学生和教师共同参与创造意义、理性和价值,这样的教学实践是以"关系"(包括师生关系和生生关系)为基础而展开的。本书所倡导的教学实践中的"关系"是一种"非等级性"关系,在"关系"的建立和发展中,应有意识地关注关系中的"性别平等和权力分配",在潜移

---

① Deats S.M., Lenker L.T., *Gender and the academe: feminist pedagogy and politics*, Rowman and Littlefield, 1994, p.134.

② Llewellyn J.J., *Restorative justice: thinking relationally about justice*, In being relational: reflections on relational theory and health law and policy, ED. J. Downie and J. Llewelly, UBC Press, 2011, p.153.

默化中改变学生对女性的态度,特别是女性对自身形象和潜能的认知。

一是师生关系。传统的"以教师为中心"和"以学生为中心"的教学实践分别以教师的知识为基础和以学生的能力为关注点,但它们都只关注了有界个体(bounded individual)——或者是教师,或者是学生。①本书所提出的参与互动式教学实践是以"关系"为取向,要求同时兼顾两者,具体可以从以下四方面展开:第一,创设对话课堂。教师应减少"独白"以及对课堂的控制,将教学的主要形式转化为师生对话。这种对话式的师生关系不仅使学生拥有更多"将课堂之外的关系、个人生活、过往经历等融入课堂秩序之中"的机会,而且促进学生与教师、同学以及学习材料本身形成积极互动。在对话课堂中,教师应构建一种完全参与的交流形式,具体方法包括:(1)将参与者扩展到全体学生,防止少数学生垄断课堂讨论。在传统课堂中,女性学生由于多种原因,如不自信、胆怯或没有合适的机会等,无法充分表达自己的观点。因此,教师在课堂讨论与对话时,应特别鼓励女生积极主动地表达自我想法并与他人展开讨论。(2)在对话讨论过程中,教师应减少对讨论方向的控制以及对学生的更正,以此增加女生参与讨论的积极性。在这种教学氛围中,女生与教师之间所建立起的关系得到确认和支持,而且减少了她们与教师和同学之间的疏离感。由此可见,在以对话为中心的课堂教学中,师生之间形成一种互主体关系,教师通过向学生赋权并解放对他们的过度控制,从而形成一种新型的"对话式"师生关系。在这种关系中,教师通过激发学生的好奇心、展开师生和生生之间的教学对话、挖掘知识形成的背景和产生过程,不仅使自己从课堂的主导者转变为学生和知识之间的"联络者",而且使学生获得更多挑战固定知识的权力和勇气,同时学生自身的潜能得到充分开发。

---

① [美]肯尼思·J.格根:《关系性存在:超越自我与共同体》,杨莉萍译,上海教育出版社,2019年。

第二，以"赋权和解放"构建新型师生关系。弗莱雷（Freire）曾提出赋权和解放的教学观，即在教学过程中，应消除师生之间传统的等级关系，教师应将学生视为积极行动者，并启发学生对自身状况的批判意识，赋予他们改变自身境况的工具。[①]在"赋权和解放"的师生关系中，教师可以通过鼓励女生积极参与集体讨论，解放她们内心对自身的"束缚"，使她们逐步建立主动争取自身权益的意识——获得课堂中的话语权、引起教师对自身经验和发展需求的关注等。此外，"赋权和解放"的师生关系还体现在给予女生更多参与课堂教学管理的机会，在课堂管理过程中，师生之间针对管理层面的问题展开深入交流，使女生通过"管理赋能"增加她们参与管理的意识，并在班级或课堂管理过程中获得更多的管理体验。与此同时，"赋权和解放"的师生互动使女生逐步建立起强大的自信心，并进一步强化了她们积极学习、寻求卓越发展的内部动机。

第三，作为分享关怀的教师。受维果茨基发展观的影响，教育专家提出了一种基于教师和学生之间关系的理论。[②]教师在这种师生关系中扮演着分享者和关心者的角色，教师不仅要与学生分享和学习内容相关的知识以及如何将这些知识用于实践，而且更要关注学生在学习过程中的成长变化、发展需求与困境等。前者使学生不再把抽象概念与它使用的情景割裂开来，使他们如同学徒一样，汲取着来自教师的宝贵经验和资源；后者则更强调教师应具备敏锐的洞察力和对学生关怀的意识，特别是对于女生而言，在与教师的互动关系中，如果自己的进步受到教师称赞、自己的发展需求得到教师关注，会使她们在学习中更加积极投入。

第四，作为促进者的教师。在参与互动式教学中，作为促进者的教师更

---

① Freire P., *Pedagogy of the oppressed*, Continuum, 1970, p.67.

② Holzman L., *Schools for growth: Radical alternatives to current educational models*, Erlbaum, 1997, p.90.

注重行动的价值,即他们不再以对学生的课堂表现(学习成果)进行价值评估作为对学生评价的唯一方式,而是采用赏识或欣赏的方式对学生的表现进行评价。改变传统量化的价值评估会使女生在课堂教学中受到更多的激励,并增加她们参与互动讨论的热情。总之,在以"关系"为基础的课堂教学中,教师不再将自己作为主导者向学生施加权威,从而导致师生关系的疏远和控制;而是将自己作为赋权者、关怀者、分享者和促进者,与学生形成一种友谊关系。在罗林斯(Rawlins)看来,这种友谊关系在教师与学生之间建立了相互信任的纽带,学生会更倾向于将教师的言行内化为自己的存在之道。①因此,这样的师生关系不仅有助于消除教师在教学过程中带有性别偏见的教学态度和教学方法,而且有助于促进女生积极地参与课堂教学、建立自信、主动表达观点等。

二是生生关系。"关注个体卓越性"的传统教育模式倾向于发展某种等级结构,强调学生个体之间的竞争而非合作。本书提出的以"关系"为基础的教学实践,则主张建立一种"合作生成性"的新型同学关系:一方面,强调同学关系的合作性,基于合作关系展开分享、讨论和协作,鼓励同学之间相互吸收各自的优点,从而塑造自身的行动及关系方式;另一方面,强调同学关系的生成性,即打破学生个体之间的有界边界,通过加强合作,使得同学关系更加牢固、深化。此外,已有的大量研究对同学关系中的女性体验进行了深入分析发现,女性在小组中通常扮演"跟从者"(follower)而非领导者,同时,在小组讨论和决策中也处于"沉默"状态。后来,研究者们在此基础上提出了构建"共同集体"(A Collective of Our Own)的理念和原则——对小组中的女性经验给予充分尊重和信任,鼓励所有女性积极参与而非保持沉默;同

---

① Rawlins W.,Teaching as a mode of friendship,*Communication Theory*,2000(10).

时,所有成员平等合作完成任务,并需要为自身的言行负责等。①本书所提到的"合作生成性"同学关系正是对上述建构"共同集体"理念的进一步深化。在这种同学关系中,同学之间通过吸收具有不同性格、技能、背景学生的多元化观念,一方面,增强他们在"差异"中开展学习的能力,丰富自身思考、分析和解决问题的经验,为他们未来进入工作组织中开展团队合作、同伴指导等奠定基础;另一方面,在这样的合作生成性关系中,每位学生不仅拥有自由发表观点的权力,而且需要尊重他人发言的权力——不打断他人的发言以确保每个人都能充分参与。在这样的学习氛围中,对于传统课堂中处于"边缘"的女性学生而言,拥有了更多参与讨论的机会,对她们建立自信、勇于发声具有积极影响。

　　布鲁菲(Kenneth Bruffee)曾发动了一场合作学习运动,根据他的描述,合作式课堂教学重视同学之间知识的分享和交流。在参与互动式教学过程中,教师可以采用多种方式组织课堂,以便发展这种"合作生成性"的同学关系。具体地:第一,教师可以通过课堂讨论小组、工作搭档、实验室研究小组等形式,打破学生之间的边界而建立起联系;进而言之,鼓励不同的团体小组针对具体问题,展开对话和讨论,在交流过程中,明确肯定并允许存在完全不同的或者不熟悉的观念、允许质疑、表达好奇心等。第二,教师在创设各种合作小组时,应该有意识地平衡小组中的男女比例,同时,教师应引导男女学生建立合作关系模式,鼓励他们在学习过程中,形成通力协作、进行平等交流。此外,通过鼓励男女合作完成学习任务,使他们充分发挥各自优势,不仅可以帮助他们建立自信,还可以在潜移默化中建立男女之间"新型的两性关系"。第三,在对话课堂中,教师应鼓励男女生之间针对某些社会现实问

---

① Briskin L,et al.,*Feminist pedagogy: teaching and learning liberation*,Reprinted in Soicology of Education in Canada:Critical perspectives in Theory,Research,and Practice,Copp Clark Longman,1994, p.93.

题进行更深入地探索与讨论,如引入现实生活中与性别相关的问题,进而使他们在相互辩论中掌握多元化的视角和观点。例如,教师可以列出一个关于"个体生活中所经历的各个场所"清单(包括家庭、学校、商场、单位、公共交通等),首先,让同学们提出各个场所中对性别角色的期待或者潜意识中的性别规范;其次,组织同学针对"如何挑战各种性别期待或规范?"展开讨论,通过男女同学之间的讨论、分享和交流,不仅可以帮助他们形成更好的同学关系,而且能够引导他们在潜意识中树立正确的性别观念。

综合来看,本书提出以"合作参与"为核心的教学法和以"关系"为基础的教学实践旨在创设一种平等、多元、包容、互相激励与合作的学习关系和积极主动地进行知识创新的氛围,为女性充分表达自我、进行开放交流提供平台。在基于新型的师生关系和同学关系而展开的教学实践中,没有等级次序和主导控制,每个人都有所贡献,所有人都受欢迎,由此改变了传统课堂教学中女性被"边缘化"的现象。此外,教师通过鼓励和帮助女生启迪智慧、习得方法、形成能力,不仅使她们获得智力支持,而且促进她在挑战陈规陋习和性别歧视的环境中培养自身独立、自信和自尊等品质。由此可见,女性在这样的教学实践关系中最大的收获并非知识本身,而是思维方式的形成、学习方法的掌握以及各种能力的提升。

(二)非秩序化学习时空:第一课堂以外的实践活动

在非秩序化学习时空中,学生可以更自由地对学习活动的时间与空间进行组合。与秩序化学习时空中的课堂教学相比,非秩序化学习时空最突出的特点是学习实践动力的内源性,即来源于自身兴趣和内在发展需要,而不是来自外部压力。因此,学校教育应充分利用非秩序化学习时空的优势,为女性的全面发展和能力提升提供更多的机会和渠道。虽然以往研究也提到女性参与学生组织、社团活动对自身发展有帮助,[1]但是并没有进一步提出具体的参与方式。为此,本书提出通过鼓励女生参与学校各部门的管理工作、参加各种学生组织和社团工作,甚至走出校园,参加社区学习和社会服务工作等,使女生提前接触社会、熟悉社会环境和各种运行法则,同时在这种参与治理和自我管理的互动中,综合灵活地运用课堂和书本知识、提升自身的实效领导力,为她们将来更好地适应职场环境、获得更高层次的职业地位奠定基础。

参与学校各部门的管理工作。鉴于学校各部门的组织结构与职场中的工作组织结构有一定的相似性,学校可以为女生提供更多亲身参与学校各部门工作、决策和讨论的机会。具体地,学校各个部门可以设立学生管理岗,鼓励女生积极参与,提早接触未来工作中可能遇到的工作任务,包括开展日常工作、进行各种决策、制定发展方案等;在学校的相关工作会议、教师的选拔聘任、招生事务、学生工作的安排等活动中,鼓励女生代表轮流参加,并且负责某些工作的组织安排。这种形式可以将学校教育对女性的培养与现实世界相联系,有效地促进她们将书本化的知识技能转变为职场中的工作能力,从而使她们未来可以更快速地适应职场环境。同时,女生通过参与学校工作,不仅可以增强自身的主体意识和参与意识,充分感受到"自己是被尊重的,自己的意见也同样可以获得他人倾听和采纳",还可以使她们建立服务意识,从而增强自身的责任感。

参与学生组织与社团工作。学校可以通过各种学生组织和社团,为女生提供更多参与团队管理、组织活动、锻炼领导才能与树立自信心的机会。在很多学生组织中,各部门管理岗位上的女性比例很低,导致女性在学校期间错失了很多培养领导力的机会。除了增加女性在综合性社团中管理团队的

---

① Light T., Nicholas J., Renée Bondy, *Feminist Pedagogy in Higher Education: Critical Theory and Practice*, Wilfrid Laurier University Press, 2015.

机会外,学校还可以通过建立一些女性社团,为女性参与团队领导、培养合作交流能力提供更多平台。例如 H 大学中创办的 KY 女子学堂①,2019 年 11 到 12 月,笔者在这个女子学堂进行了深入调研,通过参与观察她们的教学过程、讨论课以及对部分学生的个体访谈和集体座谈发现:这学习活动组织首先充分关注到了女生自身发展的需求和独特性,通过开展有针对性的课程和讲座,不仅提升了她们的内在素养和综合能力水平,而且在潜移默化中激发了她们的主体意识。其次在女子学堂学习的女生可以充分感受到被关注和关怀,特别是在讨论课中,她们拥有表达自己观点、深度参与讨论、主动建立合作关系的机会,对于她们进入职场后自信心的建立、工作能力的提升都具有积极影响。最后在对参与女子学堂助教工作的学生们进行访谈时发现,她们不约而同地表达出在管理自己所带小组时的收获:"助教角色使自己在潜意识中以'领导者'的身份要求自己,逐渐培养了自身沟通表达能力、具备了换位思考的意识,并且学习到很多管理的艺术;除了自身能力的提升外,女子学堂搭建了一个学习共同体,不仅可以使自己获得更多的资源,而且找到了精神的归属感,拥有了一个可以共同学习、相互交流、获得共鸣的平台。"

由此可见,在学生社团或组织中,特别是像 KY 女子学堂这样的女性活动组织,一方面,可以将女性学生聚集起来形成一个小型的共同体,不仅全面提升了她们未来进入职场所需要的能力,如公共演讲、组织沟通等能力,而且女生之间可以获得支持、建立友谊、加强对女性身份的认同和女性意识的提升;另一方面,在组织中担任领导、管理职务,可以进一步培养她们管理团队的意识和领导力。

---

① 笔者在参加一次工作坊学习时,有幸认识到 KY 女子学堂的创办者,她详细讲述了学堂创办的初心、已开展的活动等;同时,笔者非常荣幸受邀深入到女子学堂进行参观调研、深度访谈,同时,也使本书提出的一些女性教育与培养理念真正转化为了 KY 女子学堂的教学实践。

参加社区学习和社会服务工作。学校的围墙对人产生了误导,让人们觉得学校与周围环境是相互隔离的,教育对人的培养似乎只是围墙之内的事情。然而以杜威为代表的许多教育家都强调学校的功能在于提高学生未来参与民主社会的准备性。正如金斯顿(Kingston)所指出的,当今社会充斥着个人主义,社区参与逐渐减少,在校学生更多地通过社交媒体了解外部世界而非真正进入外部社会中,获得真实的体验。[1]显而易见,如果学校教育不能为学生提供更多参加社区学习和社会服务的机会,那么学生进入社会以后会更加"以自我为中心"而缺乏对社会的关怀。本书提出"鼓励女生参与社区学习和服务工作"正是一种"将教育从封闭的学校课堂延伸至社区,乃至整个社会,引导学生认识、分析和整合三种同等重要学习资源(学术、基于服务以及个人经验)"的非秩序化时空的重要教学形式。特别是对于知识女性而言,在接受完高等教育之后,基本都会进入公共社会领域(劳动力市场)从事工作、参与管理等,因此高等教育对女性的培养更应推倒学校与社会之间的围墙,为女性在学校教育阶段创造更多履行社会服务责任、直接参与社会服务工作的机会。

参与社区学习和工作的形式有很多种,包括社区合作、合作式教育、社区服务式学习等,其中社区服务式学习(Community Service Learning,CSL)与本书所提出的"培养女性为社会发展和百姓生活所服务的使命感和责任感"直接相关。威廉姆(Williams)和麦肯那(McKenna)提出,"CSL 项目是将应用型知识和实践经验与传统的课堂教学相结合,提升学生关怀意识的教学形式"[2]。此外,瓦尔克(Walker)也强调,"CSL 项目作为具有服务性的教学形式,

---

① Kingston A.,Outraged moms,trashy daughters,http:// www.macleans.ca/culture/outraged-moms-trashy-daughters.

② Williams T.,McKenna E.,*Negotiating subject-positions in a service-learning context*,In twenty-first century feminist classrooms:pedagogies of identity and difference,Palgrave Macmillan,2002,p.94.

可以增强教育的价值、使年轻一代时刻铭记作为公民的责任、教会年轻人社会生存的技能以及重塑国家凝聚力等"①。具体地,可以通过组织女生为社区福利院进行义务服务——帮助无家可归者募集衣服和食物、辅导贫困家庭儿童等力所能及的义务工作,使她们从被动的层级式教学进入积极主动的社区学习中。一方面,在互帮互助、互教互学中充分体会到自身价值,并获得更多的发声机会,使得基于社区学习和工作而形成的关系潜能得到最大限度的发挥,最终帮助女生逐步形成服务社会的使命感和责任感。另一方面,通过参与 CSL 的实践,学生们可以接触到来自不同社会地位、拥有不同权力的群体,从而丰富她们作为"学习者"的身份体验。

总之,为女生创造更多参与社区服务学习的机会,是对传统的"将正式学习视为更正统的学习形式"观念的挑战,更是有意识地鼓励学生重视各种学习形式,即使走出学校,也可以成为终身学习者。此外,这种形式的教育实践不仅符合女性自身的特质——关怀心、责任心、服务意识等,而且有助于培养她们对服务社会的真实情感、增加对职场工作环境的切身体验、充分挖掘自身的社会价值,进而树立为社会发展贡献力量的职业理想。除了对女性自身的发展有积极影响外,社区学习和社会服务工作也为女性"学以致用"提供了机会。正如莱夫(Lave)和温格(Wenger)所强调的,"通过参与社区活动,学生会学习到如何成为当下实践的合作者,了解社区实践中的问题如何解决,掌握当地的现实与价值如何运作等"②。这种情景化的教育模式使得女生能够提早接触社会,将所学的理论知识付诸于实践中,从而不断提升她们解决现实问题的能力。

---

① Walker T. A. *feminist challenge to community service: a call to politicize service-learning*, In The practice of change:conceps and models for service-learning in women's studies, Washington: American Assoiation for Higher Education, 2000, p.113.

② Lave J., Vohs J.L., *Group work and collaborative writing*, University of California, 2004.

三、职业时空:品格次级社会化与职业地位获得的职后教育

工作,是职业人在社会互动中生产和再生产社会体系的最重要行动。在职业时空中,个人参与工作的过程,同时也是"嵌入"社会结构的过程,最终的结果表现为个人品格进一步完善以及获得自己在工作时空中的职业地位。因此,从静态角度来看,职业时空中的教育主要涉及两个方面:一是个体品格的次级社会化,二是个人"嵌入"制度化社会体系(即工作组织)的结构中,并获得自己确定的位置(即职业地位)。其中,"个体品格"和"职业地位"即是职业时空教育场所的基本抽象结构的两级。[①]

随着 21 世纪科学技术的深刻变革,在组织领域中个体需要面对越来越多背景身份不同的人,同时彼此又需要建立团队、展开合作及共同协商;此外,个体进入工作组织后,还会与组织环境建立关系,通过不断自我调节以适应持续变化着的外界工作环境。因此,从动态角度来看,多种复杂的关系构成了女性在职业时空中获得教育的关系网,基于复杂的关系网而展开的两个教育过程包括:一是工作过程中的人际信息交流;二是工作过程本身对个体的教育作用。这两方面教育过程的交叉建构,生成职业时空教育场所的基本抽象结构的另外两级:文化价值和生存能力。[②]基于本书对知识女性职业地位获得过程的深入分析,知识女性所展示出的独特"能力""特质"以及"行动"与职业时空的基本教育抽象结构紧密联系,这决定了职业时空对女性的教育也应根据女性在职场中独特的职业发展需要和发展状态进行有针对性的设计、调整和完善。接下来,本书分别从企业文化、环境考验、交往互动三个方面阐述如何通过职业时空中的职后教育助力女性"嵌入"更高层次

---

① 项贤明:《泛教育论——广义教育学的初步探索》,山西教育出版社,2004 年,第 384 页。

② 项贤明:《泛教育论——广大教育学的初步探索》,山西教育出版社,2004 年,第 388 页。

的工作组织结构中。

（一）文化价值：融入"现代社会性别观"的企业文化

凯兴斯泰纳在吸取了德国文化派观点基础上提出："工作对人的教育作用可以看作是一种'陶冶'。"①陶冶是通过有个性和有组织的价值观念而发挥作用的，将本书所提出的基于新型两性关系的"现代社会性别观"融入企业文化，乃至工作过程之中，一方面，引导企业员工树立合理的性别意识、形成对女性员工正确的认知、帮助女性员工建立对自身的准确定位，从而创设一种更有利于女性职业发展和追求高层次职业地位的环境文化氛围；另一方面，逐步改变企业文化中带有性别偏见的工作期望和评价标准，进而为职场女性开辟更多的晋升渠道和空间。

将"现代社会性别观"融入企业文化中，意味着在工作组织中消除"传统职业女性的偏见"，即将女性的职业发展框定在"拥有一份稳定收入的工作"中，而应积极营造一种促进女性追求卓越发展的环境氛围，引导女性员工在不同的发展阶段，根据自己的职业成长与身心发展需要设定相应的职业目标。正如本书所提炼出的"知识女性多层次职业目标"，其中以个人财富和权力为核心的物质性职业地位是职业女性普遍追求的职业目标，但很可能是具有传统性别观念的职业女性所追求的终极职业目标；然而在具有现代社会性别观念的企业文化中工作的职业女性，则会将其视为实现高层次职业目标的基础，并在职业发展的成熟期，鞭策自己继续追求"大我型"职业地位。因此，工作组织应充分发挥"现代社会性别观"在文化观念层面上对职业女性的"教育作用"，激发和培养女性员工强烈的社会责任意识和使命感，帮助女性从追求个人财富和权力的"小我型"职业发展目标，转变为服务社会

---

① ［德］乔治·凯兴斯泰纳：《工作学校要义》，刘钧译，商务印书馆，1935年，第46~47页。

发展的高层次职业目标。

将"现代社会性别观"融入企业文化中,还意味着工作组织应该改变对女性员工的职业发展预期和评价标准。首先,通过消除企业文化中"女性工作能力不如男性""女性更适合做服务性和辅助性工作""女性的领导力弱于男性"等性别偏见,进一步改变组织对女性成败的归因方式,对女性在工作过程中的出色表现给予正确评价。此外,鉴于"决定做得越快越机械,人们越依赖认知偏差进行评价",在对女性员工进行评价的过程中,应该开发明确、细致的评价标准,改变女性在评价和晋升中劣势地位。其次,工作组织应制定详细的、有关性别平等的制度政策,并确保其在员工培训、晋升选拔时得到一致地贯彻执行。最后,具有现代社会性别观念的企业文化还需要充分尊重孕期和哺乳期的女性员工,如对于经历孕期的女性员工,由于工作经历中存在一段"空档期",可能使她们错失一些重要的工作和培训锻炼的机会;企业应给予她们更多关照,为她们再次回归职场提供更好的工作保障以及发展机会。这样的企业文化会进一步消除女性员工在职业发展过程中,特别是职业晋升期,内心的焦虑,使她们不会因为"必须完成只属于她们的生产任务"而阻碍了自身的职业生涯发展。以上关于将"现代社会性别观念"融入企业文化的具体举措有效地确保了男女员工获得公平而准确的客观评价,以及平等的发展和晋升机会。

(二)品格塑造:来自工作环境和工作任务的考验与打磨

知识女性在"生活时空"的家庭教育过程中,个人品格得到初步塑造;当她们进入"职业时空"之后,她们的品格在工作环境和工作任务的考验与打磨下,进一步实现次级社会化。本书的知识女性在追求高层次职业地位过程中所表现出的特质和能力,可以概括为"管理者品格",它的形成既需要工作组织为职业女性设定有挑战性的工作环境和工作任务,同时又需要职业女性充分发挥个人主观能动性,主动适应挑战身心极限环境的考验,并勇于接受各种有难度任务的打磨。只有经历这样的"双向互动"过程,才能更好地塑造职业女性的"管理者品格",进而助力她们获得更高层次的职业地位。

从工作环境的角度来看,随着越来越多的女性进入传统男性占主导的行业,如建造、工程、制造等,在工作过程中,她们势必会面临进入施工现场或者条件相对艰苦的环境,而适应并融入这样的工作环境是她们职场生存的第一步。为了磨炼职业女性自身的环境适应力,同时激发和培养她们的坚韧性,企业可以将初入职场的女性员工安排在工作一线、基层或者作业现场等进行深入学习,而不是直接给她们分配"办公室工作"。只有亲身经历条件恶劣的工作环境,职业女性才可以真正感受到现实工作环境的残酷,从而更加珍惜来之不易的工作机会,同时,在工作过程中也不会轻言放弃。此外,相对艰苦的环境考验还会进一步激发拥有较高职业目标的职场女性更加努力工作,激励她们追求更高层的职位。

从工作任务的角度来看,职场中隐性的性别偏见使得大部分职业女性都聚集在辅助性或低层次的工作岗位,这些岗位上的女性员工如同机器上的一个螺栓,工作的全部意义在于完成"维持整个组织顺利有效运转"的辅助工作,很难在工作中获得激情、开发潜能;同时,这些常规性、重复性的工作也使她们自身的能力无用武之地。然而女性员工长此以往从事这样的工作,潜能的发挥势必受到限制,工作活力也必然相应地减弱。[①]此外,已有研究发现,男性和女性确实存在生理上的差异,但是他们在智力上并不存在显著性差异,即女性同样可以完成男性所承担的有挑战性的工作任务。因此,工作组织应有意识地为女性员工安排有一定难度和挑战性的工作任务,在完成任务的过程中,超出能力范围之外的困难会进一步激励女性开发自己

---

① Kelly M.,*Dream manager*,Hyperion,2007,p.93.

的"潜力发展区"。此外,她们会通过自学或主动与他人进行讨论交流,积累新的知识、提升个人能力以及获得工作灵感和启发等。总之,为女性员工安排有一定挑战性的任务不仅可以燃起她们的工作热情,而且能激励她们不断突破自己、开发新能力,从而始终保持充满斗志的工作状态。

(三)互动交往:"经验指导"与"情感支持"的双向交流

人的成长发展离不开人与人之间的合作,这不仅是人作为一个生命有机体的一般生命存在意义,而且是由人作为主体的社会规定性所决定。①社会是主体的存在形式,人只有在一定社会关系的背景下,才能作为主体获得成长发展。在工作组织中,个体之间也会通过上下级互动、同事互动等相互指导与合作,最终实现互惠共生下的自我成长与发展。对于职业女性而言,特别是处在当下仍然存在性别歧视与偏见的职场环境中,她们更需要在工作组织中,通过积极主动的互动交往建立自己的人脉关系网。一方面,它作为一种社会资本,是职业女性获得更多职业信息的重要渠道,如获得重要工作机会、接受工作指导等;另一方面,它作为一种精神支柱,是女性进行情感表达、获得精神力量的重要渠道,如负面情绪的宣泄、职业生涯低谷时的鼓励等,上述两方面也体现了本书所提出的知识女性在追求高层次职业地位过程中展开的"工具理性与情感支持的人际互动"。因此,在职业时空中,可以通过这两层面的互动交往使女性员工逐步嵌入整个组织关系网络中,使她们能够在多重关系中充分分享个人观点和经验,同时可以全面提升自身的技能、知识和价值。

从"经验指导"的人际互动来看,工作组织中有经验的工作导师可以为初入职场的女性开启职业生涯提供必要的指导。对于新入职的女性员工而

① 高清海:《马克思主义哲学基础下册》,人民出版社,1985年。

言,仅仅了解工作场所里的正式规定是远远不够的,更重要的是能够学会并掌握关于如何更好地融入组织环境并获得向上发展的"默会知识",这些知识永远不会写在员工手册里。新入职的女员工可以通过非正式的社会关系网——有经验的指导者,获取这些组织内部的"隐性知识"。一方面,指导者可以向女员工直接教授完成相应工作所需的知识和技能,使她们快速熟悉工作,从而更好地适应工作环境和工作任务、提升自身的工作满意度。另一方面,工作导师还可以通过自身在工作中的言行举止,"教会"职场女性如何在工作组织中获得生存、实现晋升等。一项对171名女性律师的调查表明,那些有指导者的人在事业上会更加成功和满足。由此可见,年轻的职业女性在努力工作的同时,更需要拥有一位带领自己工作的指导者,他们如同学校中的教师,可以使职业女性避开阻碍职业晋升的弯路,同时,传授更多丰富的经验,助力职业女性从"职场小白"快速成长为游刃有余的"职场老手"。

值得注意的是,指导者的性别对女性员工适应工作环境以及自身的职业发展具有一定的影响。本书发现,女性领导者会更关注女性员工的发展,能够更敏锐地体察到她们的内心需求,同时也更愿意带领她们共同发展和进步。正如本书中的青雨,她选择创立自己品牌的主要目的是能为更多女性提供平台和发展机会,而男性领导者则很难做到这一点,特别是高地位的男性并不愿意指导女性,因为他们觉得只有跟自己相似的人在一起才会更舒服。因此,在工作过程中,组织可以有意识地安排有经验和一定地位的女性指导者为新入职的女员工提供指导,她们可以充分弥补男性指导者在指导过程中的不足,例如女性指导者在形成专业的自我形象、增权以及支持性个人咨询领域方面,更有利于女性员工的发展。除了指导者性别会影响指导效果外,指导过程和质量也不能忽视。尽管很多企业都会为新入职的员工安排"师傅",但形式的"师徒关系"背后,新员工成为师傅的"打杂工",新员工只能无条件接受师傅安排的各种琐碎小事,无益于工作能力的提升。因此,工作组织应注意对这样的"师徒关系"进行督导,可以通过定期汇报、过程监督等形式,确保职场女性能够通过"师徒"学习和合作获得最大的能力提升。

从"情感支持"的人际互动来看,作为精神支柱的人际关系对于女性员工的职业发展至关重要。本书对知识女性职业地位获得过程中发生的人我互动进行深入分析时发现,工作组织中的人际关系给予职场女性的"情感支持",具有积极正向的教育意义,本书进一步将其划分为两种形式。组织内部构建的"女性命运共同体",是职业女性获得强大精神和情感支持的一种形式。在企业中,可以通过组建一些小型的、以伦理情谊为基础的女性团体组织,定期组织女性员工进行团建,或者对某些工作任务进行监督等。整个组织以"女性职业精神"为核心,以"追求高层次职业地位"为目标,它们在组织内部以"情谊化"和"教育化"的形式而存在。其中,"情谊化"体现在两个方面:一方面,通过将组织内部的女性员工连结成为"命运共同体",使她们在面对工作组织中的性别偏见或歧视时,获得精神的鼓励——她们不再是"只能选择默默忍受的独立个体",而是可以相互支持、彼此依靠的共同体。另一方面,"共同体"内部的每位成员不仅是同事,更是会相互肯定的朋友,彼此之间的肯定不仅会使她们逐渐培养起职业自信,而且会使"女性命运共同体"从看似与组织分离的小团体,发展成为工作组织的一部分,从而更好地将"共同体"内部"关注女性发展、传播平等性别"的观念融入整个组织文化中。"教育化"主要表现在"女性命运共同体"内部女性角色榜样对其他女性员工的教育和激励上。具有积极正面的女性榜样可以为新来者迎接工作过程中的各种困难和挑战提供宝贵的经验,使她们在工作过程中进一步树立明确的职业目标,并能够更加自信、勇敢地面对一切阻力;同时,她们成功的职业发展经历也可以坚定其他女性员工主动追求卓越发展的勇气和信心,使她们不再怯于迎接工作挑战,而是为更高层次的职业地位选择迎难而上。

在工作组织中，领导者应有意识地鼓励女性员工主动表达自我观点、勇于为自己的利益"发声"、敢于向上级"进谏"，这是职业女性在工作过程中获得的另一个层面的"情感支持"。具体可以通过以下两种途径：第一，工作组织通过建立恰当、透明的沟通渠道，积极听取不一致的意见，鼓励女性创新、为女性赋权、促进女性积极参与等，使女性员工获得更多表达和发声的机会。正如罗德里格斯（Rodriguez）总结的，"来自不同背景的人们聚集在一起，他们每个人的声音都被征求，每个人都被允许讲话，每个人都被倾听，并被认为对联合创造未来具有同等的价值"①。由此可见，当组织中的领导者学会欣赏（不同性别之间的）差异的时候，组织便会拥有许多种不同的声音。从本书知识女性与领导之间的互动经历来看，她们的共同特点是敢于直言进谏，打破了传统职业女性被动服从、任由安排的工作状态。例如，在很多情况下，女性总是无法介入组织的重要决策过程，如果女性员工可以作为参与决策者而充分表达自我的一系列独到见解、价值和信息，不仅会极大地丰富决策、增加组织活力，而且使女性在组织内部因获得更多发声机会、自己的意见受到重视而进一步增加组织归属感和情感上的尊重，同时，也使她们获得更积极的自我肯定、树立坚定的职业信念和自信、激发更多的潜能、增加自身的工作动力和积极性等。此外，对于领导者，特别是男性领导者而言，通过为女性员工创设发表言论和观点的机会，他们也可以获取不同思维角度、观点立场的建议，对进行工作创新与质量提升具有积极的促进作用。

第二，领导者通过对女性职员的能力、观点和价值给予更多认可，促进她们更加积极地参与并融入组织环境中。从本书中的知识女性职业地位获得的经历来看，在她们的职业发展过程中缺乏来自领导的肯定，从而使得她们在反复证明自己的能力后，才得以被提拔或赏识。根据格根的社会建构论

---

① ［美］肯尼思·J.格根：《关系性存在：超越自我与共同体》，杨莉萍译，上海教育出版社，2019年，第332页。

可知,"当某个人被作为意义建构过程的贡献者而得到肯定时,积极参与的大门便会敞开"[①]。依此观点来看,如果女性在组织中的工作业绩、所付出的努力以及对组织的贡献等得到领导的肯定,那么她们会获得积极参与工作的更大精神动力。因此,在工作过程中,作为领导者,对于女性员工在工作中的杰出表现应给予充分肯定,特别是从认可女性自身能力而非运气的角度予以称赞,这样的认可和表扬会进一步提升女性员工的自我效能感,并激发她们积极尝试更有难度和挑战性的工作任务。

---

① [美]肯尼思·J.格根:《关系性存在:超越自我与共同体》,杨莉萍译,上海教育出版社,2019年,第323页。

结束语

　　在教育界,随着女性受教育人数和水平的提升,人们普遍认为教育领域已经实现了性别平等,因此很少有人关注教育过程中男性和女性在发展条件、状况、结果等层面的差异。此外,已有的教育理论很少触及性别差异问题,同时也基本局限于学校教育层面,在"教育的框架"之中探讨教育问题。为此,本书尝试跳出这个框架,从知识女性的视角,真正建立起"教育与职业"之间的联系,一方面,深入挖掘教育在服务知识女性获得高层次职业地位过程中所发挥的促进作用;另一方面,基于知识女性职业地位获得经历反观她们所经历的教育,剖析教育过程中存在的深层次问题(阻力作用),进而探寻教育提升的具体路径。实际上,对"教育与人的职业发展关系"的探讨始终是职业教育所关注的重要问题,同时,职业教育并非局限于职业院校或学校教育之中,只要是以培养人为目的的教育,都应指向或服务于人未来的生存和职业生涯发展。从这个角度来看,本书对"教育与知识女性职业地位获得"之间互动关系的探索拓宽了传统意义上对教育及其功能的理解。

一、回归研究问题的再思考

笔者通过在知识女性所经历的不同教育时空与其职业地位获得经历之间来回穿梭,不断探寻教育对知识女性职业地位获得所产生的影响,从而对"教育、职业与性别"的关系有了更深入的理解和新的思考。

首先,21 世纪的教育应是面向未来的教育,当我们走出"教育的框架"重新审视教育时,我们关注的焦点将从"教育教会个体多少知识和技能"转向"教育如何更好地服务于个体的终身职业发展",即帮助个体更好地融入、适应社会并获得更高层次的职业地位。既然教育是面向未来的,那么我们需要了解未来是一个怎样的社会?未来的职业世界对人的发展又提出了哪些新的要求?未来的世界是充满不确定性和复杂性的,这决定了教育的任务即迎接和应对不确定性,那么,如何建立教育与复杂的现实社会或职场环境之间的联系,帮助教育更好地应对未来的复杂性世界,成为教育者开展面向未来的教育实践所必须面对的问题。尽管未来社会的变革难以预测,但是我们可以肯定的是科学技术不断推动社会发展,未来的人才需要改变自身的思维方式、调整自身的能力结构、掌握处理各种复杂互动关系的行动策略等,从而不断跟上这个时代的变化。本书正是基于这样的思考,期望通过全面呈现真实的职业世界中知识女性如何一步步获得高层次职业地位的经历,反观她们所经历的不同时空的教育并剖析教育所产生的影响;同时,这样的思路和设计可以更好地避免教育研究者将自己局限于教育世界中思考"教育如何培养人""培养什么样的人"等方面的现实问题。

本书基于对知识女性真实的职业地位获得经历的深入剖析,提炼出知识女性在职业世界的发展中设立的多层次职业地位目标、必须具备的多种能力和特质以及她们在多维互动关系中采取的具体行动策略。这些真实的经历以及我们所建构的知识女性职业地位获得的"4A"路径,为更好地认识"面向未来的教育"具有一定的启示:教育在培养人的过程中,不应局限于确定的知识和技能的讲授,而更应注重提升个体应对复杂环境和无边界生涯的能力,打破个体线性因果性和二元对立的思维模式,培养个体在多维复杂的互动关系中进行整合、主动探索的意识和能力。

其次,教育对人的职业发展具有正向和负向两种功能,同时,教育又是立体的——从教育过程到教育结果,从家庭教育到学校教育,再到职后教育,对教育的分析应注重其整体性和多维性。莫兰曾提出"无限细分的微观研究掩盖了整体的复杂性、实体的多维性、部分和整体之间的互动和反馈关系等,因而往往会失去对复杂问题的总体性和根本性认识"[①]。因此,本书为了更加全面、深入地剖析知识女性职业地位获得的"教育意蕴",选择从广义教育的视角,将知识女性成长发展所经历的教育视为一个"整体"——挖掘各个时空中对女性发展影响较大的教育动力要素和教育阻力要素,同时关注不同教育时空之间的互动及相互影响,为构建整体、联动的女性教育与人才培养路径提供了有价值的参考。

本书之所以会关注教育的负向功能,主要因为本书聚焦于女性群体,而她们在教育过程中经历了诸多隐性的性别不平等,这些不平等或性别偏见作为女性教育负向功能的具体表现,形成了女性成长发展过程中的隐形障碍,增加了她们获得高层次职业地位的难度和阻力。因此,本书深入知识女性成长发展所经历的不同教育时空内部,进一步提炼出每个时空中教育可能产生的阻力影响,并将其概括为"带有性别标签的家庭教育、'去性别化'与'再性别化'的学校教育以及性别差异'合理化'的职后教育",全面地呈现出不同时空中女性培养与教育的特点。基于本书对知识女性职业地位获得

---

① [法]莫兰:《复杂性理论与教育问题》,陈一壮译,北京大学出版社,2004年。

的教育阻力的深入分析可知,不论是家庭教育、学校教育还是职后教育,其中隐藏的性别不平等主要源于教育者并没有根据女性自身的特点、发展需求等开展有针对性地教育和培养,这里所说的"针对女性的教育"是指能够帮助她们更好地适应职场环境、为她们追求高层次职业地位做充足准备的教育,而非基于传统性别文化观念,对所谓的"女性特质"进行培养。在不同时空的教育实践中,仍然充斥着主流的男性文化——父母的教育观念、学校的文化氛围、职场中的企业文化等,传统的性别文化观念仍在无形中引导着女性教育。因此,只有真正关注并高度重视学校教育中存在的隐性偏见以及一切不利于女性发展的阻力,才能为女性全面发展创造良好的教育环境氛围,并引导她们树立正确的职业发展观、目标观和成就观,最终使她们在职场中获得更加卓越的发展。

本书对教育的审视是立体的——从纵向上深入到不同时空的教育内部,主要考虑到教育对个体发展影响的连续性,避免单一分析某一教育时空的影响而产生片面性观点;从横向上展开分析每个时空的教育过程,期望对传统的、关注"教育结果或某一种教育类型对职业地位影响"的相关理论做进一步的补充和完善。这样的分析框架可能会受到一定的质疑,诸如"分析过于宽泛、无法对每一个教育时空展开深入分析"等;但是本书期望更全面地呈现出教育对女性职业地位获得的整体影响。为此,笔者通过反复、深入剖析 13 个受访者的经历,将影响较大的教育要素进行提炼和归纳,最终形成涵盖多维教育时空的教育动力和教育阻力,这在一定程度对已有的相关理论进行了拓展和完善。已有的阐述"教育与职业地位关系"的理论包括布劳-邓肯地位获得模型、人力资本理论、文化资本理论等,其中,布劳-邓肯地位获得模型指出本人和父亲的受教育水平都会对个体的初职职业地位产生影响,但本人的受教育水平作用更大;对于现职职业地位而言,本人受教育水平是最重要的。该模型从"学校教育结果"——受教育水平层面,阐释了教育对个体职业地位获得的重要性。人力资本理论明确指出，通过学校教育和在职培训为个体传授的知识和技能可以使个体直接获益。该理论进一步将"学校教育的最终结果"（受教育水平）拓展至"教育的过程性结果"（学习成绩、获得奖学金、获得相关证书、有工作或实习经历等），仍缺乏对具体教育过程的关注和分析。布尔迪厄的文化资本理论提出了与教养和知识相关的文化资本对个体未来发展的影响，其中，前者与早期家庭教育密切相关，而后者则与学校教育有关。

已有的"教育与职业地位"关系的理论集中探讨了学校教育的作用，部分理论涉及家庭教育的影响，鲜有理论分析职后教育对女性职业发展的影响。本书对职业时空教育的分析，恰好揭示了工作组织本身作为一个重要的教育场所，对女性进入职场后的生涯发展具有至关重要的作用。本书在职业时空为知识女性提供在职培训等显性教育形式基础上，进一步分析了工作组织本身对她们的"教育"作用：各种艰苦的工作环境、挑战身心极限的工作任务等，激发了知识女性不断自我提升和持续学习的斗志，帮助她们能够更加游刃有余地适应职场环境，同时也磨炼了她们对外界环境的"同化"和"顺应"能力；此外，通过与组织中的他人展开的人际互动，知识女性不仅获得了关于工作的重要信息、经验指导等，而且获得了支持她们抵抗职场中的性别歧视和偏见、勇于追求更高层次职业地位的情感力量。

此外，本书对生活时空和学习时空中教育影响的剖析也是对已有理论的进一步深化。在家庭教育中，本书将布尔迪厄基于家庭教育的文化再生产方式进一步具体化为"濡化式"教育，即父母通过"身体力行"的方式潜移默化地影响着子女成长和发展，值得注意的是，本书所提出的"濡化式"教育对知识女性职业地位获得过程中所需的特质，如坚韧性、自信心、"双性化"人格等方面的培养具有最强的影响力。正如布尔迪厄所指出的，这种以"继承"方式所进行的文化资本再生产具有隐蔽性，且对女性成长，特别是意志、品格等方面的培养具有重要影响。在学校教育中,本书进一步提出两种具体的学校教育形式:第一,正式的课堂教学,这是知识女性获得文化资本和人力资本——扎实的专业知识和技能的主要途径,特别是对于需要"学以致用"的知识女性而言,这是她们在职场立足的基本生存工具;第二,非正式的课外活动,如参与各类学生组织、社团活动、社会实践等,这是一种间接积累文化资本或人力资本的形式,但对知识女性未来职业生涯发展会产生更深远的影响。大学时的活动经历不仅培养了她们自身的组织、人际、沟通等能力,还让她们拥有提前接触社会、完成类似于真实职场任务的机会。

最后,教育是带有"性别"的,主流的性别价值观念在无形中影响着教育者的态度、人才培养方式以及具体教育实践等。本书从女性群体的视角切入,深入剖析了教育在知识女性成长发展中所产生的动力和阻力,为揭示教育中的性别不平等问题、探索科学的性别教育以及有针对性的女性人才培养路径提供了有价值的参考。本书所提出的具体教育观念和教育行动力求突破已有的传统女性人才培养框架,期望构建融入现代社会性别观念、符合女性自身特点、关照女性发展需求的教育行动路径。基于这样的考虑,本书将"关系"贯穿各个教育时空的始终,帮助女性在关系型教育中充分参与、获得自信、拥有更多发声机会等。

在教育观念方面,本书提出了三个层次的女性教育与培养理念:基于"新型两性关系"的现代社会性别观(宏观层面)、以"促进女性全面而卓越发展"为核心的女性素质教育观(中观层面)以及基于"自我发展"和"服务社会"的女性理想信念观(微观层面),这个多层次的女性教育观念体系是对传统女性人才教育观的更新与完善。首先,传统的、以追求平等为目标的女性教育观关注"平等的教育机会",如在同一间教室,接受相同的课程或专业教育。然而"机会的同等"在一定程度上掩盖了教育过程中女性与男性之间"发展的不平等",如现代学校教育的所有课程或学科领域是否渗透了关于两性的僵化思维和错误认识等,教育过程中的文化氛围、教育者的教育理念中存在的性别偏见等会潜移默化地影响女性自身潜能的发掘、对未来职业发展的定位等。为了将男女平等从表面上的"数量均衡、机会同等"向深层次的"发展平等"推进,本书进一步提出了"现代社会性别观",主张"消除男女刻板印象、改变'数量同等'的发展观、倡导男女开放交流、促进共同发展";在女性教育过程中,将女性看成独立自主的个体,而非与男性完全对立或同质的个体,这种新型两性关系超越了男性主义建构下的男女平等,打破了以男性标准和质量为旨归的"男女一样"逻辑,倡导建立在尊重男女自身差异基础上的和谐发展。

此外,传统的女性人才培养观中缺乏对"促进女性全面而卓越发展"的教育理念的关注。最初时期,家庭和学校特别注重"女德"的培养,并将其作为女性教育的核心理念;在倡导"三民主义""男女平等"的民国时期,高等教育仍强调"女子教育尤须确认培养博大慈祥、健全母性实为救国救民之要图,优生强种之基础",当时社会仍秉持着"女性接受教育是为做更好的母亲做准备"的教育观念,而并非将女性培养成具有科学知识、健全人格的知识女性。[①]尽管在推进新式女子教育过程中,梁启超提倡既养成女子一定的道德,更要教给女性科学文化知识和谋生技能,同时,当时的基督教女子教育同样主张女子教育的目标是培养女性领袖人才;此外,改革开放背景下出现的许多女子学校,也将"培养精英女性"作为女性人才培养的理念和目标,但在众多男女同校的学校教育中,只关注了男女受教育机会的平等,而并没有将促进女性真正全面而卓越的发展纳入其核心的教育理念中,致使女性在职业发展中成就动机较弱、缺乏追求高层次发展的自信,在一定程度上造成当前企业管理层女性严重缺位。鉴于此,本书在教育观念中特别提出以"女

---

① 闫广芬:《男女平等理论与中国女子高等教育》,《中华女子学院学报》,2002 年第 3 期。

性全面而卓越的发展"为核心的女性素质教育观,具体包含两个层面:一是将"4A"路径中知识女性所表现出的能力、特质以及行动,作为培养女性全面发展的参考依据;二是对女性的发展期望上,树立"女性也适合做管理者""女性能力与男性并无差别"等观念,鼓励女性主动追求更高层次的职业发展。

如果说上面提到的"现代社会性别观"和"女性素质教育观"是从教育者角度提出的女性人才培养观念,那么本书提出的"女性理想信念观"则是基于女性自身发展而提出的。已有的女性教育观将女性视为弱势群体,更多的是鼓励女性要追求经济、思想、人格等方面的独立。然而对于当代知识女性而言,她们拥有了与男性平等的教育权、工作权、参政权等,各种权利的获得逐渐将女性从弱势群体中解救出来;虽然女性仍面临诸多不利的处境,但对于女性人才的培养与教育应将女性视为一个"完全独立"的个体——她们不再是为"争权"而存在,而是为自我价值的充分实现而存在;她们不再囿于家庭的私人领域,而是作为一名"社会人"而存在。为此,本书进一步提出以"自我发展"和"服务社会"为核心的女性理想信念观,旨在引导女性树立以"自我发展"为核心的基本职业理想和以"服务社会"为核心的最高职业理想,前者侧重鼓励女性追求职业成就感,在克服困难、获得成功的过程中充分挖掘自身价值;后者则强调女性作为社会公民,应具有更远大的胸怀和职业理想,走出"小我",为实现社会主义现代化承担更多的社会责任。总之,本书所提出的"现代社会性别观""女性素质教育观"以及"女性理想信念观"比较全面、清晰地呈现了不同时空的教育者在开展女性教育与人才培养过程中所应秉持的教育理念,为具体的教育实践提供了观念和方向指引。

在教育行动方面,以往鲜有研究将女性所接受的不同时空、不同类型的教育放在同一个框架中探寻女性教育的提升路径,本书所提出了具体可行的"教育行动路径",包含了女性现代社会性别观念和个人品质初步形成的家庭教育、以"赋能"为基础的学校教育以及促进女性品格次级化和职业地位获得的职后教育，这是对以往关于女性培养与教育实践研究的进一步深化。具体地，在家庭教育方面，以往研究发现，家庭教育主要通过父母的言语教导和榜样示范两种途径开展，对子女的性格、观念等方面产生影响，但是并没有更进一步具体分析如何展开以及如何发生作用的；此外，鲜有研究深入分析家庭教育中"女性教育与培养"的具体行动路径。为此，本书在已有研究基础上提出以日常言语和行为互动为基础的"濡化式"家庭教育。一方面，父母将"性别观念常识"通过日常语言传输给子女，她们反过来通过与父母的日常交往进行提取、同化，最终形成自己的性别认知图示；另一方面，父母在与子女的身体互动与陪伴中，有目的引导女孩参与竞技类游戏以激发她们的成功欲，为她们设置有一定风险的环境或任务以减少她们对风险的焦虑和抵触感。我们期望通过此项研究唤起父母对自己传统性别观念的关注并进行适当修正，最终能够以现代社会性别观为指导，帮助子女树立正确的性别意识。特别是在对女孩的培养上，父母应有意识地全面培养她们的个人品质，包括传统观念中的男子气特质，从而为女孩未来的职业发展奠定良好基础。

在学校教育方面，女性主义学者从理论上对课程、教学等方面存在的性别问题展开了深入分析，并指出"传统教学（课本）内容缺乏对女性经验、情感等方面的关注，仍然传播着主流的男性文化"；同时，主张从所传播的知识层面进行根本变革，但涉及具体实践变革路径的研究相对较少。因此，当前的学校教育始终无法彻底消除不利于女性发展的隐性偏见以及对女性人才培养的重重限制。本书将学校教育进一步分为秩序化时空和非秩序化时空，分别提出了有针对性的女性教育方案。

在职业时空的教育行动上，以往研究集中分析了工作导师的指导以及在职培训这两种教育形式，而忽视企业文化的隐性教育作用以及工作环境和工作任务对女性的磨炼等这些相对特殊的教育形式。为此,本书分别从知识女性与职场环境的互动、与职场他人的互动中建构了知识女性所应接受的职后教育行动路径。

总而言之,此项研究期望从性别差异、多维时空、教育过程、正负向功能等方面多角度、全方位地剖析"教育与女性职业地位获得之间的互动关系",真正唤起不同时空的教育者对女性人才培养和教育的重视。未来充满高度复杂性、不确定性的世界对人的生存和发展提出了更高的要求,特别是对于知识女性而言,她们已经基本解决了性别平等的生存、求职等问题,她们正面临着更严峻的发展问题, 即如何跨越看不见的文化观念与隐性的两性权力不平等在"女性与各行业顶端领域"之间形成的这道沟壑。因此,在助力知识女性获得更高层次的职业地位中, 教育何为? ——成为教育实践者和教育研究者都应深入思考、积极探索的问题。

二、未完成的课题

本书基于知识女性职业地位获得经历以及在不同时空中的教育经历,建构了知识女性职业地位获得的"4A"路径,并深入剖析了知识女性职业地位获得中的教育动力和教育阻力, 最终提出了女性人才培养的教育提升路径,力求突破已有的教育分析框架,从广义教育的视角,建立起"教育、职业与性别"之间的联系,同时期望为那些关心女性发展、女性教育问题的人们提供一定的解释、经验和有价值的信息。尽管如此,本书依然存在一定的局限性,但这也为后续深入开展相关研究提供了方向和参考。

在研究对象的拓展上,本书以中国的企业管理层知识女性为对象,主要考虑到她们具有较高层次的职业地位, 同时企业工作的经历可以为本书提供更为丰富的资料和素材。但是这样的研究对象也使得本书所构建的理论模型在不同类型的女性群体之间的推广性和解释力相对较弱。未来研究可以将研究对象扩展到更多的女性群体,如不同学历层次、不同单位性质等的职业女性。通过对不同类型的职业女性进行深入访谈、分析,可以将本书的结论进行丰富以形成具有更强解释力的理论模型;同时,可以进一步发掘"教育"在不同职业类型女性的职业地位获得过程中产生影响的差异性。

此外,本书是立足中国文化背景,对知识女性职业地位获得过程、教育影响以及提升路径等展开分析和探究的,但中西方文化的差异是未来研究所需要考虑的问题。尽管中西方文化中有很多相似的性别观念,如女性应该服务于家庭领域、男性在公共领域拥有更多的发展机会等,但在促进女性全面而卓越的发展上,也会存在很多文化差异:家庭教育中父母对子女的教养方式、发展期待等;此外,在西方社会,社会性别并非作为一个单一而固定的社会结构,它会与阶级、种族等社会结构发生相互作用,从而使女性因为多重劣势身份而陷入更加窘迫的境地。在这种中西方文化存在明显差异的背景下,女性如何获得自身的职业地位?女性教育与培养过程中对女性职业发展影响较大的教育要素是否存在显著差异?结合这些问题,研究者们可以选取具有不同文化、身份特征的女性管理者,如国外不同种族的企业女高管、在西方文化中成长的华裔企业女高管等,分析她们的职业地位获得经历和相关教育经历,与本书建构的理论模型进行对比分析,进一步深入分析中西方不同文化背景下女性职业地位获得与教育之间的互动关系。

在研究内容的深化上,将本书所提出的"教育观念和教育行动的提升路径"真正转变为教育实践仍需要很漫长的过程,也由此引发了我们对当前教育实践的担忧。因此,在后续研究中,研究者需要继续深入知识女性所经历的不同时空的教育过程中,深度访谈她们的父母、学校教师、工作组织中的管理者等,他们作为教育实践者,如何看待女性教育?他们对女性(女儿、女学生、女职员)持怎样的态度?他们在女性教育和培养过程中遇到哪些现实困扰？他们是否意识到对女性的教育与对男性的教育存在差异？对这一系列问题的深入探索将有助于消除本书对现实教育实践的担忧。

除了对现实的女性人才培养与教育实践的担忧外，来自当今数字时代对女性教育和她们自身发展的挑战也需要亟待关注。工作领域的深刻变化给世界带来了新的挑战，包括自动化和数字化在内的技术转化孕育了新的工作方式，技术进步可能加深国家间和各国内部的不平等，劳动者自身也将受到影响——人工智能、大数据、物联网等新一轮的数字技术革命既为个体发展带来了新的机遇，也在无形中制造了新的不公与不均，如"数字性别鸿沟"。"数字性别鸿沟"的出现和加剧不仅会造成男女数字技能水平和数字世界参与程度的差异，而且会由此引发更深层的社会和个人发展问题，如教育过程中由数字教学技术的使用、数字专业学习等引起的"教育性别公平"问题；个人发展过程中，由于个体在数字信息获取、应用等方面能力水平的性别差异而陷入"数字性别贫困"之中等。数字时代会出哪些新的性别偏见和"不平等"阻碍？如何在数字时代为女性的卓越发展创造更多新机会和更好的发展平台？如何利用新技术赋能教育以更好地服务女性教育和培养？未来研究需要结合新的时代背景，对上述这些新出现的女性发展与教育问题进行持续关注和思考。

附录一:致可能参加此项研究的
知识女性的邀请信

尊敬的女士,您好!

我叫××,是 T 大学教育学院二年级的博士生,我通过朋友了解到您的信息。现在我写信给您是为了我的科研项目向您求助;同时,旨在让您明确我的研究项目和研究方法,以便您能够基本知悉我的访谈目的以及访谈中可能涉及的问题。

首先,您也许会好奇:为什么要选择知识女性? 在我的研究中将知识女性界定为:拥有本科以上学历,在单位从事脑力劳动、已经拥有一定职业地位的女性员工。女性在职业发展中的机会获得、职业成长等与男性是不同的:女性在知识储备、能力水平等方面并不比男性差,但由于社会刻板印象等性别差异存在使得女性在职业发展过程需要克服更多的阻碍,特别是期望在职业发展中获得向上晋升的女性。此项研究进一步将研究对象锁定为知识女性,考虑到知识女性从其受教育程度和应具备的素质而言,都是优秀妇女群体的代表;知识女性通过其家庭、社会关系在国民群体中逐步产生导向、辐射作用,直接影响着民族的素质和国家的未来。基于以上考虑,本书选取知识女性作为研究对象,期望通过您个人的职业发展经历以及来自日常生活的经验和经历,对知识女性在职业地位获得过程中的困境、影响因素等方面进行白描,并在此基础上提炼和总结出促成知识女性职业地位获得的教育启示。我相信,您独特的个人成长及职业发展经历势必为本书分析知识女性职业地位获得带来有价值的启示。

如果您愿意参加的话,我希望对您进行 1~2 次的访谈,所有的访谈都可以在您认为方便的时间和地点进行。在整个研究过程中,我会严格遵守保密原则,不暴露您的真实姓名及相关个人信息和隐私,在研究报告中会使用虚构的人名。此外,我会将研究的结果以及论文的草稿交您阅读,您的意见和建议会得到认真的思考和采纳。

我知道您日常工作繁忙,可能没有时间参加我的研究项目;但是我真心希望您能抽出一些宝贵的时间参与这个研究,通过这项研究您有可能得到一些意想不到的收获。我从事这项研究的一个主要目的是帮助知识女性通过处理职场和生活中的各种互动关系,如人际互动、环境适应、职业态度形成等,进而获得更高水平的职业发展。因此,通过这项研究,您有可能对知识女性在职场中的地位获得有一个更加深入的了解,同时对您自身发展有更深刻的思考。

如果您愿意参加此项研究,请通过电话告知我,并填写随信附上的问卷,问卷填好以后您可以将其发送至我的邮箱。我盼望着尽快收到您的回复,如果您能参加此项研究,我将不胜感激。

祝愿您工作顺利,身体健康!

此致

敬礼

×　×

电话:131****1895;e-mail: di****r@163.com

2017 年 10 月

附录二:个人基本信息调查问卷

1. 姓名

2. 出生年月

3. 受教育程度(　　　):(1)学士,(2)硕士,(3)博士

4. 您的职业

5. 您所在的部门

6. 婚姻状况(　　　):(1)未婚,(2)已婚,(3)离婚,(4)分居

7. 您有孩子吗? 有(　　　)个,没有

附录三:个人深度访谈提纲

一、出生与家庭

1. 您出生在一个什么样的家庭环境中？当时的社会环境是怎样的？

2. 您所成长的家庭与当时的邻居们是否有明显的不同之处？在生活习惯、文化习俗、家人的思想观念等方面。

3. 关于您的童年,您印象比较深的一些事情或经历是什么？

4. 在您的成长过程中,和您最亲近的人是谁？他(她)是一个怎样的人？与他(她)之间,你们有哪些难忘的经历？

5. 您怎样描述您的父母？他们传递给您哪些重要的价值观念或者理想信念,亦或其他任何对您影响很大的东西？

6. 在成长过程中，您生活的社区以及当时的社会都经历了哪些对您影响比较大的变化？

二、接受的教育

(分成中小学的教育经历和大学及以后的教育经历两部分)

中小学的教育经历:

1. 您当时小学(中学)时的表现如何？

2. 在学校所经历的最糟糕/最美好的事情分别是什么？

3. 在上学期间让您最自豪的成绩(不限于学习成绩)？具体谈谈获得这样的成绩的全过程。

4. 上学期间,您最喜欢或对您影响最大的老师?

5. 与老师/同学的关系如何？通过印象比较深的经历或事件补充说明。

6. 您上学期间有什么样的理想？自己为之做过怎样的努力?

大学的教育经历:

7. 在大学期间的个人表现如何?

8. 具体描述一下您所在大学的学习生活的环境。

9. 请您描述几个大学期间记忆比较深刻的学习和生活的片段或经历。

10. 在大学期间您参加过什么样的社团、组织或者社会实践活动？具体讲讲其中的经历。

11. 与老师/同学的关系如何？通过印象比较深的经历或事件补充说明。

12. 大学的学习经历给予您最大的收获是什么?

13. 通过自身的工作经历反观大学的教育,您觉得大学教育存在哪些不足,如何进行改进?

三、工作经历

1. 您成年以后或者初进职场以后自己的志向或者规划是什么?

2. 请您讲述一下从参加工作到现在整个的工作经历过程。根据不同的工作阶段(注意关键的转折时期)再进行具体的提问,做好记录!

3. 作为一名知识女性,从女性的视角谈谈您在一步步向上晋升的过程中遇到哪些特别的困难？您又是如何克服的?

4. 工作在您的生活中处于一个什么样的地位？在工作中对您最重要的

是什么？

5. 在工作中与其他同事之间相处的关系如何？在工作时间都有怎样的沟通交流？下班之后呢？

6. 在工作后，对您影响比较大或者帮助非常大的人是怎样的？

7. 整个工作经历中，让您最难忘的经历是什么？

8. 您认为自己是一个女强人或在往女强人的方向发展吗？您如何看待女强人？

附录四：访谈协议

感谢您抽出宝贵的时间接受我的访谈。我们的调查主要是想获取有关大学生家庭、学校生活情况以及关于职业规划的一些资料。在访谈过程中，我们会对所有访谈内容进行录音，部分资料会做书面记录。如果访谈中涉及一些你不想说出的人名、地名或机构名称，你可以用某一符号代替。访谈涉及的内容将包括：您个人的成长经历、家庭生活状况、您的教育经历以及未来工作的规划。

此外，研究者与被访人达成以下协议：

1.被采访人保留脱离此项研究的权利，只要其愿意，不论是出于个人原因或其他原因。

2.出于个人保护考虑，被访人保留匿名及对采访内容保密的权利。研究者有充分的义务尊重及保护被访人的这些权利。

3.有关采访的全部或部分出版物仅限于学术及科研使用。研究者有权利调整研究的名称及其他基本信息，使其同一性得以充分保护。

本访谈协议一式两份，研究者将遵守协议中的承诺。

如果您同意协议中的有关说明并愿意接受访谈，并保证提供资料的客观性，请签署姓名。

被访人(签名)：＿＿＿＿＿＿＿＿　　　主持者(签名)：＿＿＿＿＿＿＿＿

时间：　年　月　日　　　　　　　时间：　年　月　日

地点：　　　　　　　　　　　　　地点：

附录五：非参与式观察记录表

受访者		观察地点	
时　间		记　录　人	
观察目的			

观察过程记录

（观察记录的要点：(1)具体观察的人物信息；(2)过程中人物之间的对话和行为动作、面部表情等非言语信息）

相关问题（如特殊现象、核心焦点等）及分析	备注说明

附录六：其他人员访谈的提纲①

1. 您与××在工作中是什么工作关系？

2. 讲述一件您与××在工作中比较难忘的工作经历？

3. 请您对××进行一个综合、全面的评价，具体可以从工作表现、个人能力、品格、为人处世方式等方面进行评价。

---

① 本书对受访者下属员工和直属领导的访谈部分通过面对面访谈，另一部分以邮件的形式将问题直接发送给受访者，进行填写。

附录七：访谈资料一级编码（贴标签）结果汇总

宇芳(1—17)	
1. 单位晋升非常困难	24. 提出很多有效的工作改进建议
2. 领导只注重生产	25. "吃苦"的实习经历让我觉得工作来之不易
3. 企业有很强的重男轻女之风	26. 我没有传统女性的娇揉造作
4. 在竞聘中我只是"陪衬"	27. 不逃避身体辛苦的工作任务
5. 单位男性员工非常多	28. 根据工作需要调整自己职业目标
6. 我的职位是"熬出来"的	29. 为了胜任新任务不断学习新技能
7. 学生会活动扩大了人脉圈	30. 主动改变自身职业认知
8. 学校组织活动经历有利于在工作中组织培训	31. 偏离了最初的梦想
9. 兼职的体力劳动经历使我坚定好好学习的决心	32. 跟着导师做项目锻炼能力
10. 兼职经历使我体验真实职业世界	33. 工作总是被临危受命
11. 组织小型活动锻炼沟通能力、公共场合的演讲能力	34. 自己无法改变环境只能适应
12. 对自己的职业生涯"顺其自然无所求"	35. 受到领导认可和鼓励
13. 父母为我安排好一切	36. 勇于接受未知的挑战
14. 父母对我未来发展没抱太大期望	37. 拥有吃苦耐劳的职业意志
15. 别人眼中的乖乖女	38. 父亲从小锻炼我"独立"品格
16. 父母从小训练我的行为举止	39. 对父亲的严格倍感委屈
17. 父母认为我不适合学习理科	40. 父亲不因为女孩而娇纵、溺爱
婷秀(18—53)	41. 父母对女儿的"身体训练"
18. 转岗前的实习工作环境非常艰苦	42. 从小没有给自己贴上女性标签
19. 实习初期一直犹豫坚持还是离开	43. 农民出身
20. 我期望在这个城市扎根	44. 父母言传身教培养刚毅、坚强的品质
21. 实习任务繁重（超出女性可承担范围）	45. 我学着我爸看书
22. 内心无助失落但又不甘心放弃	46. 母亲具备中国劳动妇女的坚韧
23. 用心准备单位座谈会	47. 母亲十分善良

48.艰巨的工作任务提升自身能力	71.短时间内连续拿下该行业最具权威的所有资格证书
49.面对未知挑战愿意从头学起	72.我要"主动选择工作"而非"工作选择我"
50.主动挖掘自己的潜能而适应新任务	73.父母从小对自己非常严格
51.完成未知且有挑战性的任务很有成就感	74.40岁前是打磨自己、提升能力、成就辉煌的关键期
52.能够承受一般女性难以接受的环境和任务	75.大学期间"什么都学"
53.领导信任并交付给我很多重要工作	76.男性主导行业女性不能表现过于"扭捏"和"不爽快"
旭妍(54—91)	77.不过于看重金钱、职位
54.在男性主导行业求生存	78.享受完成任务后的成就感
55.感觉在企业中女性地位低	79.努力突破自己是为了获得他人认可
56.领导认为女员工失误是天生不行	80."速成"可以带给自己成就感
57."如履薄冰"地做每一件事	81.喜欢理工科"一个公式解多题"的成就感
58.工作中处于高度紧张、小心谨慎状态	82.无数双眼睛盯着自己而背负极重的工作压力
59.需要饮酒助眠	83.原生家庭"重男轻女"
60.自己像"上了膛的手枪,时刻蓄势待发"	84.始终选择"男性主导领域"(专业、工作)只为向父母证明自己
61.女性需付出比男性更多努力和代价,才能获得别人认可	85.带着工作实践经历重返校园读书更有实践性
62.接触未知工作领域而陷入迷茫	86.学校教育教会我如何学习
63.领导不给我安排有挑战性的任务	87.用"考证"突破自己能力上限
64.永远没有停止前进的脚步	88.初入职场全靠自学
65.每一个阶段都给自己做好清晰规划	89.利用所有休息时间进行学习
66.从零到"零"的学校教育	90.承受着超出常人的辛苦
67.一直向父亲证明"自己不比男孩差"	91.让自己时刻保持学习状态而不被职场旋涡吞噬
68.入职初期一直寻找自己的人生定位	**凝文(92—161)**
69.34岁前打造自己的核心竞争力	92.倡导"无人际关系压力"的工作氛围
70.喜欢通过考试(取证)证明自己能力	93.培养自身和员工的学习意识

94. 鼓励团队成员进行交流讨论	122. 换工作因为自己看到"天花板"
95. 自己工作成果被别人"瓜分"	123. 利用业余时间进修 MBA
96. 任何工作都亲力亲为	124. 清闲工作使自己产生危机感
97. 在工作中自己的精神绷得太紧	125. 通过学习、考试证明自己
98. 有一位关键时刻能够点拨自己的"工作导师"	126. 不断充电使自己保持学习状态
99. 迷茫或无助时进行自我反思	127. 凭借扎实的专业功底晋升
100. 男领导对我"潜规则"	128. 需要深入一线指导工作
101. 一直处于超负荷工作	129. 在男性主导行业需要泼辣性格
102. 生病手术仍坚持工作	130. 始终处于精神高度紧张的工作状态
103. 领导对我总是难以认可	131. 具备钢铁般的意志
104. 经历辞职还是留下的"自我博弈"	132. 行动中无所畏惧
105. 自己晋升的职位被"空降兵"顶替	133. 性格直爽、做事利索
106. 努力与回报不成正比	134. 极强的学习力使自己不担心重新学起
107. 每次达到职业发展瓶颈就想去突破	135. 敢于接受工作中的挑战和考验
108. 不满足于丰厚工资和安逸生活	136. 领导临危受命而获得施展才华的平台
109. 工作中不努力奋斗就感觉人生开始被消耗了	137. 成绩优秀却被男性竞争者顶替
110. 公司人际关系复杂	138. 感觉自己的发展道路比较顺
111. 女同事之间易钩心斗角	139. 一线环境非常锻炼人
112. 跟着了解自己的"明君"一起干	140. 只有接受一线锻炼才有机会晋升
113. 个人十分要强	141. 拥有很强的责任心
114. 用人大胆	142. 具备"要干一定干好"的韧劲
115. 能够听取别人意见	143. 不懂更容易静下心来学习
116. 对待领导"敢于进谏,直言不讳"	144. 作为领导时刻"以身作则"
117. 职场女性应学会变通	145. 经常与下属沟通
118. 通过同事获得求职信息	146. 就事论事——直接指出工作中的不足之处
119. 对待员工态度立场鲜明	147. 自己能力强是获得晋升的首要保证
120. 为了更好的平台暂且放弃物质财富	148. 始终在一家单位踏实工作
121. 期望从职业中获得"值得称赞的东西"	149. 学校期间热衷体育

150. 参与班级服务提升了自身社交能力	178. 凡是从未接触的挑战都愿意接受
151. 需要学习印证自己脑力没有退化	179. 工作中总会遇到"贵人相助"
152. 学会把握机会	180. 期望挣大钱
153. 干实事才能得到别人注意	181. 学习中主动寻找更胜一筹的同学进行交流
154. 适应力强——可以灵活转变状态	182. 继续进修更有目标性和针对性
155. 不害怕承担额外工作	183. 从小远离父母生活培养了自己的独立
156. 做事要主动	184. 性格外向,善于言谈
157. 学习他人之长	185. 父亲给我选择权
158. 多从自己身上找原因	186. 父母对自己的培养"敢于放手"
159. 不畏惧困难,积极寻找解决办法	187. 父母鼓励自己多接触外界环境
160. 不是去改变而是积极适应环境	188. 老师在我"自卑"时给予很多关注
161. 你需要有"能够支撑的东西"(真本事)	189. 老师给予很多表现机会而使我重拾自信
代曼(162—194)	190. 不甘心做循规蹈矩的工作
162. 面对职场潜规则大胆说不	191. 具有挑战性的性格
163. 一个人干多人的活	192. 一直寻找自我提升的机会
164. 连续几年工作超负荷	193. 领导的肯定和慧眼识珠是推动自身前进的外部动力
165. 不甘于重复、缺乏挑战的工作状态	194. 多学知识使自己自信
166. 衣食无忧的生活状态会让自己疯掉	**唐茹(195—205)**
167. 挣扎于是否扩大公司规模	195. 始终维持努力奋斗
168. 面对"不公平"敢于去争取	196. 能够坦然地接受工作中的失败
169. 不认为职场女性一定弱势	197. "家长式"的领导
170. 善于利用自身的"女性优势"	198. 学会放权
171. 工作中始终干劲十足	199. 不被职业地位绑架
172. 自己是"女汉子"的性格	200. 经常与朋友进行经验分享与情感交流
173. 初入职场没有人带我	201. 愿意与下属沟通并听取他们意见
174. 拥有"无知者无畏"的自信和勇气	202. 这份工作让我住上大 house(房子)
175. 对自我发展有明确规划	203. 思想成熟且思路变宽
176. 凡事自己做决定	204. 我需要对下属负责
177. 有主见而非只听领导安排	205. 通过做公益回馈社会

蓉洁（206—215）	229. 感觉自己晋升太慢
206. 专业知识是基本的工作工具	230. 在全身心投入工作中自我提升
207. 在摸索中前行	231. 工作成果让我看到自己的价值
208. 不被传统性别观念束缚	232. 工作氛围十分融洽
209. 奖金是工作的最大动力	233. 国外总部培训是对自己的一种历练
210. 敢想敢干	234. 上升空间小而有跳槽打算
211. 后半生的理想是为老百姓做些事	235. 在学校的社团组织中我只能干"副职"
212. 主动挖掘向上发展的资源	青雨（236—268）
213. 知识必须要随时更新	236. 重视公司女员工发展
214. 工作实践与重返教育需要反复进行	237. 为女员工搭建情绪发泄的"小圈子"
215. 在工作中无法发挥自身的理科专业优势	238. 父母给我很宽松的成长环境
华辰（216—227）	239. 做"精神的贵族"
216. "自我斗争"是职业生涯的主旋律	240. 对事业拥有强烈认同感
217. 领导总是安排我去完成很基础性的工作	241. 懂得分享
218. 从大学开始为毕业后的创业做各种准备	242. 拥有极强的社会担当
219. 职业生涯是"永不停歇"的马达	243. "自由灵魂和独立意志"——不被金钱和权力所诱惑
220. 发展壮大后不再是物质上的追求	244. 父亲对自己为人处世的鞭策影响深远
221. 出于对工作室学生的责任支撑自己不能放弃	245. "主动顶球"使自己变得越来越自信
222. 父母离异使自己从小失去安全感	246. 注重团队合作
223. 因为没有安全感，所以让自己变得更强大	247. 学生时代便明白自己想要什么
224. 父母对自己不认可	248. 学会认清自我——不足和长处
225. 校内学生工作锻炼了沟通协商能力	249. 保持激情永不妥协
226. 制定计划后马上行动	250. 具备女人身上的一些特质，但又不拘小节
227. 兼职老师经历为开办工作室积累经验	251. 能够立刻适应环境的巨大变化
蜜桃（228—235）	252. 看重女员工的福利和感受
228. 工作初期难以融入新环境	253. 创业前需要做好充足准备

续表

254. 事业是长跑——不能停下前进的脚步	265. 拼命做事业只为给团队伙伴一个交代
255. 成功女性榜样的激励	266. 关系网的搭建需要适当"互动"
256. 放弃安逸闯世界	267. 理智挖掘自身优势并最大限度发挥出来
257. 敢于打破传统性别观念的束缚	268. 善于利用女性自身优势:有耐力、善沟通、网状思维、精打细算
258. 主动面对改变,在变化中享受变化	朱霞(269—274)
259. 不受别人灌输的信念的左右	269. 永远相信自己有更大潜力可挖
260. 折腾 – 尝试 – 磨砺 – 超越	270. 职业发展的终极动力——社会责任感
261. 远离舒适区	271. 用智慧领导他人
262. 骨子里有女侠之风范	272. 现代社会性别观念——成功面前没有性别
263. 培养职业信仰	273. 摘掉性别标签会使自己的心态更好
264. "胜者为王"——义无反顾的坚持一定会成功	274. 自信但不自负

参考文献

一、中文著作

1. 边燕杰主编：《市场转型与社会分层——美国社会学者分析中国》，生活、读书、新知三联书店，2002 年。

2. 陈向明：《旅居者和"外国人"——留美中国学生跨文化人际交往研究》，教育科学出版社，2004 年。

3.高清海：《马克思主义哲学基础下册》，人民出版社，1985 年。

4.李路路：《再生产的延续：制度转型与城市社会分层结构》，中国人民大学出版社，2003 年。

5.李春玲、石秀印、杨昃：《性别分层与劳动力市场》，中国社会科学出版社，2011 年。

6.梁漱溟：《中国文化要义》，上海人民出版社，1949 年。

7.林崇德：《发展心理学》，人民教育出版社，2009 年。

8.孟宪承编：《中国古代教育文选》，人民教育出版社，1985 年。

9.王珺:《阅读高等教育——基于女性主义认识论的视角》,天津人民出版社,2007年。

10.吴康宁:《教育社会学》,人民教育出版社,1998年。

11.项贤明:《泛教育论——广义教育学的初步探索》,山西教育出版社,2004年。

12.应星、周飞舟、渠敬东:《中国社会学文选》,中国人民大学出版社,2011年。

13.张楚廷:《高等教育哲学通论》,高等教育出版社,2010年。

14.郑新荣:《性别与教育》,教育科学出版社,2005年。

15.朱峰:《基督教与近代中国女子高等教育——金陵女大与华南女大比较研究》,福建教育出版社,2002年。

二、中译文著作

1.[英] 安东尼·吉登斯、[英] 菲利普·萨顿:《社会学》,赵旭东等译,北京大学出版社,2016年。

2.[美] 安妮·玛丽·斯劳特:《我们为什么不能拥有一切》,何兰兰译,文化发展出版社,2016年。

3.[美]芭芭拉·J.班克编:《社会性别与高等教育》,朱运致等译,凤凰教育出版社,2015年。

4.[美] 彼得·德鲁克:《卓有成效的管理者》,许是祥译,机械工业出版社,2006年。

5.[美]丹尼尔·亚蒙:《女性脑》,黄珏苹译,浙江人民出版社,2018年。

6.[美] 马克·格兰诺维特:《找工作:关系人与职业生涯的研究》,张文宏等译,格致出版社,2008年。

7.［加拿大］赫瑞比:《管理知识员工》,郑晓明等译,机械工业出版社,2000 年。

8.［美］肯尼思·J.格根:《关系性存在:超越自我与共同体》,杨莉萍译,上海教育出版社,2019 年。

9.［美］路桑斯、约瑟夫、阿维罗:《心理资本》,超平译,中国轻工业出版社,2008 年。

10.［美］罗伯特·K.殷:《案例研究方法的应用(第三版)》,周海涛、夏欢欢译,重庆大学出版社,2017 年。

11.［美］鲁思·华莱士、［英］艾莉森·沃尔夫:《当代社会学理论：对古典理论的拓展》,刘少杰等译,中国人民大学出版社,2008 年。

12.［美］赖特·米尔斯:《社会学想的象力》(第四版),陈强、张永强译,生活·读书·新知三联书店,2016 年。

13.［美］罗伯特·金·默顿:《论理论社会学》,何凡兴等译,华夏出版社,1990 年。

14.［美］玛丽·克劳福德、［美］罗达·昂格尔:《妇女与性别—— 一本女性主义心理学著作》,许敏敏、宋婧、李岩译,中华书局,2009 年。

15.［法］莫兰:《复杂性理论与教育问题》,陈一壮译,北京大学出版社,2004 年。

16.［德］乔治·凯兴斯泰纳:《工作学校要义》,刘钧译,商务印书馆,1935 年。

17.［美］乔治·H.米德:《心灵、自我与社会》,赵月瑟译,上海译文出版社,2018 年。

18.［瑞］让·皮亚杰:《发生认识论》,范祖珠译,商务印书馆,1990 年。

19.［法］P. 布尔迪厄、［法］J C. 帕斯隆:《再生产:一种教育系统理论的要点》,邢克超译,商务印书馆,2002 年。

20.［法］让·雅克·卢梭:《社会契约论》,何兆武译,商务印书馆,2011 年。

21.[美]特雷泽·休斯顿:《理性的抉择:女性如何做决定》,张佩译,北京联合出版公司,2017年。

22.[美]希尔斯:《论传统》,付铿译,上海人民出版社,1991年。

23.[美]谢丽尔·桑德伯格:《向前一步》,颜筝译,中信出版社,2013年。

24.[加拿大]许美德:《中国大学 1895—1995(一个文化冲突的世纪)》,许洁英等译,教育科学出版社,2000年。

25.[美]朱丽叶·M.科宾、[美]安塞尔姆·L.施特劳斯:《质性研究的基础:形成扎根理论的程序与方法》,朱光明译,重庆大学出版社,2015年。

三、期刊

1.边燕杰、李路路、李煜、郝大海:《结构壁垒、体制转型与地位资源含量》,《中国社会科学》,2006年第5期。

2.边燕杰、张文宏:《经济体制、社会网络与职业流动》,《中国社会科学》,2001年第2期。

3.蔡锋:《近代女性高等教育简论》,《山西师大学报(社会科学版)》,2004年第3期。

4.陈彬莉:《教育:地位生产机制,还是再生产机制——教育与社会分层关系的理论述评》,《社会科学辑刊》,2007年第2期。

5.陈恢忠:《市场过渡期中国大城市居民职业地位获致中的先赋因素与自致因素》,《管理世界》,2005年第1期。

6.陈彦、刘耀中:《工作-生活平衡策略与组织绩效关系研究述评》,《未来与发展》,2010年第7期。

7.陈煜婷:《职业流动、收入回报与性别不平等的实证研究——基于社会发展与社会建设全国调查样本的实证分析》,《甘肃行政学院学报》,2016年第 5 期。

8. 邓子鹃:《近 10 年国内女性职业生涯发展研究综述》,《妇女研究论丛》,2013 年第 3 期。

9.邓子鹃、林仲华:《国内企业女性管理者研究回顾与展望》,《妇女研究论丛》,2015 年第 4 期。

10.丁颖、王存同:《流动与固化:我国代际职业地位传递分析》,《当代财经》,2017 年第 2 期。

11.方长春:《趋于隐蔽的再生产——从职业地位获得看阶层结构的生成机制》,《开放时代》,2009 年第 7 期。

12.方平、熊端琴、郭春彦:《父母教养方式对子女学业成就影响的研究》,《心理科学》,2003 年第 1 期。

13.顾辉:《女性的阶层沉浮与命运羁绊——两性社会分层地位差异及地位获得研究》,《福建论坛(人文社会科学版)》,2012 年第 9 期。

14.顾辉:《再生产抑或循环:女性的职业阶层不平等与社会流动研究》,《人口与发展》,2012 年第 5 期。

15.郭爱妹:《性别与领导力研究的范式转变》,《妇女研究论丛》,2016 年第 3 期。

16.国云丹:《高知女性、生育与职业发展——以上海市 21 位女性为例》,《妇女研究论丛》,2009 年第 2 期。

17.龚波、宋延军、江洋:《对制约我国女性高等教育的经济因素分析和效益重估》,《江苏高教》,2003 年第 3 期。

18. 胡振京:《教育负向功能观的社会学分析》,《教育学报》,2005 年第 4 期。

19.蒋莱:《领导力发展视角下的职业女性工作-生活平衡策略研究》,《妇女研究论丛》,2012 年第 2 期。

20. 康宛竹：《管理者性别刻板印象及其性别差异研究》，《华南师范大学学报（社会科学版）》，2009 年第 5 期。

21. 蓝劲松、吴丽丽、刘蓓：《知识女性社会角色定位的调查——以部分重点大学女生为例》，《青年研究》，2001 年第 12 期。

22. 刘伯红、李亚妮：《中国高等教育中的社会性别现实》，《云南民族大学学报（哲学社会科学版）》，2011 年第 1 期。

23. 刘利群：《高等教育中女性管理者的角色透视》，《教育探索》，2002 年第 6 期。

24. 刘云杉、王志明：《女性进入精英集体：有限的进步》，《高等教育研究》，2008 年第 2 期。

25. 陆慧：《职业女性性别角色认定态度与成就动机研究》，《经济论坛》，2009 年第 22 期。

26. 李静：《女性领导力提升的非制度性障碍及对策分析》，《妇女研究论丛》，2012 年第 4 期。

27. 李春玲：《社会政治变迁与教育机会不平等——家庭背景与制度因素对教育获得的影响》，《中国社会科学》，2003 第 3 期。

28. 李春玲：《当代中国社会的声望分层——职业声望与社会经济地位指数测量》，《社会学研究》，2005 年第 2 期。

29. 李春玲：《"男孩危机""剩女现象"与"女大学生就业难"——教育领域性别比例逆转带来的社会性挑战》，《妇女研究论丛》，2016 年第 2 期。

30. 李巧针：《坚守与超越：美国女子学院的发展之道——以韦尔斯利学院为例》，《比较教育研究》，2013 第 3 期。

31. 李卫东：《性别、阶层背景与本科毕业生职业地位获得》，《妇女研究论丛》，2010 第 3 期。

32. 李鲜苗、罗瑾琏、霍伟伟：《基于 Cross-Temporal Meta-Analysis 方法

的性别特征与领导风格及跨文化比较研究》,《科学学与科学技术管理》,
2012 年第 5 期。

33.李欣、王曦影:《"80 后"新中产的向上流动之路》,《当代青年研究》,
2015 年第 3 期。

34. 李英桃:《和平进程中的非洲妇女安全——以布隆迪和利比里亚为
例》,《国际安全研究》,2014 第 3 期。

35. 李煜:《家庭背景在初职地位获得中的作用及变迁》,《江苏社会科
学》,2007 年第 5 期。

36. 林聚任、向维:《职业地位获得机制的体制内外差异分析——基于
2014 年八城市社会网络与职业经历调查数据》,《吉林大学社会科学学报》,
2017 第 3 期。

37.刘世敏、刘淼:《女性职业发展中的"玻璃天花板"效应》,《东岳论丛》,
2015 年第 4 期。

38. 牟冰颖:《美国威尔斯利女子学院女性领导力教育研究》,《吉林省教
育学院学报》,2014 年第 10 期。

39. 覃红霞:《求异与趋同:中国女性高等教育的变迁与反思》,《江苏高
教》,2009 第 3 期。

40.舒丽丽:《性别视角下领导者的产生与发展》,《理论与改革》,2009 年
第 5 期。

41.宋丽君、林聚任:《职业地位取得的社会性别差异》,《安徽农业大学学
报(社会科学版)》,2003 年第 2 期。

42.孙立平、王汉生、王思斌等:《改革以来中国社会结构的变迁》,《中国
社会科学》,1994 年第 2 期。

43.孙明:《家庭背景与干部地位获得(1950—2003)》,《社会》,2010 年第
5 期。

44.孙琼如:《社会性别与流动女性职业地位获得》,《学术研究》,2015 年第 10 期。

45.孙晓娥、边燕杰:《留美科学家的国内参与及其社会网络强弱关系假设的再探讨》,《社会》,2011 年第 2 期。

46.唐卫民、姜育兄:《父母受教育程度对高等教育入学机会的影响——以辽宁省六所不同类型高校为例》,《沈阳师范大学学报（社会科学版）》,2010 年第 2 期。

47.田志鹏、刘爱玉:《中国城市居民职业地位获得的性别差异研究——父母教育和职业对男女两性教育和职业获得的影响》,《江苏行政学院学报》,2015 年第 5 期。

48. 项贤明:《教育的场所—— 一种对教育现象时空特性的尝试性分析》,《北京大学教育评论》,2003 年第 4 期。

49.项贤明:《走出传统的教育学理论体系——泛教育理论的哲学建构》,《华东师范大学(教育科学版)》,1996 年第 2 期。

50.佟新:《职业生涯研究》,《社会学研究》,2001 年第 1 期。

51. 许洁英:《妇女与少数民族国际学术会议综述》,《妇女研究论丛》,2001 年第 4 期。

52.王存同、龙树勇:《能力与出身:个体职业地位获得的机制分析》,《江淮论坛》,2016 年第 2 期。

53.王存同、余姣:《"玻璃天花板"效应:职业晋升中的性别差异》,《妇女研究论丛》,2013 年第 6 期。

54.王富百慧:《新中国女性职业地位变迁研究——基于生命历程理论视角》,《河北大学学报(哲学社会科学版)》,2012 年第 5 期。

55.王娟、李运庆:《我国教育负功能研究十五年》,《南通大学学报(教育科学版)》,2007 年第 1 期。

56.王宁:《代表性还是典型性?——个案的属性与个案研究方法的逻辑基地》,《社会学研究》,2002 年第 5 期。

57. 王勤、梁丽:《改革开放以来女大学生价值观的变迁》,《中国青年研究》,2011 年第 11 期。

58.王水珍、王舒厅:《人力资本失灵与马太效应:教育对职业分层的两极分化》,《华中科技大学学报(社会科学版)》,2017 年第 2 期。

59. 王毅杰、李娜:《体制内外、管理地位获得与性别差异》,《社会学评论》,2017 年第 5 期。

60.吴帆、王琳:《孰强孰弱:个人禀赋与家庭禀赋对城镇青年女性职业地位的影响——基于第三期中国妇女社会地位调查数据的实证研究》,《中国青年研究》,2016 年第 12 期。

61.吴康宁:《教育的负向功能刍议》,《教育研究》,1992 年第 6 期。

62.吴良平、龙开义、刘向权:《从早期家庭教育中的性别差异看职业性别隔离——对哈尔滨市 400 余名独生子女家长的调查》,《太原师范学院学报(社会科学版)》,2014 年第 1 期。

63.武中哲:《职业地位的性别差异与形成机制——体制内与体制外的比较》,《上海行政学院学报》,2008 年第 4 期。

64. 闫广芬:《男女平等理论与中国女子高等教育》,《中华女子学院学报》,2002 年第 3 期。

65. 闫广芬:《大学在推进妇女解放进程中的历史地位与作用》,《南开学报(哲学社会科学版)》,2007 年第 2 期。

66.闫广芬、田蕊、熊梓吟、孙立会:《面向 5G 时代的"数字性别鸿沟"审视:成因与化解之策——OECD〈弥合数字性别鸿沟〉报告的启示》,《远程教育杂志》,2019 年第 5 期。

67.杨红辉、黄正泉:《论梁启超的女子教育思想》,《船山学刊》,2004 年第 2 期。

68. 杨旻:《劳动力市场的性别不平等：职业性别分割与两性收入差距——性别分层与劳动力市场研讨会综述》,《妇女研究论丛》,2009 年第 1 期。

69.易理国、冯梅:《改革开放中的女大学生心态及管理》,《湖南师范大学社会科学学报》,1993 年第 1 期。

70.余红、刘欣:《单位与代际地位流动:单位制在衰落吗？》,《社会学研究》,2004 年第 6 期。

71. 周艳丽:《论经济变迁中知识女性精神索求的历程》,《河南大学学报(社会科学版)》,2010 年第 4 期。

72.张文宏、刘琳:《职业流动的性别差异研究—— 一种社会网络的分析视角》,《社会学研究》,2013 年第 5 期。

73. 张翼:《中国人社会地位的获得——阶级继承和代内流动》,《社会学研究》,2004 年第 4 期。

74.周玉:《性别差异:地位获得中的非制度机制》,《福州大学学报(哲学社会科学版)》,2009 年第 5 期。

75.朱信庸:《妇女怎样可以做到真正的解放？》,《解放画报》,1920(4).

76. 朱生玉、白杰:《教育与职业获得研究综述》,《现代教育管理》,2011 年第 3 期。

77.邹佳青:《华人社会中的社会关系网络——社会网络中的中等关系与本土化解释》,《当代青年研究》,2003 年第 4 期。

四、外文著作

1.Arnot et al.,*Recent research on gender and educational performance*,

OFSTED （Office for Standards in Education）,1998. Betz N.E.,Fitzgerald L.,
The career psychology of women,Academic Press,1987.

2.Blau P.M.,Duncan O.D.,*The American occupational structure*,John Wiley & Sons,1967.

3.Becker G.S.,*Human Capital*,University of Chicago Press,1975. Bowles and Gintis,*Correspondence and Contradiction in Educational Theory*,The Falmer Press,1988.

4.Briskin L.,et al.,*Feminist pedagogy:teaching and learning liberation*, Reprinted in Soicology of Education in Canada:Critical perspectives in Theory, Research,and Practice,Copp Clark Longman,1994.

5.Calvin S.H.,Lindzey C.,*Theories of personality*,John Wiley & Sons,Inc., 1978.

6.Charmaz K.,*Grounded theory methods in social justice research（4th）*, The Sage Handbook of Qualitative Research,2011.

7.Chodorow N.,*The reproduction of mothering:Psychoanalysis and the sociology of gender*,University of California Press,1978. Crompton R.,*Employment and the Family:The Reconfiguration of Work and Family Life in Contemporary Societies*,Cambridge University Press,2016.

8.Deats S.M.,Lenker L.T.,*Gender and the academe:feminist pedagogy and politics*,Rowman and Littlefield,1994.

9.Eagly A.H.,Carli L.L.,*Through the labyrinth:The truth about howwomen becomeleaders*,Harvard Business School Press,2007. England P.,McCreary L., *Integerating sociology and economics to study gender and work*,In A.H. Stromberg, L.Larwood,& B.A.Gutek（Eds.）,Women andwork,Sage,1987.

10.Erikson R.,Goldthpore J.H.,*The Constant Flux:A Study of Class Mobil-*

ity in Industrial Societies, Clarendon Press, 1992.

11.Fine C., *Delusions of Gender: How Our Minds, Society, and Neurosexism Create Difference*, W.W.Norton & Company, 2010. Freire P., *Pedagogy of the oppressed*, Continuum, 1970.

12.Gergen M., *Feminist reconstructions in psychology: Narrative, gender, and performance*, Sage Publications, Inc., 2001.

13.Gilligan C., *In a different voice: psychological theory and women's development*, Harvard University Press, 1982.

14.Gilligan C., *Meeting at the crossroads: Women's psychology and girls' development*, Ballantine Books, 1993.

15.Hakim C., *Work-lifestyle choices in the 21st century*, Oxford University Press, 2003.

16.Hall J.A., *Nonverbal sex differences: Communication accuracy and expressive style*, Johns Hopkins University Press, 1984. Helgesen S., *The Female Advantage: Women's Way of Leadership* Doubleday, 1990.

17.Hermans H.J.M., Kempen H.J.G., *The dialogical self: Meaning as movement*, Academic Press, 1993.

18.Horner M.S., *Femininity and successful achievement: A basic inconsistency*, In J. Bardwick, E.Douvan, M.Horner, & D.Gutmann(Eds.), Feminine personality and conflict, Brooks-Cole, 1970.

19.Holzman L., *Schools for growth: Radical alternatives to current educational models*, Erlbaum, 1997.

20.Horstmann N., Hausmann D., Ryf S., *Methods for inducing intuitive and deliberate processing modes*, Psychology Press, 2009.

21.Isaacson L.E., Brown D., *Career information, career counseling, and ca-*

reer development, Allyn & Bacon, 2000.

22.Jencks C., *Inequality:A reassessment of the effect of family and schooling in America*, Basic Books, 1972.

23.Kanter R.M., *Men and women of the corporation*, Basic Books, 1980. Kelly M., Dream manager, Hyperion, 2007.

24.Landrine H., Klonoff E.A., *Discrimination against women:Prevalence, consequences, remedies*, Sage, 1997.

25.Lave J., Vohs J.L., *Group work and collaborative writing*, University of California, 2004.

26.Lerner H., *The confidence myth*, Berrett-Koehler, 2015.

27.Lewin K., *Field Theory in Social Science*, Harper, 1951.

28.Light T., Nicholas J., *Renée Bondy. Feminist Pedagogy in Higher Education:Critical Theory and Practice*, Wilfrid Laurier University Press, 2015.

29.Machin S., McNally S., *Gender and achievement in English Schools*, London School of Economics, Center for the Economics of Education, 2006.

30.Marchbank J., Letherby G., *Introduction to Gender:Social Science Perspectives*, Routledge, 2014.

31.Milgram S., *Obedience to authority:An experimental view*, Harper and Row, 1974.

32.Nieva V.F., Gutek B.A., *Women and work:A psychological perspective*, Praeger, 1981.

33.Peters R.S., *The concept of education*, Routledge & Kegan Paul Ltd., 1967.

34.Pilcher J., Whelehan A., *Fifty key concepts in gender studies* Sage Publication, 2004.

35.Ropers-Huilman B., *Feminist teaching in theory and practice: situating power and knowledge in poststructural classrooms*, Teachers College Press, 1988.

36.Sewell W., HauserR M., *Education, Occupation and Earnings: Achievement in the Early Career*, Academic Press, 1975.

37.Schultz T.W., *The Economic Value of Education*, Columbia University Press, 1963.

38.Spaeth J.L., Greeley A.M., *Recent alumni and higher education* McGraw-Hill, 1970.

39.Stanworth M., *Gender and Schooling: A study of sexual divisions in the classroom*, Hutchinson, 1983.

40.Stivers C., *Gender Images in Public Administration: Legitimacy and administrative state*, Sage, 2002.

41.Valian V., *Why so slow: The advancement of women*, MIT Press, 1998.

42.Vondracek F., Lerner R.M., Schulenberg J.E., *Career development: A life-span developmental approach*, Lawrence Erlbaum Associates, Inc., 1986.

43.Wajcman J., *Managing like a man: Women and men in Corporate management*, Polity Press, 1988.

44.Watkins M.M., *Invisible guests, the development of imaginal dialogues*, Contnuum, 2000.

45.Williams J.C., Dempsey R., *What works for women at work: Four Patterns Working Women Need to Know*, New York University Press, 2014.

五、英文期刊

1.Abu-Shanab E., Al-Jamal N. Exploring the gender digital divide in Jordan, Gender, *Technology and Development*, 2015(1).

2.Adler N.E., Epel E.S., Castellazzo G., Ickovics J.R., Relationship of subjective and objective social status with psychological and physiological functioning:Preliminary data in healthy, White women, *Health Psychology*, 2000(19).

3.Amy J.C., Fiske S.T., Glick P., The bias map:behaviors from intergroup affect and stereotypes, *Journal of Personality and Social Psychology*, 2007(4).

4.Astin H.S., The meaning of work in women's life:a sociopsychological model of career choice and work behavior, *The Counseling Psychologist*, 1984 (12).

5.Autin K.L., Douglass R.P., Duffy R.D., England J.W., Allan B. A., Subjective social status, work volition, and career adaptability:a longitudinal study, *Journal of Vocational Behavior*, 2017(99).

6.Beike D.R., Crone T.S., When experienced regret refuses to fade:regrets of action and attempting to forget open life regrets , *Journal of Experimental Social Psychology*, 2008 (6). Betz D.C., Hackett G., The relationship of career-related self-efficacy expectations to perceived career options in college men and women, *Journal of Counseling Psychology*, 1981(28).

7.Byars-Winston A., Fouad N., Yao W., Race/ethnicity and sex in U.S. occupations, 1970—2010:Implications for research, practice, and policy, *Journal of Vocational Behaviour*, 2015(87).

8.Carney D.R., Cuddy A.J., Yap A.J., Power posing:Brief nonverbal displays affect neuroendocrine levels and risk tolerance, *Psychological Science*, 2010(10).

9.Carbado D.W., Gulati, M., Working identity, *Cornell Law Review*, 2000 (11).

10.Chai S.K.,Rhee M.,Confucian capitalism and the paradox of closure and structural holes in East Asian firms,*Social Science Electronic Publishing*, 2010(6).

11.Chusmir L.H.,Motivation of managers:is gender a factor,*Psychology of Women Quarterly*,1984(9).

12.Collins R.,Functional and conflict theories of educational stratification, *American Sociological Review*,1971(36).

13.Davis D.,Job mobility in post-maocities:increases on the margins,*China Quarterly*,1992(132).

14.Davis K.,Moore W.E.,Some principles of stratification,*American Sociological Review*,1945(10).

15.Deary I.J.,Taylor M.D.,Hart C.L.,Wilson V.,Smith G.D.,Blane D., Starr J.M.,Intergenerational social mobility and mid-life status attainment:Influences of childhood intelligence,childhood social factors,and education,*Intelligence*,2005(33).

16.Derks B.,Van Laar C.,Ellemers N.,et al.,Gender-Bias Primes Elicit Queen-Bee Responses Among Senior Policewomen,*Psychological Science*,2011 (10).

17.Eagly A.H.,Johnson B.T.,Gender and Leadership Style:A Meta-Analysis,*Psychological Bulletin*,1990(2). Eagly A.H.,Johannesen-Schmidt,Mary C., The Leadership Styles of Women and Men,*Journal of Social Issues*,2001(4).

18.Eagly A.H.,Karau S.J.,Role congruity theory of prejudice toward female leaders,*Psychological Review*,2002(109).

19.Ely R.J.,Ibarra H.,Kolb D.M.,Taking gender into account:Theory and design for women's leadership development programs,*Academy of Management*

Learning & Education, 2011(3). Farmer H.S., Model of career and achievement motivation for women and men, Journal of Counseling Psychology, 1985(3).

20.Feinberg D.R., DeBruine L.M., Jones B.C., et al., The role of femininity and averageness of voice pitch in aesthetic judgments of women's voices, *Perception*, 2008(37).

21.Fiske S.T., Xu J., Cuddy A.J.C., Glick P., (Dis)respecting versus (dis) liking: status and interdependence predict ambivalent stereotypes of competence and warmth, *Journal of Social Issues*, 1999(3).

22.Fitzsimmons T.W., Callan V.J., Paulsen N., Gender disparity in the C-suite: Do male and female CEOs differ in how they reached the top, *The Leadership Quarterly*, 2014, 25(2).

23.Foschi M., Double standards for competence: theory and research, *Annual Review of Sociology*, 2000(26).

24.Fujishiro K., Xu J., Gong F., What does "occupation" represent as an indicator of socioeconomic status?: exploring occupational prestige and health, *Social Science & Medicine*, 2010(12).

25.Granovetter M.S., The Strength of Weak Ties, *American Journal of Sociology*, 1973 (6).

26.Glick P., Trait –based and sex –based discrimination in occupational prestige, occupational salary, and hiring, *Sex Roles*, 1991(25).

27.Hagan R.L., Kahn A., Discrimination against competent women, *Journal of Applied Social Psychology*, 1975(5).

28.Hall J.A., Gender effects in decoding nonverbal cues, *Psychological Bulletin*, 1978(4).

29.Hancock M.G., Hums M.A., "leaky pipeline?: Factors affecting the career development of senior-level female administrators in NCAA Division I athletic departments, *Sport Management Review*, 2016(19).

30.Haslam S.A., Ryan M.K., The road to the glass cliff: Differences in the perceived suitability of men and women for leadership positions in succeeding and failing organizations, *Leadership Quarterly*, 2008(5).

31.Heilman M.E., Gender stereotypes and workplace bias, *Research in Organizational Behavior*, 2012(32).

32.Hout M.C., More Universalism, Less Structural Mobility: The American Occupational Structure in the 1980s, *American Journal of Sociology*, 1988(6).

33.Jie B.Y., Bringing strong ties back in: Indirect Ties, network Bridges, and job searches in China, *American Sociological Review*, 1997(3).

34.Judge A., Piccolo R.F., Transformational and Transactional Leadership: A Meta-Analytic Test of Their Relative Validity, *Journal of Applied Psychology*, 2004(5).

35.Kerckhoff A.C., Campbell R.T., Trott J.M., Dimensions of educational and occupational attainment in Great Britain, *American Sociological Review*, 1982(3).

36.Klofstad C.A., Anderson R.C., Peters S., Sounds like a winner: voice pitch influences perception of leadership capacity in both men and women, *Proceedings of the Royal Society B: Biological Science*, 2012 (1738).

37.Koenig A.M., Eagly A.H., Mitchell A.A., et al, Are leader stereotypes masculine? A meta-analysis of three research paradigms, *Psychological Bulletin*, 2011(4).

38.Kurtulus F.A., Donald Tomaskovic-Devey. Do female top managers help women to advance? A panel study using EEO-1 records, *The Annals of the*

American Academy of Political and Social Science, 2012 (1).

39.Le A.T., Miller P.W., Occupational status: Why do some workers miss out?, *Australian Economic Papers*, 2001(40).

40.Lent R.W., Brown S.D., Hackett G., Toward a unifying social cognitive theory of career and academic interest, choice, and performance, *Journal of vocational behaviour*, 1999(45).

41.Liu, Fengshu. From degendering to (re)gendering the self: Chinese youth negotiating modern womanhood, *Gender and Education*, 2014(1).

42.Luthans F., Avolio B.J., Walumbwa F.O., The psychological capital of Chinese workers: exploring the relationship with performance, *Management and Organization Review*, 2006(1).

43.Lyness K.S., Judiesch M.K., Are women more likely to be hired or promoted into management positions, *Journal of Vocational Behavior*, 1999(54).

44.Maslow A.H., A theory of human motivation, *Psychological Review*, 1943 (50).

45.Martin C.L., Eisenbud L., Rose H., Children's gender-based reasoning about toys, *Child Development*, 1995(66).

46.Mattis M., Advancing women in business organizations: Key leadership roles and behaviors of senior leaders and middle managers, *The Journal of Management Development*, 2001(20).

47.Michelle B., Paula E., The wage penalty for motherhood, *American Sociological Review*, 2001(66).

48.Nakhaie M.R., Kazemipur A., Social capital, employment and occupational status of the new immigrants in Canada, *Journal of International Migration &Integration*, 2013(14).

49.Nam C.B.,Boyd M.,Occupational status in 2000 over a century of census-based measurement,*Population Research and Policy Review*,2004(23).

50.Nan L.,Jie B.Y.,Getting Ahead in Urban China,*American Journal of Sociology*,1991(3).

51.Otto L.B.,Youth perspective on parental career influence,*Journal of Career Development*,2000(27).

52.Paustian-Underdahl S.C.,Walker L.S.,Woehr D.J.,Gender and Perceptions of Leadership Effectiveness:A Meta-Analysis of Contextual Moderators,*Journal of Applied Psychology*,2014(4).

53.Ragins B.R.,Townsend B.,Mattis M.,Gender gap in the executive suite:CEOs and female executives report on breaking the glass ceiling,*Academy of Management Executive*,1998(1).

54.Rawlins W.,Teaching as a mode of friendship,*Communication Theory*,2000(10).

55.Reskin,Sex Segregation in the Workplace,Annual Review of Sociology,1993(19).

56.Richardson G.,The metatheory of resilience and resiliency,*Journal of Clinical Psychology*,2002(58).

57.Ryan N.E.,Solberg V.S.,Brown S.D.,Family dysfunction,parental attachment,and career search self-efficacy among community college students,*Journal of Counseling Psyehology*,1996(43).

58.Ryan M.K.,Haslam S.A.,The glass cliff:exploring the dynamics surrounding the appointment of women to precarious leadership positions,*Academy of Management Review*,2007(2).

59.Savage M.,Witz A.,Gender and bureaucracy,*Sociological Review Mon-*

gragh, 1992(39).

60.Schein V.E., The relationship between sex role stereotypes and requisite management characteristics among female managers, *Journal of Applied Psychology*, 1975(60).

61.Schultz T.W., Investment in Human Capital, *American Economic Review*, 1961(1).

62.Seitchik A.E., Jamieson J., Harkins S.G., Reading between the lines: Subtle stereotype threat cues can motivate performance, *Social Influence*, 2014 (1).

63.Shin T., The gender gap in executive compensation: The role of female directors and chief executive officers, *The Annals of the American Academy of Political and Social Science*, 2012(1).

64.Shinar E.H., Sexual stereotypes of occupations, *Journal of Vocational Behavior*, 1975(7).

65.Smart J.C., College Effects on Occupational Status Attainment, *Research in Higher Education*, 1986(1).

66.Sullivan A., Cultural Capital and Educational Attainment, *Sociology*, 2001 (4).

67.Szelenyi I., Social Inequalities in State Socialist Redistributive Economies: Dilemmas for Social Policy in Contemporary Socialist Societies of Eastern Europe, *International journal of Comparative Sociology*, 1978(19).

68.Teichler U., Kehm B.M., Towards a new understanding of the relationships between higher education and employement, *European Journal of Education*, 1995(2).

69.Thompson M.N., Dahling J.J., Perceived social status and learning experiences in social cognitive career theory, *Journal of Vocational Behavior*, 2012

（2）.

70.Thompson M.N.,Subich L.M.,The relation of social status to the career decision making process,*Journal of Vocational Behavior*,2006(69).

71.Treiman D.J.,Trends in Educational Attainment in China,*Chinese Sociological Review*,2013(3).

72.Wolley A.,Malone T.,Chabris C.,Why some teams are smarter than others,*New York Times*,2015(1).

73.White B.,The career development of successful women,*Women in Management Review*,1995,10(3).

后　记

　　本书是我博士四年研究的成果凝练,背后虽然有诸多坎坷、挫折和不如意,但师友、家人的支持、关爱和力挺使我克服重重困难,最终完成了本书的写作。

　　在这里,我要特别感谢我的博士生导师闫广芬教授,闫老师于我亦师亦友。和导师一起学习的几年,我不能用简单的收获来总结,而是完成了一场"修炼"、获得了一次"蜕变",最终实现了"质变"的学术成长,我把这段宝贵的经历概括为"潜、心、修、行",这四个字也将会成为我未来学术生涯重要的座右铭,时刻提醒我做学问一定要做深、做实,切勿急躁、急功近利。"潜"代表了做学问的一种状态,如同潜水一般,要深入到学术海洋的海底而非浮于表面。研究本身即是在某一个领域深入钻研、寻求突破的过程,而这个突破无法通过浮于表面或流于形式的研究所实现,而需要真正"吃透"才可以。"心"代表了做学问的一种态度,即用心。从闫老师身上我学到了一种求学、治学的态度,对待学术本身都要用心、专心,这是作为一名学者应有的治学态度,更是应该始终秉持的初心。"修"代表了做学问的一种行动,即需要不断修炼和提升自己。读书是我修炼自己的第一大法宝,阅读经典著作,使我自己在一个研究领域中深耕。"行"代表了做学问的一种原则，即一直前行，将上述状态、心态和行动浸入每天的生活。这种"一直前行"的做学问原则一直鞭策着我——搞学术研究应该时刻保持着学习、前进的状态，这并非是没日没夜地学习，而是精神上不懈怠、行动上劳逸结合的状态，我也因此慢慢学会了学术与生活的平衡和融合。

此外，我还要特别感谢参与本书研究的 13 名受访者，她们在深度访谈过程中毫无保留地讲述了个人成长及职业发展的经历，为本书的研究提供了丰富、宝贵的一手资料，但我却对她们的回报少之甚少。我希望通过对研究资料的真实解读、深入分析，能够唤起社会各界对女性群体更广泛的关注，这可能是对所有研究对象的最大回报！

合稿之际，心情错综复杂，既有对过去几年扎实研究而形成的成果的欣慰，又深感继续做一名"潜、心、修、行"学者的艰辛，但对于未来的新征程，我始终都充满期待、饱含热情。在未来的教学科研道路上，我要坚定地做一名踏实、认真、用心的教育人！